John P. Gabriele (coord.)

1605-2005: *Don Quixote* across the centuries
Actas del Congreso celebrado en el
College of Wooster (Ohio, EE.UU.) del 7 al 9 de abril de 2005

John P. Gabriele
(coord.)

1605-2005: DON QUIXOTE
ACROSS THE CENTURIES

Actas del Congreso celebrado en el
College of Wooster (Ohio, EE.UU.)
del 7 al 9 de abril de 2005

Iberoamericana · Vervuert · 2005

Bibliographic information published by Die Deutsche Bibliothek
Die Deutsche Bibliothek lists this publication in the Deutsche Nationalbibliografie;
detailed bibliographic data are available on the Internet at «http://dnb.ddb.de».

© Iberoamericana, 2005
Amor de Dios, 1 – E-28014 Madrid
Tel.: +34 91 429 35 22
Fax: +34 91 429 53 97
info@iberoamericanalibros.com
www.ibero-americana.net

© Vervuert, 2005
Wielandstr. 40 – D-60318 Frankfurt am Main
Tel.: +49 69 597 46 17
Fax: +49 69 597 87 43
info@iberoamericanalibros.com
www.ibero-americana.net

ISBN 84-8489-226-3 (Iberoamericana)
ISBN 3-86527-255-X (Vervuert)

Depósito Legal: B-50.651-2005

Cubierta: Marcelo Alfaro

Impreso en España por Cargraphics.

Este libro está impreso íntegramente en papel ecológico sin cloro

To my past, present, and future Don Quixote
Seminar students, and to all students of Cervantes.

John P. Gabriele

ÍNDICE

Introduction

John P. Gabriele

(The College of Wooster)

> Don Quijote es una figura democrática, que mueve
> pasiones. [...] Que recordemos y volvamos a apren-
> der los valores utópicos del *Quijote*, su fantasía y su
> ilusión por lograr imposibles valores de que hoy ca-
> rece la sociedad. Que aprendamos del *Quijote* que la
> realidad puede ser modificada.
>
> José Manuel Blecua
> *El País*, 22 de noviembre de 2004

Don Quixote is one of the best-known novels of all time and its protagonist one of the most enduring fictional characters ever created. Readers of all ages have taken delight in the beleaguered knight's adventures. Cervantes's protagonist has been many things to many people in many places over the last four hundred years. To some, he represents the incurable do-gooder who refuses to compromise his ro-mantic ideal. Convinced that he can make the world a better place, no battle is too great, no challenge too daunting. To others, he is the ever comical middle-aged gentleman who aspires to be a knight errant and who, in the course of trying to realize his personal dream, causes mayhem and chaos for those around him and for himself. Regardless of how we choose to classify his actions, Don Quixote has taught all of us–as he did Sancho and other skeptics in the novel–to take a closer look at ourselves and our personal dreams. His obstinacy and Herculean will to persevere in the face of overwhelming and often devastating odds offer a lesson in how to believe in ourselves and how to act on our convictions and aspirations.

Whether preparing to enter into battle with windmills, charging headlong into a flock of sheep, slashing away at a puppet play, standing boldly to confront the on-slaught of charging bulls, or doing penance to prove his unwavering dedication to Dulcinea and his eternal love for her, no other literary character has taught so many to see the world as it might be and ask why it cannot be better. No other literary character has taught so many that the struggle to be better and to do more may at times be more important than what is gained from the struggle. It is not surprising that this same quixotic attitude is what elevates the historical figures of our own time to heroic status. It is worth remembering that John Kennedy claimed that "A man does what he must, in spite of personal consequences, in spite of obstacles and dangers and pressures" and that Robert Kennedy declared that "Only those who dare to fail greatly can ever achieve greatly." Martin Luther, Jr., of course, had a dream.

If Cervantes's character has spoken to us over the centuries on a personal level, his multifaceted and intricate text has done so as well on an artistic level by enrich-ing our literary heritage. Lionel Trilling, who believed this to be the case, wrote that "All prose fiction is a variation on the theme of *Don Quixote*" (203). Richard Bjornson has also pointed out that *Don Quixote* casts a long and far-reaching shadow as the direct and indirect influence on other literary works (15-16). Indeed, there is a long tradition of literary scholarship that has noted the influence of Cervantes's novel on works that came after it. A list of such studies, however cursory, directly supports Trilling's and Bjornson's claims. Studies by noted Cervantes and Spanish Golden Age scholars and scholars of modern and contemporary world literature, have underscored, for example, *Don Quixote*'s influence on Goethe's *Faust* (Montano), Fielding's *Tom Jones* and *Joseph Andrews* (Cruz Coronado, Huguet), Manzoni's *I promessi sposi* (Arnaudo), Twain's *Huckleberry Finn* (Durán, Graybill), Pirandello's theatre (Cro), Melville's *Pierre* (Buonomo), Galdós's *Nazarín* (Dolgin) and *La desheredada* (Rodríguez), Valle-Inclán's *Divinas palabras* (Jerez-Farrán) and *Luces de bohemia* (Gabriele), Unamuno's *Niebla*, Pérez de Ayala's *Belarmino y Apolonio*, and Valle-Inclán's *Tirano Banderas* (Longhurst), Dickens's *Pickwick Papers* (Easson, Potau), Stendhal's novels (Dedeyan), Joyce's *Ulysses* (Power, Doody), the Waverly Series by Scott (Gaston), Gogol's *Dead Souls* (Holl), Greene's *Monsignor Quixote* (Henry, Urbina), Theroux's *The Mosquito Coast* (Urbina), Acker's *Don Quijote: Which was not a Dream* (Henry, Urbina), García Márquez's *Cien años de soledad* (Keck, Halka), Allende's *La casa de los espíritus* (Keck), Hsueh-Chin's *Dream of the Red Chamber* (Tschanz), Kafka's novels in general (Modern, Robertson) and those of Wang Hisyen (Nishimura), Chicano literature (Childers) and Southern American literature (Gines), and, finally, film, including the works of Berlanga (Wood), Walt Disney (Burningham), and Woody Allen (Barbieri), among many others.

In his recently published study, *The Novel 100. A Ranking of the Greatest Novels of All Time,* Daniel Burt ranks *Don Quixote* number one. Burt states that

> among subsequent novelists, it is virtually impossible to identify any who are not in Cervantes's debt or who do not consciously or unconsciously participate in the exploration of the irony of human existence that *Don Quixote* pioneered. ... No other novel has proven to be as influential or as crucial for an understanding of the form in its blending of literary elements ... as well as for its complex synthesis of social satire and psychological insights. (1)

"*Don Quixote* is," according to Burt, "the originator of the novel's hybrid form as well as the novel's first great attempt to redeem the ordinary with meaning, to find the universal among the particular, to capture experience that is both true and capable of reflecting the mysteries of existence and consciousness" (4).

In addition to the many studies focusing on the influence of Cervantes's, general scholarly interest in *Don Quixote* has not waned over the years. The ongoing annual publication of book length studies (nearly twenty between 2002-03) and articles (far too numerous to count) that appear in refereed journals, as book chapters, in published proceedings, or in festschrifts are proof that Cervantes's novel continues to be a rich source for critical inquiry. The extraordinary breadth of topics, themes, issues, and concepts that have been studied in conjunction with Cervantes's text reflects its extensive intellectual appeal. Scholarship has focused on social, political, religious, and, psychoanalytical archetypes, motives, and motifs; postmodern aspects; metafiction and intertextuality; structure; narrative and linguistic discourse; point of view; hermeneutics; canonicity; hybridity; reality and illusion; questions of authorship and authorization; enchantment; self-consciousness and self-conscious literature; epistemology; madness; gender; the feminine ideal; parody, satire and irony; iconoclasm; human values; the Humanist tradition and romance; and numerous other aspects. Succinctly put, the novel has generated substantive and significant critical discussion for years on end.

As a complex work, *Don Quixote* is regularly reinterpreted. "1605-2005: *Don Quixote* Across the Centuries", a conference marking the four-hundredth year anniversary of the publication of the first volume of Cervantes's novel, provided an opportunity for Cervantes scholars to come together to explore further the textual, contextual, thematic, formal, and theoretical significance of *Don Quixote* and to reevaluate points of convergence between the Spanish novel and modern artistic and ideological expressions, currents, and theories. The intention was to celebrate *Don Quixote*'s aesthetic and ideological legacy, to underscore once again the relevance and importance of Cervantes's genius and his contribution to the history of modern literature, and to reaffirm his creation as one of the premier expressions of Spanish culture.

Four centuries have passed since Alonso Quijano donned his armor, dubbed himself Don Quixote, and set out with his faithful squire Sancho Panza to right the wrongs of the world. Wooster, Ohio is a long way from the wide-open plains of La Mancha. The landscape is neither expansive nor dotted with windmills. Although far removed in time and space from the origin and setting of Cervantes's novel, the Hispanists who gathered at The College of Wooster between April 7-9, 2005 did so with a quest in mind: the celebration of Cervantes's creative genius. For three days, not unlike Quixote during his three sallies, they were motivated by an ideal, albeit an intellectual rather than a romantic one. As the coordinator of the conference, I am indebted to my colleagues' willingness to share their ideas and engage in discussion, the fruit of which appears in the present volume. I am grateful to each and every one of them and to the generosity of the administrators of The College of Wooster, The Cultural Events Committee, PRESHCO (Programas de Estudios Hispánicos en Córdoba), and the Program for Cultural Cooperation Between the Spanish Ministry of Education, Culture, and Sports for having made the event possible.

WORKS CITED

Arnaudo, Marco (2002): "Biblioteche, bibliofilia e alienazione letteraria nel *Don Quijote* e nei *Promessi sposi*." In: *Strumenti Critici: Rivista Quadrimestrale di Cultura e Critica Letteraria*, 17, 1, pp. 75-105.

Barbieri, Marie E. (1993): "Metafiction in *Don Quijote* and *The Purple Rose of Cairo*: Three Characters in Search of Their Freedom." In: *Romance Language Annual*, 5, pp. 356-59.

Bjornson, Richard (1984): "Materials." In Bjornson, Richard (ed.): *Approaches to Teaching Cervantes' "Don Quixote."* New York: The Modern Language Association of America, pp. 1-33.

Buonomo, Leonardo (1994): "Melville's Pierre: Don Quixote with a Vengeance." In: *Propero: Rivista di culture anglo-germaniche*, 1, pp. 41-53.

Burningham, Bruce R. (2000): "Walt Disney's *Toy Story* as Postmodern *Don Quixote*." In: *Cervantes: Bulletin of the Cervantes Society of America*, 20, 1, pp. 157-74.

Burt, Daniel (2004): *The Novel 100. A Ranking of the Greatest Novels of All Time*. New York: Facts on File.

Childers, William (2002): "Chicanoizing *Don Quixote*: For Luis Andrés Murillo." In: *Aztlán: A Journal of Chicano Studies*, 27, 2, pp. 87-117.

Cro, Stelio (1989): "From Text to Representation: Pirandello's 'Theater Within the Theater'." In: *Canadian Journal of Italian Studies*, 12, 38-39, pp. 51-66.

Cruz Coronado, Guillermo de la (1985-1987): "*Don Quijote* e *Tom Jones* (Paralelismos Iniciais):" In: *Estudos Anglo-Americanos*, 9-11, pp. 40-59.

Dedeyan, Charles (1988): "Stendhal et Cervantes." In: *Studia in honorem prof. M. de Riquer*. Vol. III. Barcelona: Quaderns Crema, pp. 405-22.

Dolgin, Stacey L. (1989): "*Nazarín*: A Tribute to Galdós' Indebtedness to Cervantes," In: *Hispanófila*, 33, 1, pp. 17-22.

Doody, Terrence (1990): "*Don Quixote, Ulysses*, and the Idea of Realism." In: Spilka, Mark / McCracken-Flesher, Caroline (eds.): *Why the Novel Matters: A Postmodern Perplex*. Bloomington: Indiana, UP, pp. 76-93.

Durán, Manuel (2002): "El impacto de Cervantes en la obra de Mark Twain." In: *Insula*, 661-662, pp. 19-23.

Easson, Angus (2002): "Don Pickwick: Dickens and the Transformation of Cervantes." In: Jenkins, Alice / John, Juliet (eds.): *Rereading Victorian Fiction*. Houndmills, England: Palgrave, pp. 173-88.

Gabriele, John P. (1990): "Scene VI of *Luces de bohemia* and the *Quijote* Connection." In: *Romance Notes*, 30, 3, pp. 259-63.

Gaston, Patricia S. (1991): "The Waverly Series and *Don Quixote*: Manuscripts Found and Lost." In: *Cervantes: Bulletin of the Cervantes Society of America*, 11, 1, pp. 45-59.

Gines, Montserrat (2000): *The Southern Inheritors of "Don Quijote"*. Baton Rouge: Louisiana State, UP.

Graybill, Robert V. (1994): *"Don Quijote* and *Huckleberry Finn*: Points of Contact." In: *Indiana Journal of Hispanic Literatures*, 5, pp. 145-60.

Halka, Chester S. (1987): "Perspectivismo en *Don Quijote* y *Cien años de soledad*: Una comparación." In: *Hispanófila*, 30, 2, pp. 21-38.

Henry, Patrick (1986): "Cervantes, Unamuno, and Graham Greene's *Monsignor Quixote*." In: *Comparative Literature Studies*, 23, 1, pp. 12-23.

Holl, Bruce T. (1996): "Gogol's Captain Kopeikin and Cervantes' Captive Captain: A Case of Metaparody." In: *The Russian Review: An American Quarterly Devoted to Russia Past and Present*, 55, 4, pp. 681-91.

Huguet, Christine (2000): *"Joseph Andrews*: A la manière de Cervantes?" In: *Bulletin de la Société d'Études Anglo-Américains des XVIIe et XVIIIe Siècles*, 51, pp. 59-76.

Jerez-Farrán, Carlos (1988): "Séptimo Miau y Ginés de Pasamonte: Un caso de duplicidad biográfica cervantina en *Divinas palabras*." In: *Revista Hispánica Moderna*, 41, 2, pp. 91-104.

Keck, Ray M. (1996): "Cide Hamete, Melquíades, Alba Trueba: Marco narrativo y tema en Cervantes, García Márquez y Allende." In: *Crítica Hispánica*, 18, 2, pp. 313-23.

Longhurst, Alex C. (2002): "The Survival of Genre: Cervantine Paradigms in Unamuno, Valle-Inclán, and Pérez de Ayala." In: Friedman, Edward H. (ed.): *"Never-Ending Adventure": Studies in Medieval and Early Modern Spanish Literature in Honor of Peter N. Dunn*. Newark, DE: Juan de la Cuesta, pp. 47-77.

Modern, Rodolfo (1997): *"Don Quijote* y Kafka: Polaridades y paralelismos." In: *Boletín de la Academia Argentina de Letras*, 62, 243-244, pp. 61-68.

Montano, Rocco (1986): "Hamlet, Don Quixote and Faust." In: *Neohelicon: Acta Comparationis Litterarum Universarum*, 13, 1, pp. 229-45.

Nishimura, Masao (1998): "Gloomy Don Quijote: The Interpretation of Turgenev in the Fiction of Wang His-yen." In: *Tohogaku: Eastern Studies*, 95, pp. 124-37.

Potau, Mercedes (1993): "Notes on Parallels between *The Pickwick Papers* and *Don Quixote*." In: *Dickens Quarterly*, 10, 2, pp. 105-10.

Power, Mary (1994): "Myth and the Absent Heroine: Dulcinea del Toboso and Molly Bloom." In: *Indiana Journal of Hispanic Literatures*, 5, pp. 251-61.

Robertson, Ritchie (1985): "Kafka und *Don Quixote*." In: *Neophilologus*, 69, 1, pp. 17-24.

Rodríguez, Alfred (1985): "Las posibles resonancias cervantinas de un título galdosiano: *La desheredada*." In: *Anales Galdosianos*, 20, 2, pp. 19-23.

Trilling, Lionel (1950): *The Liberal Imagination: Essays on Literature and Society*. New York: Doubleday.

Tschanz, Dietrich (1994): "Self-Reflections of Extended Vernacular Prose Narrative: Discussions of Fact and Fiction in *Don Quixote, The Story of the*

Stone, and *The Tale of Genji.*" In: *Tamkang Review: A Quarterly of Comparative Studies between Chinese and Foreign Literatures*, 25, 1, pp. 59-79.

Urbina, Eduardo (1991): "'Forse altri cantera...' Nuevos avatares del mito quijotesco en *The Mosquito Coast, Monsignor Quixote*, y *Don Quixote*." In: Parr, James A. (ed.): *On Cervantes: Essays for L. A. Murillo*. Newark, DE: Juan de la Cuesta, pp. 293-305.

Wood, Guy H. (1998): "La parodia cinegética de Berlanga: La santa escopeta y la recreación nacional." In: Cabell-Castellet, George / Martí-Olivella, Jaume / Wood, Guy (eds.): *Cine-Lit, III: Essays on Hispanic Film and Fiction*. Corvallis: Oregon State University, pp. 144-56.

Don Quixote, the Picaresque, and the "Rise" of the Modern Novel

Anne J. Cruz

(University of Miami)

The discipline of literary history adjudicates not only the various acceptable "kinds" of literary production, as Alastair Fowler has called them, but their development and promotion to canonical status. Harking back to Aristotle, literary genres have been classified according to their function within society, with the resultant division between poetry and history. As late as the early modern period, the term "fiction" had not yet been utilized as a category. Instead, in Spain, fictional narratives were described as "libros de entretenimiento," which were meant to stand worlds apart from historical writings and religious treatises. Of these, the novels of chivalry were one of the most popular exemplars–literary diversions that, albeit unsuccessfully, were banned from the New World so as not to corrupt the spirit of new readers. Yet the differences between poetry and history tended to blur over time. The confusion that arose between the categories permitted the emergence of another fictional form, one that became the genre par excellence of our modern and postmodern literary worlds. This essay intends to situate both the most famous novel of early modern Europe, Miguel de Cervantes's *Don Quixote de la Mancha*, and the genre known as the picaresque novel, within the discussions that have revolved around the novel's "rise."

While the novel's importance as a contemporary narrative mode has never been denied, we are, nevertheless, hard pressed to establish its origins. In response to one of the most vexing issues in genre scholarship, the origins of the modern novel have been "discovered" by literary critics at diverse historical and geographical junctures, with each site claimed by its proponent as accurate, authentic, and authoritative. As with many literary origins, however, those of the novel multiply through a poetics of appropriation instanced, not be the genre itself, but by its readers. From classical narratives to eighteenth-century tales of adventure, the genre has been claimed by countries as diverse as Greece, Japan, and England, at such times when these nation-states attained their strength as military and economic powers. In the modern period especially, novels have been considered to originate as a direct result of English expansionism. Margaret Doody asserts that "a certain chauvinism leads English-speaking critics to treat the Novel as if it were somehow essentially English, and as if the English were pioneers of novel-writing–ignoring, for instance, the very visible Spanish novels of the sixteenth and seventeenth centuries" (Doody: 1-2).

Yet, because the mythos of the hero-protagonist and his indestructible connection to an abandoned place of origin transcends temporal and geographical distance, some scholars have pronounced the novel as the formulation of consciousness continuously expressed in fiction through space and time. Others instead hold to the novel's modern and even postmodern creation by viewing it as the end result of an inherently organic and progressive literary movement, despite pertinent warnings by critics such as Andrew Hadfield that genres have no genealogical relationship to one another (Hadfield: "Introduction"). Indeed, terms such as "development," "evolution," and "progression" presuppose a teleological, if not biological, view of the novel by critics who expect the constant polish and perfection of the genre over time, as arbiters of what, in effect, they then decide to designate as the "novel." We are, it seems, made uneasy by the foreignness of the narratives of previous eras, a foreignness demarcated as much by cultural, social, and linguistic differences as by aesthetic distance. We identify most strongly with the modern novel's representation of what the British critic Ian Watt, in his *Rise of the Novel*, famously called "the daily lives of ordinary people" (Watt: 60). It is no surprise, therefore, that the notion of the novel as somehow maturing from an earlier period remains seductive. Yet our discomfort with those earlier narratives does not altogether derive from the social hierarchies typified by the literature preceding the eighteenth-century novel, or from that literature's frequently digressive and often disconnected narrative structure. Rather, the attraction of the novel's "realism" stems from the creation and cultivation of a literary subjectivity that increasingly mirrors the sensitivities and psychology of the modern reader. While this approach may be understandable, it negates the "modernity" that others have ascribed to works published before the eighteenth-century. As I will discuss, the modern aspects of the narratives published in early modern Spain indeed serve to integrate them within the broader critical perspective that considers the novel as emerging at various historical moments.

Michael McKeon has perhaps best rethought the theoretical and geopolitical implications of Watt's influential study by comparing the diverse critical replies to the novel's rise; what Diana de Armas Wilson has perceptively calibrated as its *many* rises (Wilson: 55-56). When addressing several aspects of the novel's modernity–its so-called realism, its self-reflexive nature–McKeon distinguishes the "revisionary grand theories" of Georg Lukács, José Ortega y Gasset and Mikhail Bakhtin and their Continental affinity for "self-reflexivity" from Watt's concept of "formal realism." McKeon explains Ortega y Gasset's "formal realism" as "a process of thematizing form, of making form content;" while for Watt, it is a "technique by which any sort of content can be described" ("Watt's *Rise*": 271). He explains that Watt "associates realism with (the effect of) immediate presence," while his Continental predecessors "associate novelistic realism with distance and mediation" ("Watt's *Rise*": 272). Tracing the Continental theorists' distinction between the epic and the novel, McKeon states that they "recur to the language of internalization, 'objectivation,' novelization, parody, absorption, incorporation," whereas Watt instead emphasizes the "innovative nature of the novel" ("Watt's *Rise*": 274; 276). This contrast leads McKeon to the astute conclusion that Watt's notion of "formal realism" propounds an "empirical objectivity" that is necessarily divorced from its "dialectical twin, self-conscious reflexivity." Since Watt defines modernity as "[an] aggregate of particular individuals having particular experiences at particular times and at particular places," the novel for him intends to render "an authentic account of the actual experiences of individuals" (Watt: 31; 27). In contrast, McKeon shows in just what ways the "naïve empiricism" of writers such as Defoe or Richardson advances not only a "new type of a man of letters"–author of a new type of genre–but also self-parodying skeptics such as Swift and Fielding, whose writings, according to Watt, were decidedly anti-novelistic (McKeon, *Theory*: 385-86).

As a scholar of early modern Spanish literature, I am grateful to McKeon for explaining Watt's exclusion of the one text acclaimed by all three Continental theorists–Lukács, Ortega y Gasset, and Bakhtin–to be *the* paradigmatic modern novel. I refer, of course, to Cervantes's *Don Quixote*. Watt believed that the novel's claim to historicity and veracity is connected to such socioeconomic features as the fall of feudalism, the invention of print, and the growth of capitalism and the middle class (McKeon, *Theory*: 382). McKeon ventures, however, that Watt's own desire for epistemological stability led him to seek generic stability in the novel (McKeon, *Theory*: 383). Thus, Watt's faith in the novel's debt to historicity would not allow him to take into account the "unstable" literature produced during times of social and cultural crises (McKeon, *Theory*: 383). McKeon counters that the "naïve empiricism" attributed by Watt to eighteenth-century English novels had already been stretched to its limits by the reproductive power of print. Yet, by misapplying this same empiricism to Cervantes, McKeon falls prey to the "*ingenio lego*" or "unlettered genius" fallacy, which holds that the author did not quite know what he was doing, when he states that "Cervantes himself naïvely claims that his book is a 'true history' dedicated to the critique of chivalric romance" (McKeon, *Theory*: 386).

That Cervantes knew full well what he was doing is most evident in *Don Quixote*'s complex structure, whose multi-voiced narrative layer has bedeviled many a critic. James Parr is one of several who have availed themselves of narratological strategies in an attempt to isolate the multiple narrative voices that encumber any kind of monological interpretation. For, as Michel Foucault has remarked, the knight must both believe in and furnish proof of the truth of the chivalric romances that he imitates so as to fulfill their promise: "If he is to resemble the texts of which he is the witness, the representation, the real analogue, Don Quixote must also furnish proof and provide the indubitable sign that they are telling the truth, that they really are the language of the world" (Foucault: 47).

His author, however, was perfectly aware that the opposite of that chivalric "truth" was not to be found in novelistic fiction. To believe in Cervantes's statement that he writes "true history" to critique the novels of chivalry, is to fall embarrassingly into the author's own trap, where fiction is posited paradoxically both *as* and *against* truth. Never the less, McKeon is right in assuming that *Don Quixote* combines the truth function that Watt assigns to the novel's formal realism, along with the self-reflexivity valorized by his Continental precursors: "But we know to read this affiliation, as well as his playful attitude toward print, at least in part as a skeptical critique of naïve empiricism (McKeon, *Theory*: 386-87)."

Cervantes's skepticism has come under attack by Lennard Davis, who finds two major obstacles to *Don Quixote*'s classification as a novel. The first, he claims, is the characters' lack of psychological realism; and the second, the author's self-conscious use of literary framing and style (Davis's conclusion is contradicted by Foucault's far more perceptive understanding of what a novel should obtain:

> *Don Quixote* is the first modern work of literature, because in it we see the cruel reason of identities and differences make endless sport of signs and similitudes; because in it language breaks off its old kinship with things and enters into that lonely sovereignty from which it will reappear, in its separated state, only as literature; because it marks the point where resemblance enters an age which is, from the point of view of resemblance, one of madness and imagination. (Foucault: 48-49)

Certainly, the multiple fragmentations—social, economic, religious, and scientific—that occurred during the early modern period demanded a new narrative form. This new form contained, in McKeon's words, "a definitional volatility, a tendency to dissolve into its antithesis, which encapsulates the dialectical nature of historical process itself at a critical moment in the emergence of the modern world" (Watt: 396). Foucault's description of *Don Quixote* as "a negative of the Renaissance world" in which writing had "ceased to be the prose of the world; [and] resemblances and signs [...] dissolved their former alliance" indeed situates Cervantes's literary work at a particularly significant time in history, what Foucault would call an episteme, and that argues for considering the work at once "modern" and "novel."

That *Don Quixote* simultaneously informs the historical process and is informed dialectically by it, is only one of the reasons that our three Continental theorists—along with many *cervantistas*—have awarded it the title of the "first modern novel." Yet fully half a century before Cervantes's *Don Quixote*, there appeared in Spain a fictional prose narrative that incorporated most if not all the characteristics ascribed by these theorists to the novel. Carlos Blanco Aguinaga's famous distinction between the picaresque novel and Cervantes's more "realistic" approach has long kept the two forms of fictional narratives separate. Following in Blanco Aguinaga's footsteps, Walter Reed has aggressively placed the two forms in an adversarial position against one another. As we know, the picaresque begins its literary history with the appearance in 1554 of the anonymous *Lazarillo de Tormes*.[1] This seemingly unassuming narrative contains in its thematics, language,

---

[1] The earliest extant editions of the *Lazarillo* are the four 1554 editions published in Alcalá de Henares, Burgos, Medina del Campo, and Antwerp. No manuscript has been discov-

and plot structure the germ of what the Continental critics and Watt all consider essential to novel formation. With its main protagonist Lazarillo the product of the questionable union of a heretic-thief and a washerwoman-whore, the novel is the first in Spain to account for the life of a low-born *pícaro* or rogue. It thus documents, some two hundred years before Moll Flanders or Tom Jones, the daily drudgery of the "ordinary people" that Watt highlighted in his concept of the modern novel.

Since its fictive autobiographical stance satirizes popular hagiographies as much as novels of chivalry, the picaresque has been called a "counter-genre" by Claudio Guillén (135-58). Yet even in its first exemplar, the genre reaches beyond the merely parodic imitation or negation of a previous literary tradition. One notable instance of the generic volatility hailed by McKeon in the modern novel is the *Lazarillo*'s interest in depicting the life of a rogue. While we no longer question a narrative for apparently defending the actions of a street urchin, that someone in the sixteenth-century felt compelled to construct such a fiction–in the protagonist's own voice–certainly constitutes a socially revolutionary act expressed through the medium of literature. In the supposedly paratextual "prologue" the author first proposes his reasons for writing, but soon shifts disarmingly from an "authentic" voice to the fictional narrator who anticipates the (fictional) reason why the tale is told at all. We first read the author's comments on the efforts of publishing: "Porque, si así no fuese, muy pocos escribirían para uno solo, pues no se hace sin trabajo, y quieren, ya que lo pasan, ser recompensados, no con dineros, mas con que vean y lean sus obras, y si hay de qué, se las alaben." (*Lazarillo*: 88).

Yet the prologue's last paragraph uncovers not the author's, but the *narrator*'s motives. As the author's voice is subsumed by the narrator's, we are told that he is responding to orders from a fictional character:

> Y pues Vuestra Merced escribe se le escriba y relate el caso muy por extenso, paresciome no tomalle por el medio, sino por el principio, porque se tenga entera noticia de mi persona, y también porque consideren los que heredaron nobles estados cuán poco se les debe, pues Fortuna fue con ellos parcial, y cuánto más hicieron los que, siéndoles contraria, con fuerza y maña remando salieron a buen puerto. (*Lazarillo*: 89).

Rosa Navarro Durán considers the *Lazarillo*'s prologue mutilated, and proposes instead two discourses (con)fused by the removal of a page that shows two separate authors: the prologue's "real" author, and the novel's fictional narrator (Navarro Durán: 20). Although this solution would clarify the ambiguity of the prologue's narrative voice, there is no proof of the existence of the purported miss-

---

ered, and the author remains anonymous, although some critics have attributed authorship to Sebastián de Horozco, Diego Hurtado de Mendoza, and Francisco Cervantes de Salazar.

ing page. Moreover, since it is missing in all four extant printed editions, we must continue to take seriously the slippage between author and narrator.

At the level of plot, the mature narrator Lázaro relates the dismal adventures of his childhood: mistreated by his masters, the orphan Lazarillo learns from their miserable example to lie, cheat, and steal in a materialist society that values unethical behavior. Lázaro's marriage to the Archpriest's servant-girl has resulted from this last master's need to sustain a *ménage-à-trois* as a convenient cover for his lechery. The plot allows us glimpses of how the protagonist increasingly internalizes the lessons learned. When the pardoner realizes that his young servant has figured out that he fabricates miracles to sell indulgences to the townspeople, he affects a collusive gesture clearly understood by Lazarillo: "[El buldero] como allí me vio, púsose el dedo en la boca, haciéndome señal que callase. Yo ansí lo hice, porque me cumplía [...] Y aunque muchacho, cayóme mucho en gracia y dije entre mí: '¡Cuántas déstas deben hacer estos burladores entre la inocente gente!'" (*Lazarillo*: 169).

The question posed throughout by the narrator's insistence on his innocence recalls Watt's desire that the novel remain empirically naïve. But if the plot intends to dupe the readers into sympathizing with the young protagonist by convincing us of his veracity, the author's metafictional stance—reflected in the narrator's self-conscious skepticism—would have us question the truth of all narratives.

The *Lazarillo de Tormes* prompted two sequels in 1555 and 1620, and despite Inquisitional censorship for its anticlericalism in 1573, it continued to be published outside Spain and in abridged form in Spain.[2] By the end of the sixteenth century, then, the *Lazarillo* had attracted an international reading public; its popularity generated a number of translations and one major imitation. Although the novel and its sequels did not employ the term *pícaro*, the next picaresque novel, *Guzmán de Alfarache*, published in 1599 by the social reformer and *converso* Mateo Alemán, was known by the epithet. But instead of merely copying the *Lazarillo*'s plot by narrating the life of a young Sevillian boy, the *Guzmán* divides the autobiography into the protagonist's story (Guzmán as he develops into a *pícaro*) and the narrator's moral digressions (Guzmán as he looks back on his life). Both because of this strategy and the publication five years later of the *Guzmán*'s Book Two, which considerably extends and complicates the plot, Alemán's novel has little structural relation to the *Lazarillo*. The youth's multicultural encounters as he travels across the Mediterranean to Rome and Genoa in search of his family roots indicate the novel's much broader geopolitical and historical scope. The *pícaro*'s expanding theater of action, which becomes a characteristic of the genre, shows to what de-

---

[2] The *Lazarillo*'s two sequels comprise an anonymous *Segunda parte* published in Antwerp in 1555, and the *Segunda parte de la vida de Lazarillo de Tormes*, by Juan de Luna, published in Paris in 1620, along with an "expanded and amended" edition of the 1554 *Lazarillo*, was translated into English and published in London in 1622.

gree the *Lazarillo* has been absorbed by the *Guzmán* and why some critics have labeled the first picaresque narrative a prototype of the genre (Rico: 129 ff).

Each text canonized as "picaresque" maintains only some of the characteristics or features that Claudio Guillén, among others, assigns to the genre. While he qualifies his ordering as "tentative and empirical" (Guillén: 74) and therefore not governed by an absolute norm that subsumes all works, the features Guillén enumerates, such as the character as orphan or "half-outsider" (Guillén: 80) and a "total view that is reflective, philosophical, and critical on religious or moral grounds" (Guillén: 82), narrows the novel's type of protagonist and stresses only its moral dimension. Guillén describes another enduring feature of the picaresque novel: its "double perspective of self-concealment and self-revelation" (Guillén: 82). This perspective matches the authorial consciousness with the reader's collusion that Margaret Doody, in *The True Story of the Novel*, recognizes in ancient novelists as much as in eighteenth- and nineteenth-century novels. It is, she notes, registered by the pleasure we feel when a novelist gets "inside the mind" of a character (Doody, "Representation": 1-17). While we may consider Doody's formalist definitions far too sweeping in their inclusion of both epics and novels, some of her insights help us to determine what we, as postmodern readers, value in the genre. Such an entry into the psychology of the *pícaro* is surely a characteristic valued by us, and what Carroll Johnson has in mind in his own psychological study, *Inside Guzmán de Alfarache*.

The Guzmán de Alfarache begins with a wink at the reader. Guzmán, the spoiled young son of an amoral young woman's extra-marital dalliance with a Genoese merchant, boasts that, unlike Lazarillo, who was cruelly torn by poverty from his maternal home, he decides on his own to see the world, "encomendándome a Dios y buenas gentes." He names himself after his mother's outrageous claim to the noble Visigothic surname of "Guzmán," ironically adding as his placename, like Lazarillo's "de Tormes," the libidinous Arabic site of Alfarache, an Edenic garden outside Seville where he was sinfully conceived. By celebrating his parents' immoral traits, Guzmán parodies the picaresque tradition at the same time that, as its second exemplar, his autobiographical narrative helps to create it. The novel's self-conscious irony is anticipated by the author's address to two kinds of reader, one "discreet" or "disabused" who will grasp its social message, and the other, a "common" or unheeding reader who enjoys the plot while ignoring its lessons. The ploy, which stresses the novel's moral function, is repeated by the narrator when he confronts the reader: "O te digo verdades o mentiras. Mentiras no; y a Dios pluguiera que lo fueran, que yo conozco de tu inclinación que holgarás de oirlas y aun hicieras espuma con el freno. Digo verdades y hácensete amargas" (*Guzmán* III.i: 37).

Despite his warnings, however, the narrator sweetens his tale with humor to attract and retain the reader. In this sense, he is very much the divided persona that Doody separates into "a narrator who thinks it is all true" and one who is "the comic wizard behind the scenes," whom she calls "the fiction making daimon" (7).

The "instability of consciousness" that Doody finds exemplified in the classical novel, as, for example, in Chariton's *Chaereas and Kallirhoe*, recurs in the picaresque through the *pícaro*'s efforts to articulate his life (Doody, "Representation": 8). Ironically, since real *pícaros* were illiterate and thus could not write their autobiography, it is up to the fictional narrator to transmit "his" earlier experiences to the reader. The novel therefore conveys "realistically" the author's perception of the protagonist's sight and his sound: in the first picaresque novel, Lazarillo comes under the tutelage of a blind man, who teaches him to "see" the world, and, following in the second, Guzmán–both the novel and its protagonist–is called by the author a "watchtower" from which the reader may observe the world's foibles.

The third picaresque novel that comprises the Spanish early modern canon, Francisco de Quevedo's *Buscón,* instead confuses the author's intention with that of the protagonist/narrator. The prologue fuses sight with sound in its address to the reader: "Qué deseoso te considero, lector o oidor (que los ciegos no pueden leer) (*Guzmán*: 70). Unlike its predecessors, neither the book's reader nor the narrator's listener is encouraged to draw a moral conclusion from its contents: "Dale aplauso, que bien lo merece, y cuando te rías de sus chistes, alaba el ingenio de quien sabe conocer, que tiene más deleite saber vidas de pícaros descritas con gallardía, que otras invenciones de mayor ponderación" (*Guzmán*: 70). If the *Guzmán* implies through its address that it is intended for a wide reading public, the *Buscón*'s prologue spoofs its own sales potential: "El precio del libro, no le ignoras, pues ya le tienes en tu casa, sin no es que en la del librero lo hojeas, cosa pesada para él y que se había de quitar con mucho rigor" (*Buscón*: 71). In this, Quevedo's novel continues to satirize its literary models, as well as the unstable moment in history in which books entered the marketplace.

Written when the author was in his early twenties, the *Buscón* circulated in manuscript form only within Quevedo's group of friends at court. When it was published some twenty years later, he disavowed the novel entirely; yet the satirical work has been criticized for merging the narrator too transparently with its author. The focus on the novel's "point of view" has led to a critical impasse among those who take it merely as an opportunity for the author to display his wit through wordplay, and those who acclaim it as the "purest type" of picaresque precisely because it so self-consciously mimics its two predecessors (Parker: 72; Rico, *Spanish Picaresque*: 79). However, unlike Lazarillo or Guzmán, Pablos is typecast as a despised "other" whose social climbing is ferociously denounced by the author. I would argue that the novel breaks from the author's control and transcends the limitations set by Quevedo. According to Barry Ife, "[Pablos'] voice is constantly out of tune with himself; he abases himself; betrays himself, willingly allowing his innermost thoughts and motives to be exposed not just to the light of day but to the vilest ridicule" (Ife: 155). As Ife notes, there is an uneasy quality to his discourse, "the constant sense of self-betrayal that makes [for] uncomfortable and unpleasant reading" (155). But it is through the self-conscious narrator's self-betrayal that the conservative author unwittingly gives a voice to just those kinds of subalterns he so fears.

"Giving voice to the voiceless" is one of the characteristics Doody attributes to the ancient novel, and one I extend to the picaresque. Indeed, the female picaresque novels, whose protagonists are more often than not prostitutes, ventriloquize the woman's voice as well as direct her vision, since the authors of these novels are male moralists. While most do not depend on a first-person narrator, and their inclusion in the picaresque canon continues to be debated, novels such as Francisco Delicado's *La lozana andaluza,* Francisco López de Úbeda's La *pícara Justina*, and Alonso de Castillo Solórzano's *Teresa de Manzanares* advocate women's control and enclosure by exhibiting their sexuality as a lure to the male reader. This release from the hypocritical constraints of early modern Spanish society gives the protagonist-whore an apparent honesty in her actions and words, since she has already violated the strict social standards required of women. The freedom with which the *pícara* expresses herself is most evident in the novels structured autobiographically, such as the *Pícara Justina* and, partially, *La hija de la Celestina*. By narrating the pícara's life in the first person, the male author assumes a female voice to highlight the woman's libertine behavior, which, however, does not fail to go unpunished. None the less, similarly to the *Buscón*, the women's plight ends by challenging the novel's morality. Justina's talkative nature self-consciously breaks through her conservative author's control:

> ¡Ay, hermano lector! Iba a persuadirte que no te admires si en el discurso de mi historia me vieres, no sólo parlona, en cumplimiento de la herencia que viste en el número pasado, pero loca saltadera, brincadera, bailadera, gaitera, porque, como versa en el número presente, es también herencia de madre. (*Pícara Justina*: I.183)

The picaresque novel inherits its generic instability from the different phases undergone by the narrative tradition, such as the first-person narrative, and from the historical changes that occurred in Spain. Yet the novel may also be viewed as part of a longer tradition, one whose origins, as Doody claims of the modern novel, may be traced as far back as the *Satyricon* and Apulaius's *Golden Ass*. And although the Spanish picaresque has often been claimed within a "nationalist" literary history, it transgresses these boundaries in its influence on English, German, and French novelists: among them, Daniel Defoe, Tobias Smollett, Hans von Grimmelshausen, and Alain-René Lesage. And yet, most Hispanists have rejected any alliance of the genre with the modern novel. We do not have to rehearse Blanco Aguinaga's influential article on "dos tipos de realismo" to understand how Cervantes's "open" style (his "objective realism") has been compared favorably to the picaresque novel's so-called dogmatic realism (Blanco Aguinaga: 313). This argument was challenged by Peter Dunn, who noted that Blanco Aguinaga utilized the novels to set up a political allegory, one that opposes Franco's authoritarian

Spain to a free and democratic society (Dunn: 116n10). For Walter Reed, who also opposes the connection between *Don Quixote* and the picaresque, Cervantes stands apart by creating a radically different version of the novel form, which he calls "playing the game of literature" (Reed: 71-72). Dunn responds to this formal argument as well: Cervantes's celebrated "vida de Ginés de Pasamonte" is propounded by its author, the pícaro Ginesillo, as a "truthful autobiography" (Dunn: 121). Dunn rightly underscores how Cervantes handles the problem of narrative structure by proposing that Ginés's life is as much an autobiographical fiction as Lazarillo's (Dunn: 122). By avoiding the first-person narrative, Cervantes does not need to justify his text; instead, he presents a consciousness "extrinsic to the sequence of events" which focuses on the narrative's beginning, not on the ending (Dunn: 128).

Still, and despite Dunn's perceptive "de/re-construction" of the picaresque in Cervantes, *Don Quixote* continues to resist comparison with the picaresque novel, and not solely because, as Dunn claimed in 1982, "both genre theory and literary history [were] in disarray" (Dunn: 131). I suggest that the most significant difference between Cervantes's modern novel and the picaresque novel is Cervantes's ambiguous–and even ambivalent–approach toward what we may call fiction's social agency. His depiction of early modern Spain primarily intends to observe early modern mores, even if at times he implicitly–and sometimes explicitly–criticizes its principles. In contrast, the picaresque, which also utilizes the trope of a "seeing I," focuses much more obsessively on moral and economic reform. The *Lazarillo* documents the changing modes of production from the feudo-agrarian to the incipient urban bourgeois capital economy; while the *Guzmán de Alfarache* stresses early modern Spain's passage to a mercantilist society. The *Buscón* indicts the changes in aristocratic values, and the female picaresque proposes gender control as a means of maintaining women's exchange value. Nevertheless, as Carroll Johnson's materialist study of *Don Quixote* has shown, Cervantes was not oblivious to the socioeconomic times in which he lived. From Sancho Panza to the Duke and Duchess, the text covers (and uncovers) a wide spectrum of social types. Sancho comes from the class of *labradores*, about whom the contemporary economist Fray Benito Peñalosa de Mondragón, has this to say:

> The labradores in Spain are today the poorest, the most wretched miserable and downtrodden of all the social classes. You would almost think that everyone else had conspired to ruin and destroy them, to the point where the word "labrador" has come to mean everything gross, malicious, and lowly. (Qted in Johnson, *Cervantes*: 16)

Johnson points out that while in *Don Quixote*'s Part I, Sancho thinks "in terms of the categories of the old feudoaristocratic socioeconomic order" to become wealthy and govern an ínsula, in Part II he pursues what Johnson calls a "new order approach to prosperity, by means of a fixed salary" (Johnson, *Cervantes*: 26).

Yet, no matter which order the labradores wish to belong to, Cervantes does not portray the kind of poverty and misery normally associated with that class. Dorotea is a prime example: the daughter of wealthy labradores, she never suffers hunger or deprivation. Rather, her tale involves a case of honor and the likelihood of marriage to a higher social class. Indeed, the poor are rarely depicted as such in *Don Quixote*: even the most marginalized of social outcasts, the *galeotes*, hold their own and soon escape, unlike their counterparts in the *Guzmán de Alfarache*.

The differences between the picaresque and Cervantes's novel may also be adumbrated in the deep psychic divisions between their protagonists. In both, the psyche is represented as split; in the picaresque, for example, we hear Lazarillo voicing his private opinion to the reader. This divided narrative is as much a consequence of the narrator's separation from the community as of the temporal distance between narrator and protagonist. There is little bonding among groups in Cervantes's novel: if they are formed, they are just as quickly dissolved. *Don Quixote* portrays the individual as alienated from his or her social group: Marcela vanishes into the forest, while Don Quixote courts no friendship with anyone other than Sancho, all the while putting the peasant in his place. In keeping with Edward Said's notion that the novel creates an alternative life for heroes who are otherwise lost in society (93), the knight's punishment, in both Parts I and II, is his forced return to his village. In contrast, the picaresque, although seemingly focusing on a semi-outsider, relentlessly embeds its protagonist within the community. Surrounded by those whom he dupes, the *pícaro* is constantly exposed to the consequences of his deception.

The picaresque thus reveals the worst aspects of early modern Spain with the explicit intention of denouncing society for its faults. Cervantes's representation of Spain's underside, while more verisimilar than the picaresque novel's extreme depiction of deprivation, invites us to gaze at an alternate reality that is framed and offset by Don Quixote's madness. Its force lies in the author's power of observation, a power equally as diagnostic and rational as Mateo Alemán's watchtower, but more distant and with far less compulsion toward social change. As the knight's imagination to perceive his world as "real" weakens in Part II, the novel further underscores its lack of resolution. Ruth El Saffar once stated that Cervantes, through Don Quixote, declares his disengagement from the ills afflicting early modern Spain, that he declares his disengagement from society's dynamics (El Saffar: 221). While we may not agree with her, we must admit that Cervantes takes no sides on any issue. Rather than denouncing its originary moment, the novel *Don Quixote* creates an alternate world that is, instead, redeemable only by the reader's optimism. The question, therefore, is not whether, in the genre wars, Don Quixote opposes the *pícaro*: we have seen that, both as protagonists and exemplars of the novel in early modern Spain, they indeed meet and abet each another. Yet as McKeon so well puts it, the novel does not rise from one or two great texts, but from an experimental process that consists of different stages. What materializes across the virtual map drawn by critics of the novel is not merely a new kind of

genre, but a dialectical means of manifesting both ethical and aesthetic performance. Thanks to its novelty and instability, the novel pries loose from attempts at
categorization by genre theory (Reed: 56). On this map, as McKeon notes, we may
pinpoint the novel's many "rises" within a theoretical and historical enterprise that
marks the genre's discontinuity as well as its continuity.

If, then, *Don Quixote* is distinguished in its modernity by playing a "literary
game," this game is also enjoyed–and enjoined–by the picaresque. Further, it is a
"game" without rules, played in an intermediate space, with self-conscious attention to its readers. And it is one that, as we have seen, has many origins and–no
less significantly–many consequences. I suggest that we consider as crucial to the
novel's definition the protagonist's multiple expressions of self-reflexivity and
self-concealment. Neither should we lose sight of the novel's potential for radical
creativity. Two modern authors, consciously writing as Latin American novelists,
have put forth their views of the novel's ability to create new worlds. The Mexican
writer Carlos Fuentes extols the novel's affirming spirit:

> Intentemos, sin engaños, crear universos verbales en los que la palabra ad-
> quiera plenitud de significados; seamos fieles a la palabra escrita y quizás
> aprenderemos a serlo a la palabra dicha –dichosa palabra– y en seguida a
> los actos que la acompañan. No hay literatura sin palabra. ¿Puede haber so-
> ciedad o civilización, polis, política, *mudas*?" (43).

The implication, of course, is that there is no world without literature. We may add
that there are other worlds *in* literature.

Mario Vargas Llosa offers an even more extreme concept of the novel's utopian function: "Admiramos *El Quijote, La Regenta* o *Fortunata y Jacinta* porque
compiten con la realidad de igual a igual, porque son novelas deicidas que quieren
rehacer la obra de Dios. Esto no ocurre con otros géneros" (Val: 44; qted in Corral:
316). For the Peruvian novelist, the novel holds theological and ontological, as
well as historical consequences. By creating not a formal, but an alternate reality,
the novel's author is both a fiction-making demon *and* a God-killer. We should
take seriously the demonic force behind the modern novel's characteristics which,
like the picaresque, include an inexhaustible reality, a transgression of narrative
norms, and a verbal texture bent toward excess–characteristics all forming part of
what Vargas Llosa has called the "novela total" (Corral: 316; 328-29). By immers-
ing the reader in alternate worlds, the *pícaro* and Don Quixote each offer us the
option of social transformation or idealist redemption.[3]

---

[3] A version of this essay will appear in *Studies on Voltaire and the Eighteenth Century*.

WORKS CITED

Alemán, Mateo: *Guzmán de Alfarache*. Rico, Francisco (ed.) (1983). Barcelona: Planeta.

Armas Wilson, Diana de (2001): *Cervantes, the Novel, and the New World*. Oxford: Oxford UP.

Bakhtin, Mikhail: *The Dialogic Imagination: Four Essays*. Holquist, Michael (ed.) (1981). Trans. Emerson, Caryl / Holquist, Michael. Austin: U of Texas P.

Blanco Aguinaga, Carlos (1957): "Cervantes y la picaresca. Notas sobre dos tipos de realismo." In: *NRFH*, 11, pp. 314-42.

Castillo Solórzano, Alonso de (1964): *La niña de los embustes. Teresa de Manzanares, natural de Madrid*. México: Aguilar.

Cervantes, Miguel de: *Don Quijote de la Mancha*, vols. I and II. Murillo, Luis Andrés (ed.) (1978). Madrid: Castalia.

Corral, Wilfrido H. (2001): "Novelistas sin timón: exceso y subjetividad en el concepto de 'novela total'." In: *MLN*, 116, 2 (Hispanic Issue, March), pp. 315-49.

Cruz, Anne J. (1999): *Discourses of Poverty: Social Reform and the Picaresque Novel in Early Modern Spain*. Toronto: U of Toronto P.

Davis, Lennard J. (1987): *Factual Fictions: The Origins of the English Novel*. New York: Columbia UP.

Delicado, Francisco: *La lozana andaluza*. Allaigre, Claude (ed.). (1981). Madrid: Cátedra.

Doody, Mary Anne (1996): *The True Story of the Novel*. New Brunswick, NJ: Rutgers UP.

— (unpublished paper): "The Representation of Consciousness in the Ancient Novel." Pp. 1-17.

Dunn, Peter N. (1983): "Cervantes De/Re-Constructs the Picaresque." In: *Cervantes: Bulletin of the Cervantes Society of America* 3, 3, pp. 109-31.

El Saffar, Ruth (1988): "In Praise of What is Left Unsaid: Thoughts on Women and Lack in *Don Quijote*." In: *MLN*, 103, 2 (Hispanic Issue): pp. 205-22.

Fuentes, Carlos (1993): *Geografía de la novela*. México: Tierra Firme.

Foucault, Michel (1973): *The Order of Things: An Archaeology of the Human Sciences*. Trans.: *Les mots et les choses. Archéologie des sciences humaines*. New York: Vintage Books.

Fowler, Alastair (1982): *Kinds of Literature: An Introduction to the Theory of Genres and Modes*. Cambridge, MA: Harvard UP.

Guillén, Claudio (1971): "Gender and Countergenre: The Discovery of the Picaresque." In: *Literature as System: Essays Toward the Theory of Literary History*. Princeton, NJ: Princeton UP.

Hadfield, Andrew (1994): "Introduction." In: *Literature, Politics and National Identity: Reformation to Renaissance*. Cambridge: Cambridge UP.

Ife, Barry F. (1985): *Reading and Fiction in Golden-Age Spain: A Platonist Critique and Some Picaresque Replies*. Cambridge: Cambridge UP.

Johnson, Carroll B. (2000): *Cervantes and the Material World*. Urbana-Champaign: U of Illinois P.

Johnson, Carroll B. (1978): *Inside Guzmán de Alfarache*. Berkeley and Los Angeles: U of California P.

Lazarillo de Tormes. Rico, Francisco (ed.) (1987). Madrid: Cátedra.

López de Úbeda, Francisco: *La pícara Justina*. Rey Hazas, Antonio (ed.) (1977). 2 vols. Madrid: Nacional.

Lukács, Georg (1971): *The Theory of the Novel*. Trans.: Bostock, Anna. Cambridge, MA: MIT Press.

Luna, Juan de: *Segunda parte de la vida de Lazarillo de Tormes*. Laurenti, Joseph L. (ed.) (1979). Madrid: Espasa-Calpe.

McKeon, Michael (2000): "Watt's *Rise of the Novel* within the Tradition of the Rise of the Novel." In: *Eighteenth-Century Fiction*, 12, 2-2 (January-April), pp. 253-76.

McKeon, Michael (ed.) (2000): *Theory of the Novel: A Historical Approach*. Baltimore and London: The Johns Hopkins UP.

Navarro Durán, Rosa (2002): "De cómo Lázaro de Tormes tal vez no escribió el prólogo a su obra." In: *Ínsula*, 661-662, pp. 10-12.

Ortega y Gasset, José (1961): *Meditations on Quixote*. Trans.: Rugg, Evelyn / Marín, Diego. New York: Norton.

Parker, Alexander (1967): *Literature and the Delinquent: The Picaresque Novel in Spain and Europe, 1599-1753*. Edinburgh: Edinburgh UP.

Quevedo, Francisco de: *El buscón*. Cabo Aseguinolaza, Fernando (ed.) (1993). Biblioteca Clásica, vol. 23. Barcelona: Crítica.

Reed, Walter L. (1981): *An Exemplary History of the Novel: The Quixotic versus the Picaresque*. Chicago: U of Chicago P.

Rico, Francisco (1973): *La novela y el punto de vista*. Barcelona: Seix Barral.

— (1984): *The Spanish Picaresque Novel and the Point of View*. Trans.: Davis, Charles / Sieber, Harry. Cambridge: Cambridge UP.

Salas Barbadillo, Alonso de: *La hija de Celestina y la ingeniosa Elena*. Fradejas Lebrero, José (ed.) (1983): Madrid: Instituto de Estudios Madrileños.

Val, Tomás (1999): "Entrevista. Mario Vargas Llosa. El competidor de Dios." In: *Leer*, XV, 104 (Julio-Agosto), pp. 44-47.

Watt, Ian (1964): *The Rise of the Novel: Studies in Defoe, Richardson, and Fielding*. Berkeley and Los Angeles: U of California P.

"El pobre servicio de mano": *Lazarillo de Tormes, Don Quixote*, and the Design of the Novel

Edward H. Friedman
(Vanderbilt University)

Critics have long discussed the relation of *Don Quixote* to picaresque narrative. In an essay published decades ago, Carlos Blanco Aguinaga posits what he determines to be a radical contrast in point of view, and, in a major comparative study of narrative, Walter Reed addresses "the Quixotic *versus* the picaresque," and the list goes on. As I explore the topic, I might state in advance that–despite my unapologetically deconstructionist tendency to negotiate *difference–similitude* decidedly will come into play. At a time in which the Hispanic world, and, it seems, the world at large, is celebrating the four-hundredth anniversary of the publication of Part 1 of Miguel de Cervantes's master work, the theme–now classic in itself–of "the first modern novel" continues to challenge us. There will be no answer to that question here. What is crucial to this discussion is the fact that in 1605 the novel was in the process of self-formation. Cervantes recognizes the value of tapping the literary past as he creates anew, and that is perhaps his greatest gift as a writer. He is not so much an exponent of what Harold Bloom would term "the anxiety of influence"–an anguished and combative attitude toward tradition–as a refurbisher with a magical touch, one who surpasses the intertext. Cervantes is so conscious of–and so self-conscious about–the literary past that one has to stand at a distance to note that *Don Quixote* is about breaking away from, rather than honoring or satirizing, its predecessors. The random and haphazard feel of *Don Quixote*, surely a work of the imagination in flux, hides a systematic plan on the part of Cervantes to move in new narrative directions. The same is true of the author of *Lazarillo de Tormes.*

There is some value, one could argue, to the zero-degree definition of the novel as a narrative fiction of a certain length, in which case the emphasis would be on the texts rather than the critics–or the critics' direct contact with concrete texts rather than with abstract concepts–in a contemplation of the qualities of what has come to be called the novel, or the modern novel. The richness of *Don Quixote* is both a help and a hindrance in this respect. It is easy, because there is so much there; it is difficult, because there is almost too much there, almost too much to compartmentalize or frame. What stands at the exact center of *Don Quixote*, and thus would be the first point to bear in mind? My answer to that question would be as follows: Although *Don Quixote*, in a way analogous to Velázquez's *Las meninas*, seems to want to defy–or program us to shift–centers, its central object, and objective, is the creation of the work of art itself. More specifically, the writer occupies center stage, from the prologue onward. But in that prologue the fictionalized Cervantes cedes the word to his "friend," an alter ego who discusses the writing of the prologue and, significantly, the author's intentions, the "purpose" of the

book. He is the first reader, and he is the major speaker in the prologue. In chapter
1 of Part 1, the principal reader (yet one of many) enters the picture: the *hidalgo*
who transforms himself into Don Quixote. His reading of the romances of chivalry
has dried up his mind and filled him with the desire to re-create knight errantry;
reading promotes chivalry, which becomes cause and effect. Don Quixote's modus
operandi and his reactions are based on literary points of reference. And we as
readers are invited to see parallels between Don Quixote and other readers within
the text *and* ourselves. At the same time, we must recall that the first character in
the narrative is the writer, and Cervantes presents, in the text proper, a narrator in
search of archival data and informants that will help him delve into and, it would
be hoped, complete the "true history" of Don Quixote.

Don Quixote places great emphasis on the act of composition of the chronicle
of the adventures of an animated reader. Reading and writing comprise what could
be labeled a dialectics or a plan of complementarity, depending on whether one
wishes to see a manifestation of the competitive side of the baroque or its search
for plenitude. Alongside the account of Don Quixote's search for chivalric adventure is a parallel search for information about his exploits, which yields the manuscript of the Arab historian Cide Hamete Benengeli. Cervantes uses the occasion of
the discovery of the manuscript–itself inspired by the narrator's announcement that
he has run out of material at the end of Part 1, chapter 8–to treat the burdens placed
on the historian and on the writer in general. The fact that story and history, encap-
sulated in the Spanish *historia*, are fused, or confused, juxtaposes observation, re-
search, and the imagination. Cervantes, then, uses both the deeds of the knight errant and the compositional process to create a suspense tinged on each level with
satire and irony. One learns to expect the unexpected with regard to story and discourse. The reader will likely want to observe how Don Quixote fares in the plot
continuum–the encounters on the road–and how the narrator will accumulate material and present the Arabic manuscript, as mediated (and deferred) by the process
of translation and editing. The major constant within the story line per se is, of
course, the presence of Don Quixote, who in Part 1 not only faces a series of trials
but invents, or fabricates, a chivalric frame for the characters, situations, and
chance meetings on his path toward glory as a righter of wrongs, as a defender of
the weak, and as a loyal subject of Dulcinea del Toboso. The log of a story in the
making complements and becomes vital to the story in its own right. By converting
the craft of historiography into a mystery–and into an open space–Cervantes creates the ideal balance between the reader and the writer, and, fittingly, between
arms and letters.

The combination of ingenious plotting and literary self-consciousness, which
constitutes a coupling of process and product, sustains the narration of Don Quixote's story. The text manages to detach readers from the main character as a fig-

ure of ridicule and satire–and, in Unamunian terms, as a pure *ente de ficción*[1]–and, at the same time, to put them in the position of empathizing with the knight errant as a man who suffers defeats, who bleeds, and who endures pain. *Don Quixote* exhibits a dual movement, intensified by re-creations at either extreme. Characters fall into chivalric alternate realities and often pretend to accept Don Quixote's status as knight. They progressively engage in their own chivalric ploys, most notably in the case of Sansón Carrasco and the duke and duchess in Part 2. In general, they enter into Don Quixote's metadramas in Part 1 and script metadramas of their own in Part 2; thus, they fulfill roles as actors and metadramatists. A character such as the Caballero del Bosque or the Caballero de la Blanca Luna is a reflection of a reflection, with Don Quixote as the mediating factor. By the same token, Cervantes's narratorial figures have counterparts in the numerous storytellers within the text, as well as in the interpolated tales. If one were to argue that *Don Quixote* is plot-driven, it would be because reading and writing, and critique, were considered basic catalysts of the narrative action. If, Shakespeare, in *Hamlet*, makes indecision the basis of dramatic conflict, Cervantes, in *Don Quixote*, activates and makes public the solitary enterprises of the reader and the writer; that is, they become the foundation for narrative activity as opposed to contemplative exercises. The opening phrase of Part 1, "Desocupado lector," is decisive because it highlights the reader and because the adjective proves to be consummately ironic.

The predominant triad in *Don Quixote* adds criticism to reading and writing. As early as Part 1, chapter 2, the knight, having just set out on his initial sally, imagines the chronicle that will be written about his excursion and hopes that he will have the good fortune to merit an honest, accurate, and well-intended chronicler. Cervantes anticipates the "everyone's a critic" motif by offering a number of commentators within the 1605 narrative (including, but hardly limited to, the priest Pero Pérez, the innkeeper Juan Palomeque, Don Fernando, the canon from Toledo, and Don Quixote himself). The criticism and the critics grow exponentially in Part 2, which starts with Sancho's description of what the villagers are saying about Don Quixote and Sansón Carrasco's excursus on the publication of and reaction to the chronicle of the knight's undertakings, as history and as a literary work. Part 2 is a narrative of supplements. The writer's supplement, in addition to other writers, is the critic. The reader's supplement is the performance artist, who emulates the protagonist by formulating elaborate schemes to take charge of the action. Not only are there characters who usurp Don Quixote's dramatic space, but emblematic figures such as Basilio in the episode of Camacho's wedding who help to construct a paradigm for the special breed of metadramatists that populates Part 2. Toward the beginning of each part–in the scrutiny of Alonso Quijano's library and in the intervention of Sansón Carrasco, with his report on reader response–criticism plays a major role in the narrative trajectory. In the 1615 *Quixote*, Part 1 replaces the ro-

---

[1] See, for example, ch. 31 of *Niebla*, the dramatic confrontation of Augusto Pérez and Don Miguel de Unamuno.

mances of chivalry as the chief intertext, and the scrutiny of other books becomes the scrutiny of *the* book and its continuation. Returning to Unamuno, one easily can see the attention that Cervantes places on the narrative in formation, *haciéndose*, in the double sense of the elaboration of the *Quixote* and the elaboration of the "new" genre of the novel.[2]

The plot development and the self-reflexivity of *Don Quixote* receive a bolt from the blue in the form of the unauthorized sequel to the novel by the pseudonymous Alonso Fernández de Avellaneda. Avellaneda certainly meant to disrupt the transition from Part 1 to Part 2, and, more importantly, to avenge the attack by the priest and the canon from Toledo on the "comedia nueva" of Lope de Vega (1, 48) by mounting a counterattack against Cervantes and his literary property. The intrusion forces Cervantes to reconfigure and reconceptualize the closing sections of the second part, the culminating chapters written after the appearance of the Avellaneda tome in 1614. That is why Don Quixote and Sancho Panza do not travel to Zaragoza to participate in the jousting tournaments, presumably why they consider a move into the pastoral zone (and mode), and why the knight errant must die in the end. Equally significantly, the "false sequel" has a strong impact on the "true history," and now Cervantes and his editorial cohorts can align themselves –rather than distance themselves from–the Arab historian. The dichotomies that help to define the narrative course, and discourse, find an analogue in the duplicity of the ending, simultaneously a professional and personal exigency and a moment of dis-illusionment (*desengaño*) followed by a Christian death. Avellaneda motivates, or provokes, Cervantes into adding a dimension to his narrative endeavor. As it moves forward and the first part is integrated into the second, the novel becomes increasingly self-conscious. With the spurious continuation spurring him on, Cervantes himself becomes more self-conscious, more self-defensive, and, serendipitously, more resourceful. The false history joins with the true history in overpowering the "old" chivalric romances in favor of narrative, generic, and metafictional shifts.

Because of its classic status and its anticipation of the theoretical questions that currently preoccupy us, we have to be reminded from time to time of the humor in *Don Quixote*, which some critics see as fundamentally a "funny book."[3] The best way to do that, of course, is to refer directly to the text. The humor is situational, linguistic, and literary, based primarily on the anachronistic return to the domain of chivalric romance and on the knight's madness (a source of humor that is, for most of us, anachronistic, even when it is a by-product of the reading experience). It is a humor derived from incongruity in a variety of spheres. A good portion of

---

[2] One may find commentaries on the state of the novel throughout Unamuno's writings. See, for example, the dialogues between Augusto Pérez and Víctor Goti (and between Augusto and Don Miguel) in *Niebla* and the prologue to *Tres novelas ejemplares y un prólogo*, as well as the work that bears the suggestive title *Cómo se hace una novela*.

[3] The classic essay is P. E. Russell's. See also Close for a broader survey of the question.

Cervantes's achievement rests on his ability to place the densest of epistemological and theoretical issues within a context of humor. Although Don Quixote defers to the past–to his cherished Golden Age–*Don Quixote*, its universality notwithstanding, operates in the present of early seventeenth-century Spain. The society and the social conflicts of the day figure in the narrative, and, like other matters, they are treated seriously and comically, in a manner that goes well beyond traditional satire. If Lope's "new art of writing plays" focuses on tragicomedy, Cervantes's narrative blends the ridiculous with the sublime, slapstick with philosophy, politics, literary theory, and the problems of an unstable society. Much of the humor of *Don Quixote* involves Sancho Panza, squire and companion, who can be silly and clever, and who evokes oral culture, the Old Christian sensibility, the hierarchical order, the rural economy, and the pragmatics of daily life. Even more than Don Quixote, who tends toward the monomaniacal, Sancho grows in the narrative, moving from peasant farmer not only to governor but to a commanding presence, in control of the enchanted Dulcinea plot that comprises the center of Part 2. He is multifaceted, inscrutable, and deceptively simple, able to adapt to the surprises that come his way and capable of ingenious thinking. Humor in *Don Quixote* is a testament to the writer's recognition that the reader needs to be entertained and that under the umbrella of humor, as it were, can fit a broad spectrum of amusements and ideas.

In an oft-cited passage from chapter 22 of Part 1, the galley slave Ginés de Pasamonte boasts that his autobiography, a work-in-progress, "[e]s tan bueno ... que mal año para *Lazarillo de Tormes* y para todos cuantos de aquel género se han escrito o escribieren" (Cervantes: 165). Cervantes recognizes *Lazarillo de Tormes* and the generic associations with what would come to be known as the picaresque novel, including Mateo Alemán's *Guzmán de Alfarache*, published in two parts, in 1599 and 1604. He can differentiate between the realistic tendencies of the picaresque, along with *Celestina* and the Italian *novelle*, for example, and the idealistic strains of chivalric, sentimental, and pastoral romance. His own works, notably the *Novelas ejemplares*, interrogate the tensions between literary realism and idealism.[4] Whereas *Lazarillo de Tormes* boldly eschews its idealist intertext, *Don Quixote* plants its realism in the territory of idealism, in a nostalgia for the Golden Age. The picaresque author is less nuanced in his treatment of Renaissance humanism and, for that matter, in his parody of the spiritual confession. Although frequently characterized–and dismissed–as episodic, there is an art and a craft to the structural design of *Lazarillo de Tormes*. The narrative has a richness and an intricacy that belie its misleading simplicity. Scholars have acknowledged the internal unity for seventy-five years or more,[5] and they have tried to explicate this rela-

---

[4] Among numerous examples on this topic, see Ruth El Saffar's *Novel to Romance*. El Saffar uses realism and idealism as criteria by which to date the order of composition of the novellas.

[5] The seminal commentary in this regard may be an article by Courtney Tarr, published in

tively short text for a considerably longer period of time. My thesis here is that *Lazarillo de Tormes* and the picaresque genre provide Cervantes with a type of template for *Don Quixote*, especially from the narratological perspective. Essential to this correspondence is the interplay of reading, writing, and criticism.

Lázaro de Tormes–as prologuist, narrator, child, adult, and social misfit–is an intriguing subject and object. It is hard to pin down his motives, his feelings, his memory, his intelligence, and his circumstances, and, in many respects, the same applies to his creator. An underlying theme of *Lazarillo de Tormes* is control. A corollary would be the illusion of control. Lázaro is the professed author of the text of the narrative. He would seem to have within his grasp the advantages, including poetic license, that the power of rhetoric and the power of selection and arrange- ment (*dispositio*) afford him. He can manipulate his curriculum vitae and his past, which is to say that he can manipulate the truth. He can search for ways of present- ing himself in the best possible light; that is, he can fashion a protagonist that is superior to its model. The stumbling block is a major one, however. Fictional auto- biography is distinct from historical autobiography, because the author and narrator are not one and the same. The autobiographer acts, while the fictional autobiogra- pher is acted upon. One can make a case for the subtleties of multiperspectivism in autobiography, but the dialectics of point of view is a given in fiction. As Lázaro tells his story, he shapes that story to fit his needs, or conspicuously does the oppo- site. In either case, he offers a defense and underscores its mechanisms, so that readers may find themselves alternating between absorbing the story and weighing the evidence, and perhaps identifying rhetorical, conceptual, socio-historical, and narrative deep structures. There is always more to the text than meets the eye, and there are, appropriately, many blind spots. A key component of any inquiry, I would submit, will be the positioning of Lázaro in relation to an implied author.[6]

In chapter 19 of Part 1 of *Don Quixote*, the knight comes across a group of mourners (*encamisados*) carrying torches, and, believing that they are up to no good, he attacks and breaks the leg of one of the men, a licentiate who has begun taking holy orders. Sancho Panza informs the victim, "Si acaso quisieren saber esos señores quién ha sido el valeroso que tales los puso, diráles vuestra merced que es el famoso don Quijote de la Mancha, que por otro nombre se llama el CA- BALLERO DE LA TRISTE FIGURA" (Cervantes: 137). When Don Quixote asks his squire how he arrived at that epithet, Sancho replies that the sad countenance, fa- tigue, and missing teeth of his master have prompted the designation. Don Quixote refutes this explanation in favor of the following: "No es eso, ... sino que el sabio a cuyo cargo debe de estar el escribir la historia de mis hazañas, le habrá parecido

---

PMLA in 1927.

[6] The term *implied author* derives from Wayne Booth's *The Rhetoric of Fiction* to refer to the signs of the author's presence–as an abstraction felt rather than seen or heard–in a text. Seymour Chatman, Gérard Genette, Shlomith Rimmon-Kenan, and Susan Sniader Lanser are among those who have dealt with the topic.

que será bien que yo tome algún nombre apelativo, como lo tomaban todos los caballeros pasados" (137). Cervantes deconstructs direct discourse, first by mediating Sancho's original Spanish through the Arab historian and the Morisco translator and then through the narrator/editor, and finally by having the protagonist attribute his comrade's speech to another, to an author. There is a strikingly beautiful absurdity to the statement, a concession to the maker of the text. Despite the corps of narrators and storytellers in *Don Quixote*, Cervantes accentuates the writer poised beyond the pages of the text, who happens to be himself. The author of *Lazarillo de Tormes* hides behind anonymity and behind the first-person narration, but his input on the message systems of the text should not be ignored. Lázaro is responsible for a particular kind of rhetoric, or rhetorical strategy, and, arguably, the author exposes the seams in the narrative fabric, the markers of control from without. Ironically, the anonymous writer inscribes his authorial function into the text proper, a text that is as much a revelation of the process of inscription as a self-defense.

Lazarillo de Tormes satirizes society at large, and among its targets are not only social customs and institutions but also literary idealism and idealistic ways of thinking. Cultural and literary intertexts merge; life and art are never mutually exclusive. Lázaro is a social creature turned writer, apparently by command. We may sense a double-edged sword, as his explanation on demand becomes an opportunity to forge a place for himself in the scheme of things. He is accustomed to existing in the margins, and, even though he must adopt a defensive posture, this may be his single moment to shine. The private communication with the elusive Vuestra Merced is, for all intents and purposes, nullified by the allusion in the opening of the prologue to a book in the marketplace, by a "voice" that is not distinguished from the voice of Lázaro in the second half of the prologue. The opening invites us to read the manuscript in two ways: as special access to a private document intended for a single reader (narratee) and as a satirical narrative with multiple and competing objects. The economy of the presentation and the gaps in the story, or history, demand the complicity of the reader in the interpretive process. One has to judge Lázaro's accuracy and sincerity, and to consider the implied author's stance vis-à-vis Lázaro and his masters. The very fact that Lázaro is narrator and protagonist of the account is innovative and audacious, for he wavers from the exemplary at every turn. He is ill-born, disenfranchised, badly educated, tricky, haughty, and, it would seem, deluded. He is the antithesis of heroic; in short, he is antiheroic. And, as would follow, his commentary concentrates on the lowly and the marginal, on the dregs of humanity and the underside of society. He deviates at once from high-minded ideals and from high-minded literary precedents, both of which are demystified in the text.

Idealism serves as a catalyst for the elaboration of Lázaro de Tormes's narrative. He corrupts the image of the exemplary autobiography, and of the exemplary individual, celebrated by humanism. His name suggests the biblical Lazarus, but he is reborn ironically in a manuscript purported to be his own. His is a secular confession–*confesar* and its variants occur throughout the text–that contrasts with Saint Augustine's spiritual confession and those modeled after it. Augustine's *Confessions* portray a progression or evolution toward goodness, while Lázaro's journey is not only entirely of this world but dubiously successful, although the narrator would like to convey his life in Toledo as a social triumph. The centering of Lázaro yields brilliant results. We are able to see him as a writer and rhetorician, as a child and as a mature man, as a social critic and as the butt of criticism, and as a victim suddenly in charge of the narrative agenda. Having been treated with scorn (and worse), as writer and lead player he has the occasion to refashion history. But, alas, only to a point, since there is another writer–a real person–from whose imagination Lázaro is spawned. The dynamics of *Lazarillo de Tormes*, I believe, revolves around the author-narrator relationship. The author has discursive power over his creation, which means that he has the *authority* take hold of the narrative –and the narrative reins–in order to render ironic and ludicrous, respectively, Lázaro's words and social pretensions. Whether consciously or unconsciously (pun intended), Lázaro's extratextual progenitor has the wisdom, or the instincts, to attach a psyche onto his character, to make the *pícaro* think, feel, remember, forget, aim to please, and so forth, and to have him start his narrative at the beginning, so that the reader may observe and meditate on the advancement of the plot and on the psychological development of the protagonist. The storytelling complements and competes with the story. Consequently, metafiction enters a story that calls itself a personal history.

Lázaro de Tormes is a character with a soul, in spite of his demonstrably humble origins, and with a unique voice, which takes a variety of forms. He begins by addressing an audience and then Vuestra Merced. The adult narrator recreates the speech of his youthful counterpart, including his input in dialogue and his thoughts, offered as asides. Some of the discourse–and the point of view–seems to fall between the two stages. Lázaro knows folklore, the Bible, the clergy, and human nature. He learns self-protection from his earliest masters, and that knowledge makes its way into the narrative, patently if not flawlessly. The social backdrop and the literary backdrop coalesce as the narrative projects the *pícaro* in a number of lights. What manuals of literature routinely cited as loosely connected episodes united by the presence of the protagonist and a series of masters have been shown to be extraordinarily inventive parts of a unified whole. Lazarillo becomes Lázaro. The honoring of a request for an explanation becomes a calculated and sound defense. Patterns of language and imagery link the *tratados*, most prominently 1 and 7. The search for survival intensifies and then turns into a hunger for respectability. The errant mother has a surrogate in the errant wife. The squire's obsession with honor in the third chapter becomes Lázaro's obsession at the end of the sixth and throughout the seventh. The destruction of idealism that seems to motivate the author comes into focus in all the episodes, which may be variations on the theme of disillusionment. At least one critical essay urges the reader to assess *Lazarillo de*

Tormes in a straightforward manner, without forcing irony onto the narrative.[7] I
would say that this is an impossible task, because the text resounds in irony from
the first words to the last. It is a complicated and cumulative irony because the author is performing a literary juggling act that condemns and sustains the status quo
and that foregrounds a social outcast as it puts him in his place.

The prologue to *Lazarillo de Tormes* is as striking and momentous as the *Quixote* prologues. The writer, using the topos of humility, or false modesty, appeals
to readers, asking them to look for the value that every work must possess. Quoting
Cicero, he makes the point that writers seek fame through their art, and that critical
approval can bring them honor. In the first paragraph, we feel the tension that
mounts as the narrative continues. The anonymous author hides behind his creation, so that the question of honor becomes paradoxical. A reflection on the search
for praise and the reference to "esta nonada, que en este grosero estilo escribo"
(Lazarillo: 4)[8] provide a transition to Lázaro's case, in the broad sense of the term.
Immediately prior to that allusion, Lázaro inserts the phrase "confesando yo no ser
más santo que mis vecinos," which, it could be said, initiates the rhetorical charge
of the narrative. Lázaro will endeavor to demonstrate his peculiar theory of relativity, his precocious lesson in social determinism. He starts at the bottom, so his
climb upward, while not necessarily impressive in absolute terms, must be taken
into consideration. He is a product of his environment, and he must rely on his
"neighbors" as examples to guide him. He does not live in a vacuum, but, rather, as
structuralism would have it, he is a function within the social system of the period,
bound to conduct himself within established parameters. Judgment of his behavior
therefore must bear in mind the limited options that he enjoys. Before he attends to
the "case," he sets up a frame through which to view his explanation and to adjudi-
cate his behavior. The prologue ends with the reminder that those who are born
noble are granted benefits in life, while those of lesser inheritance must fight for
subsistence. The distinction should never be overlooked.

Rhetoric and reverence mix in the prologue. Vuestra Merced takes it upon himself to request an explanation, and Lázaro feels compelled to respond. The uniden-
tified Vuestra Merced is yet another master, albeit figurative, of Lázaro, who reacts
with deference to the mandate, but who starts to justify his actions, as well. The
narrative is autobiographical, while not an autobiography in the strictest sense. The
pretext for the narrative is not the life story but the case, which Lázaro contends
can only be comprehended through the supplement of selected information from
his life story. To compensate for the lack of privilege, Lázaro will accentuate the
recourses available to those of his lot: "fuerza y maña" (4). What is remarkable
about the prologue is its concise summary of class consciousness. Lázaro cannot

[7] See Archer for an anti-ironic reading, and Friedman, "Fortunes of Irony," for a commentary on that reading.
[8] All quotations from *Lazarillo de Tormes* will refer to the Fiore edition, and page numbers
will be indicated in parentheses.

level the playing field, but he can emphasize the discrepancies that reign in early modern Spanish society, and he can base his argument on the theme of inequality. He does not have to choose between reason and emotion for his presentation, because he can maneuver from both fronts; he can plead for sympathy as he rationalizes his angle of vision. The need to safeguard his interests may make Lázaro uncomfortable, but from the artistic perspective the response gives him a forum, and a centrality, that society denies him. The discursive space is symbolic–a sign of difference and of modified authority–and ironic, precisely because the authority is rendered problematic by what amounts to a voice-over. Lázaro's every utterance has an echo that is circumstantial and semantic. What he says and the way in which he says it bespeak subversion of two kinds, ultimately attributable to the implied author, who permits the narrator to contradict and incriminate himself, and who marks the traps into which Lázaro falls as he articulates his case.

The literary romance stresses bravery, nobility, and elegance. Heroic knights errant, dashing and curiously urbane shepherds (whose diction is more neoplatonic than rustic, and whose sheep never smell or intrude upon the action), and the writers of eloquent amatory epistles point upward, and the spiritual confession aims even higher. Lineage is a vital factor in the romances of chivalry, in which heroes of noble blood succeed each other. That is why the undistinguished backgrounds and misfortunes of Lázaro's parents–introduced in the first section of chapter 1– help to separate the text from its lofty precedents. Lazarillo has nothing, *is* nothing. Unlike the illustrious knights, he has no land to call his own, merely a river where he was born as if by accident. When his mother entrusts him to the blind man, he becomes an orphan, his curriculum vitae a *tabula rasa*. Having been robbed of his most modest history, he resides in the depths of solitude, so that in the narrative, he reinvents himself a second time. In that narrative, he seems to want to elucidate the case and to engage and entertain his audience, whether of one or of many. Although the length of the chapters varies, the narration has a rhythm and a unifying principle. Stated succinctly, Lázaro sets forth his case. He shows that whatever he has accomplished in life has been due primarily to his internal fortitude and to the survival skills that he has picked up from his masters. He needs to be the protagonist of his saga, but his fellow men and women–his neighbors–must remain in the picture, as his moral equals. Hunger and abuse are his first challenges, and in the climactic third chapter in which he serves the honor-obsessed squire, the abuse lessens (or ceases to be caused by malice) while the hunger is intensified. As Lazarillo grows older, he has sufficient food but little guidance, and the pardoner of the fifth chapter teaches him about subterfuge and deception. The seventh chapter is, to my mind, the most important, for we see the product of a process that we have followed, and we reach a synthesis of sorts, discursive and psychological, of the adult character and narrator.

The imagery of *Lazarillo de Tormes* discredits the reading of the narrative as disjointed episodes or folkloric anecdotes. The first and last *tratados* feature frames, repetitions, and reenactments that cannot be attributed to chance. Lazarillo loses his father and is abandoned by his mother. He gains a father-figure, and ironic savior, in the person of the Archpriest of San Salvador, and his wife, as the mistress of the archpriest, becomes an ambiguous love object and substitute mother. He regains a family, in a strongly qualified way. Wine figures prominently in Lazarillo's tutelage under the blind man, is notable by its absence in the squire's gloomy household (and replaced by water here and in the sixth chapter), and returns at the end with Lázaro's official position as *pregonero de vinos*. To me, the most significant motifs in the narrative are speech, sight, and hearing, and, their antitheses, silence, blindness, and deafness. Throughout the narration, Lazarillo/Lázaro speaks when it would behoove him to remain silent. As a child, he tells the officers of justice of his "stepfather" Zaide's thefts, for example, and he likely raises the reader's suspicions in chapter 4, when in the service of the meandering Mercedarian friar he refers to the "otras cosillas que no digo" (54). Announcing silence is not equivalent to remaining silent, and in the final chapter Lázaro's inclusion of his warning to his fellow citizens not to spread rumors or to instigate a scandal apropos of his wife, along with other details that I will not mention, produce the same effect. Lázaro continually forsakes minimal coverage of an event in his life when *less* truly would have been more, as far as his defensive stance and self-interest are concerned. How does the fact that his wife has given birth three times aid his argument? Lázaro goes so far as to say that he does not deny the gossip, only that he wishes to silence it. His tendency toward loquaciousness may strike the reader as a sign of the implied author at work.

On the symbolic level, the decision to make Lazarillo's first master a blind man is paramount to the story. The innocent child is, of course, the one who is blind to his surroundings and to the cynicism and evils of the world. While the blind man's lessons may be valuable, his pedagogical methods are far from perfect. His "cruel to be kind" approach encourages Lazarillo to lie, cheat, and steal, in part in order to survive. As he gains insight–a charged concept–he seeks means of escape by exploiting the blindness of his master. This leads to his service to the miserly cleric of chapter 2, who is even more miserly and more watchful. Hunger intensifies to the point at which Lazarillo devoutly prays for the death of others, so that he can be fed at their wakes. A second master promotes his delinquency and his expertise at trickery. When Lazarillo gives himself away by sleeping with a whistling key in his mouth, we have an objective correlative of the tendency to verbalize too much, to make too much noise, so to speak. When the boy, in turn, finds a kindly master in the squire, he must beg for food for two. The squire introduces the theme of honor, in this instance, honor as obsession. As an impoverished nobleman, he cannot depend on manual labor to make ends meet, and he must rely on his servant for his daily bread. Lazarillo flees from his first master, is dismissed by the second, and is left alone to face the creditors of the squire, who runs off on his own. Even the kindly soul–who would be generous with the boy if he had the wherewithal–disappoints, teaching Lazarillo yet another negative lesson in trust. The lacunae in the fourth *tratado* intimate that the friar may be errant in more ways than one, and the observant protagonist of the fifth *tratado* learns how to mislead with words, to confuse truth and falsehood, reality and appearance. The protagonist's physical absence in the pardoner episode allows the reader to move, credibly and gracefully, from the child to the young man in the following chapter (see Willis). Lázaro is no longer fighting for his life, but attempts to rise above his station, giving up his job as a water seller after he can afford to purchase second-hand clothes that, not coincidentally, resemble the squire's attire.

Lázaro's education is complete by chapter 7, at which juncture he is living and working in Toledo. The play of speech and silence—and the subjugation of the former to the latter—is brought to the fore when he announces that he has attained the position of town crier. The mystery of *el caso* seems to relate to the gossip mongering among the townspeople regarding an affair between Lázaro's wife and the archpriest. Lázaro does not really explain anything, but instead discusses the roots of the scandal. One may note without acute inspection that his statements contain no denial, but draw attention to the archpriest's advice not to overreact and to his personal campaign to silence the rumors. Those who want to remain his friends should respect his privacy and should keep quiet. He reproaches them for making the rumored affair public, as opposed to spreading lies. Lázaro is caught in a discursive trap, since he has committed himself to supplying information when that information cannot favor his position. Throughout the text, his is a calculated discourse, with severe miscalculations. Self-defense comes close to self-incrimination when he depicts himself as a complacent cuckold, willing to let the archpriest have a dalliance with his wife in exchange for social legitimacy. That is why appearances—with an accompanying silence on his neighbors' part and blindness on his—are imperative. Lázaro claims to have conquered the odds, as he notes that he was prospering and at the height of all good fortune at the time represented in the final *tratado*. His ending and his story in general may pose more questions than they answer.

The first struggle for the young Lazarillo is survival itself. His masters willingly or unwillingly come close to starving him. He breaks rules in order to continue to exist, and he achieves a degree of sharpness as he battles parsimony and penury. In his period of greatest hunger, he is introduced by the squire to the conventions of the honor code, and at the time his master's attitude strikes him as overly zealous, even fanatical. And yet later his purchase of a new wardrobe seems too emblematic (and too metonymical) to be disregarded. Figuratively stepping into his former master's clothing, he evokes the *pundonor* that he had previously derided. The conclusion of chapter 6 is, in my opinion, the clue to breaking the ambiguity of the concluding chapter. Lázaro integrates himself into society. He has a job, a set of responsibilities, a group of associates, a mentor, and a wife. The starving orphan has tolerated hardship after hardship and now can take pleasure in his rise and in creature comforts. His very marginality—his distance from inner circles, from centrality, from acceptance in any real sense—ironically frees him from the values of those who reject him and from their fixation on honor.[9] That reading is commendably logical, satirical, and amusing, but I think that it may be superseded by a reading based on Lázaro's words themselves, words that display his anguish over the fact that people are talking about his wife, her reputation, and her work at the archpriest's house, all of which affect his mental state. As he concludes the narration, Lázaro does not seem to be winking slyly at Vuestra Merced (or at the readership at large). On the contrary, he seems to be suffering as one who cares about honor, about society's perception of him, about the *qué dirán*. After all that he has gone through, it would seem that abundant food on the table, a legitimate job, an influential ally, and an air of domesticity would suffice, but–and here could lie the ultimate irony–they may not be enough. Once Lázaro buys into the honor scheme, he is locked into a way of thinking that places honor above life itself. He may have lifted himself from the margins, and he may, in fact, be more like his neighbors, warts and all.

As a child facing starvation, Lázaro could make little space for morality. A sense of probity seems to appear elliptically in the fourth chapter, but it is overshadowed by the intricate hoax of the pardoner and his accomplice in the fifth. The admirable work ethic of the sixth chapter is, in the end, turned on its side, overshadowed by the purchase of the clothes and a rather comical feeling of superiority. When Lázaro boasts of his ascendancy in society in the last chapter, following his account of his time in the lower depths, our inclination may be to accept his vision (and his version) of a success story. If we look at where he was and where he is now, there is no question that he has improved his lot. The facts would seem to speak for themselves. Yet it is Lázaro himself–Lázaro the narrator–who diverts us from his own tale of conquest by insisting on his marital dilemma. To his disadvantage, he employs mimesis, or direct discourse–by quoting himself as he admonishes his neighbors–rather than diegesis, or indirect discourse, whereby he would have more rhetorical control over the representation. Lázaro seems to show, on a decidedly minor scale, that success does not guarantee happiness. He has so much more than he had in the past, but honor seems to have replaced appetite as the mediating element of his existence, his lifestyle. The focus shifts from the stomach to the mind, and the *pícaro* incongruously falls prey to an early modern Spanish variation of middle-class morality, as his own words would seem to attest.

The voices of *Lazarillo de Tormes* include an author who presents his book to the literary public, an adult narrator-protagonist who presents his case to Vuestra Merced and who summons the past, a child who participates in dialogue and who offers asides, and an intermediary presence who seems to dangle between the past and the time of narration. The request to explain the case places Lázaro in a precarious position. He must defend himself in writing when he would benefit from silence. When he recounts his story, one can see a number of examples in which he

---

[9] This argument is made by Frank P. Casa in "In Defense." See Friedman, "Coming to Terms," for an opposing argument.

has amplified his problems by speaking too much, and this refers, as well, to the narrative performance itself. The interpretation of the concluding section will be influenced by what Lázaro reveals about the situation and about his feelings. It is to be celebrated, perhaps, that the text acknowledges that someone of Lázaro's stature has feelings, even if the phenomenon is not rendered with unequivocal sympathy. Returning to the question of the object of the satire, it is possible to posit that both Lázaro and his society–his masters and his neighbors–are critiqued, in different ways. *Lazarillo de Tormes* does not impugn the Church but its agents who do not comply with their holy mission. Those who should be devoting their efforts to sacred matters often stumble and become immersed in the mundane. They use religion as a tool for self-advancement or earthly rewards. They fit easily into the social panorama, where ethics are subordinated to materialism and greed. There is a sardonic earnestness to Lázaro's statement that he is as holy as his fellow citizens and later (in the seventh chapter) that his wife is as good as any woman in Toledo. Lázaro is a less than stellar man in an atmosphere of deceitfulness. As narrator, he can take society to task, but he also inserts himself into the picture of corruption. The narrative does not advocate social mobility, which means, paradoxically, that Lázaro must stay on his original plane as he moves upward.

The author of *Lazarillo de Tormes* defies tradition by taking conventional recourses and turning them inside out. Idealism and exemplarity are recalled, but fall by the wayside. Nobility of birth and noble demeanor mark idealism in the secular sphere, and thoughts of eternity and paths of righteousness mark spiritual aspirations. Lazarillo is born beyond–or, more correctly, under–these boundary lines. His fate is largely determined as he comes out of the womb. His parents are disreputable, he must live in poverty, and his prospects are negligible. His father serves a jail term and dies, as a prisoner-soldier, fighting for his nation. His mother's attempt to align herself with the good people (*arrimarse a los buenos*) of Salamanca yields disastrous results. His various masters can instruct him about life, but they cannot redirect the course already traced out for him. When Lázaro settles in Toledo, as his mother before him in search of the influence of the good people, he finds himself tested in new ways. He attempts to gloss over the hardships that confront him and describes himself as having been enlightened by God ("quiso Dios alumbrarme y ponerme en camino y manera provechosa," 63). He outlines what could be called a deep structure of success: employment, guidance, marriage, a home. What he shows, however, is the ungainly aspect of each element. His complacency seems forced, because his document proves otherwise. The domestic turmoil reduces gratification. His wife may be deceiving him with his employer, people are talking, and the archpriest advises him to keep his eyes and ears closed. The predicament shadows–and threatens to shatter–his comfort level. In theory, he has what he has sought in life, but dishonor, which, like honor, never seemed to be within his reach, could be his undoing. Immediately before he alludes to his prosperity at the end of the narrative, Lázaro hardly appears to be happy or satisfied with his lot. He seems to want to convince his narratee that his story must be appreciated in context, and, wittingly or unwittingly, he supplies that context. He wants to excuse behavior about which he is ambivalent and about which he may not really have excused himself.

My reading of the narrative requires stepping beyond Lázaro's intervention to focus on the figure who opens the text, the speaker who refers to his book and its audience and then casually cedes to the title character and Vuestra Merced. He is not the implied author, who by definition is an abstraction, but, as a reminder of an historical author and a real readership, he is our link to the implied author. He *authorizes* an ironic reading, and, whether intentionally or not, he orients the reader toward a search for dualities, for reciprocal plays and ploys. As narrator and protagonist, Lázaro is a schemer. He records how he has learned trickery, in word and deed, and he illustrates this knowledge in the makeup of his response. He is not always forthcoming, but at times he exceeds the demands of the narrative, even when trying to explain himself in full. As his story gives instances of the protagonist talking too much, the narrator talks too much and undermines some of his theses. We see him fighting to conceal or reconfigure data, and we can infer that this is because the signs are there, intercalated by someone geared to direct the reading.[10] Recognition of the unity of *Lazarillo de Tormes* reveals a pattern that suggests co-authorship, since Lázaro's commentary is infused with indicators of literary technique–conscious patterns and circularity, for example–and irony made accessible to the reader. There is a ventriloquizing effect that relates, ironically, of course, to the issue of control. Society's control of the individual is replicated in the discourse, in which the narrator's voice is never free from co-optation by a discursive other. Narrative ventriloquism becomes an analogue of censorship, power structures, and instruments and of power. Lázaro comes to us diluted, in a manner of speaking, but with enough force to move the reader and to counter ironic distance with empathy.

Lazarillo de Tormes is, simply put, a sophisticated narrative. The doublings of the protagonist–child/adult, narrator/character, victim/self-fashioner, distanced/sympathetic, marginalized/assimilated, creator of the discourse/a virtual puppet, etc.–make the text first and foremost about perspective, about how the individual views the world and how the world views the individual. An author's perception of the world naturally will take into account the mode of representation. The author of *Lazarillo de Tormes* chooses to bring idealism, literary and sociocultural, into the picture, as he moves toward realism. The decision to oppose idealistic tendencies is brought to bear on style, discourse, content, and characterization. The framework of duality covers the ethos of the age. The antihero can replace the hero, but anarchy–that is, in this instance, a freedom of movement or

---

[10] In "The Critic as Witness for the Prosecution," George Shipley offers a comprehensive analysis of Lázaro's rhetorical strategies, which include "expedient renaming" and "recontextualization" (184 ff.).

changing of protocol–cannot replace the hierarchical order and the authority of the regulatory institutions. Lázaro is entitled to literary space, but it is a compromised space, and thus his voice is a compromised, or composite, voice. The new and daring centering of the antihero is unsettled by a decentering. The satire strikes out at narrative idealism, at social mores, and at the protagonist, the alleged writer of the explanation, and it becomes a social and a literary statement. Lázaro can test the boundaries, but he cannot exceed them. The same is true, more or less, for his creator, who can allow his fictional character to transgress up to a point. Lázaro seems to strain to give his defense a happy ending–an ending that validates his having taken the slings and arrows that fortune has thrown at him and having persevered. This is his victory and his excuse. And his particular spin on the enigmatic case. The play of overdetermination and underdetermination in the text may become a source of frustration, and of joy, for its readers.

One of the most lauded innovations of *Lazarillo de Tormes* is its emphasis on the development of the protagonist, on the cause-and-effect relationship between experience and maturation. We see more than a progression of incidents; we see Lazarillo growing up, and we are privy to his point of view at distinct moments of his life. We can gauge his progress, or lack thereof, his veracity, and his sincerity. It could be noted that there are several stages–not prescribed, not certified–of shock and recognition in the narrative. The first might be Lázaro's status in society and in the text, his lowliness and destruction of the heroic myth. Neither as a storyteller nor as a protagonist does he conform to the prototype of idealism. Next might be the content per se, a battle of wits in an ugly world, a world inhabited by more sinners than saints, and without a noticeable faith in the goodness of humanity. Then, perhaps, would be the layering of ironies, together with the competition for –and illusions of–control. A consequence of the ironies imposed by the situation and by the implied author is a more active involvement on the part of the reader, who presumably will react intellectually and emotionally to the narrative, and work to fill in gaps. If that happens, the anonymous writer will have foregrounded the person and the vita of a novel type of protagonist, summoned from the undesirable regions of society. The outsider may not be new to literature, but he is new to the center.[11] The *pícaro* is a figure to look down on, but the text emphasizes that this person and those like him count, that they are part of the social amalgam, and that –to quote a well-known line from twentieth-century American drama–attention must be paid. The changes in literary form reflect changes in society, and vice versa.

What could Cervantes have gleaned from the structure and ideology of *Lazarillo de Tormes*? The picaresque narrative treats the production of the text. It is concerned with the composition and reception of a book. In conjunction with the

---

[11] One may cite the eponymous protagonists of *Celestina* (1499, 1502) and Francisco Delicado's *La lozana andaluza* (1528) as earlier examples. Celestina shares the stage and the title with Calisto and Melibea, and Lozana with the figure of the *auctor*.

declared pretext–Vuestra Merced's request–an author summons his audience. The rhetoric of *Lazarillo de Tormes* is especially complex because it is directed toward an internal figure of authority and to an external readership, both alluded to in the prologue. On the first front, a figural master-servant relation drives the narrative, which will be largely about the *pícaro*'s service to many masters as a factor in his development and in his tribulations in the seventh *tratado*. The reader can get a sense of Lázaro's rhetorical strategies through his presentation of data and through ironic clues left by an implied author. This is the principal dialectics of discourse, but dichotomies and oppositions are prevalent throughout the text. The narrator's individualized voice vies with a voice-over, but each has discursive weight and strength. The reader is left to decipher the vocal registers–from the child to the adult to the participants in the dialogue to the audible silence of the implied author–and their significance. If *Lazarillo de Tormes* deconstructs an idealistic intertext, it likewise forces an examination, or reexamination, of the social record and social practice. The parody of humanism seems mocking at times and heartfelt at others, just as the antihero may provoke our contempt at times and command our sympathy at others. Society might dehumanize or objectify Lázaro and his ilk, but the text does otherwise, even when its satire is most biting, because the protagonist shares the stage–and the critique–with his society. The vision is panoramic and mutable, modified in the course of the narration and as generations, social thought, and the politics of individualism change.

The author of *Lazarillo de Tormes* conveys a precocious social determinism and a pre-Freudian intuition. The image of the parents remains throughout the text –in the masters as father figures, in the disjointed family portrait at the end, and in the desperate quest for respectability–as the orphan meets society head-on. The first surrogate father, Zaide, ironically prefigures the negative exemplarity of the "fathers" to come, and the first official master, the blind man, introduces the blindness/(in)sight motif that the text will sustain throughout. Alternating the immediacy of experience with the distance of time, Lázaro treats the reality of hunger and poverty with pathos and humor. For me, Lazarillo's tenure with the cleric in the second *tratado* demonstrates most effectively the narrator's ability to cast the indisputably tragic incidents of Lazarillo's life with a storyteller's wit and an eye on suspense. The events in this chapter are arguably the most distressing in the narrative, but also, as recited after the passage of many years, among the funniest. The tragicomic episode would seem to take Lázaro away from his self-defense (and Vuestra Merced) to a consciousness of a broader audience, whom he aims to amuse at his own expense. On another level, by expanding the scope of the narrative act, Lázaro ceases to be merely a victim. He attempts to outsmart the niggardly cleric by transforming himself, figuratively speaking, into a mouse and a snake. If eventually he is caught and punished, he has made himself the center of attention, in the narrative past and in the present of the narration. Even in the third *tratado*, where the focus is on the squire and his obsession with honor–a theme that will reverberate in what follows–Lázaro keeps himself in the frame through the intensifying pangs of hunger and, discursively, through his role in the dialogue and through his asides. The plays on absence in the fourth and fifth *tratados* may push the reader to seek out Lázaro and to justify the chapters as part of the explanation of the case. Above all, perhaps, the author discerns the link between social determinism and subjectivity. He does not so much anticipate the debates on heredity versus environment as capture the intersection of the two in early modern Spain.

Lazarillo de Tormes turns satire into something far more profound. It takes fiction and social commentary in fresh directions, balancing the literary past with contemporary culture and testifying to changes in each. The prologue serves as a microcosm or analogue of the basic issues of the narrative: textual dualities as symbols of interpretive options and multiple perspectives, the rigidity of hierarchical systems, the power and limits of rhetoric, the openness of the literary object, and so forth. The single narrator is similarly doubled, or tripled, through an assortment of voices. This opens the way, in the narrative proper, for a dual path that places the story, or versions of the story, against the construction of the narrative, Lazarillo against Lázaro, and the individual against society. The notion of a fictional autobiography—or, in this case, a defense in autobiographical form—invites transgression of norms as it reports on transgressive behavior. Historical autobiographers can choose and manipulate facts to their advantage; they also can rely on selective memories and what may euphemistically be described as supplements to the truth. Generally, they will program the text (and reprogram their *modus vivendi*) in order to embellish their lives and accomplishments. The fictional autobiographer, voiced by another, realizes the supplement in two ways: directly and indirectly, the later by an external creator whose agenda or game plan will most assuredly be different. When Lázaro communicates his story, the reader is privy not only to that document, which operates on several temporal planes, but to the process of composition and an ironic refashioning by the implied author. The two voices of the prologue suggest two categories of reader—the narratee and the implied reader—which parallel the real author and real reader.

To summarize: *Don Quixote* starts with the reader—never idle—who becomes a principal player. Cervantes privileges and fictionalizes the reader in a variety of ways, not the least of which is by making his protagonist the most engaged of readers and by populating Part 2 with readers of Part 1. The author is intimately vested in the reader, and the illumination of one within the text usually implies the illumination of the other. The "friend" in the first prologue makes clear the author's intention, but the text seems to have a mind—or, at any rate, a stratagem—of its own. The interconnection of process and product in *Don Quixote* leads, in macrostructural terms, to a double plot built around Don Quixote's adventures and the chronicling of those adventures, complemented by critique (another sign of reader response). The chronicler and other narrative subjects introduce the story-history dichotomy and, by extension, the questions of truth, perception, perspective, and authority. Such topics as relativity, flexibility, subjectivity, multiperspectivism, and scrutiny and subversion of the mechanisms of control thereby insert themselves into the text. The obsession with the "true history" also calls to mind the interrelation of art and life that Cervantes seems to underscore on every possible occasion, and, as a corollary, one might add verisimilitude and approaches to the expression of reality. Don Quixote and Sancho Panza grow over the course of the narration, influence each other, and are influenced by experience. Madness in *Don Quixote* is a condition of art and life, a book-induced ailment and a mental problem, equivalent to the characterization of the knight errant as a wholly fictional entity and as a confused being worthy of the reader's sympathy. That is why the reader's laughter probably will be qualified, because the beatings and the bruises suffered by Don Quixote likely will not fill us with glee, although the humor of the novel is constant and rich. There are always other readings, other dimensions, and alternative propositions to pursue. And, finally, Cervantes may be seen as a cultural alchemist, who reworks the literary past to create something uniquely ingenious and uniquely modern. As *Don Quixote* looks at society, it does so through the lens of literature.

Meditating on the *Quixote* with an eye on the picaresque, one may note the validity of the following statements based on those made in the previous paragraph: (1) *Lazarillo de Tormes* starts with the reader. (2) The prologue of *Lazarillo de Tormes* announces its purpose, but the text does not fully adhere to its purported goal. (3) A key component of *Lazarillo de Tormes* is the author-reader dialectic, manifested in various strata within the narrative. (4) *Lazarillo de Tormes* accentuates process and product, the act of self-fashioning and the defense or explanation itself. We see Lázaro at the service of his masters and at work as a writer, so that the fiction acquires a metafictional component. (5) The structure of *Lazarillo de Tormes* depends heavily on the use of doubling on many levels. (6) The narrative scheme of *Lazarillo de Tormes* fosters a consideration of multiple points of view. (7) In *Lazarillo de Tormes*, fiction is presented as truth, but not totally convincingly. (8) *Lazarillo de Tormes* examines questions of authority from a number of angles. Subversion forms part of the examination. (9) As Lázaro complies with Vuestra Merced's request, his writing–his art–becomes a function of his life. (10) *Lazarillo de Tormes* can be classified as incipient realism, but it might be further designated as realism with a twist. (11) Lázaro de Tormes is the sum of the incidents and characters with whom he has come into contact. He develops as the narrative moves forward and as he tells his story. His narrative is a supplement to his life. (12) *Lazarillo de Tormes* is a literary experiment with origins in social satire and in the deconstruction of idealistic forms and formulas, but the result far supersedes satire and parody. It vacillates between the broad and the subtle. Acknowledging the familiar, *Lazarillo* offers a radically different paradigm for narrative; energized by the intertext, it comes to occupy the other side of intertextuality, a model for future novelistic creation.[12]

---

[12] One could, of course, make a list of differentiating elements based on the intricate structure of *Don Quixote*. These might include, among others, (1) madness; (2) the move from a single, multifaceted story to variations on the theme of storytelling; (3) genre-identity

The year 2004 commemorates the four-hundred-fiftieth anniversary of the appearance of *Lazarillo de Tormes*, published fifty-one years before *Don Quixote* and cited by Cervantes as having a generic identity all its own. At the time that Cervantes was composing *Don Quixote*, Mateo Alemán's dense and perplexing *Guzmán de Alfarache* was enjoying great success and, despite notable differences in style, length, and focus, helping to cement the picaresque genre. Like Cervantes, Alemán had to suffer the indignity of a false sequel, and this surely had an effect on the development of the 1615 *Quixote*.[13] The underrated *La lozana andaluza* is, in my mind, the closest precedent to *Lazarillo de Tormes*. Its dialogue centers on the author figure and the *pícara*, a woman with a discernible voice and a fascinating–and flagrantly low–story to tell. *Lazarillo* places the *auctor* behind the scenes and puts the *pícaro* in the spotlight, and his story has a beginning, a middle, and an end. He and his account are products, and in both instances we have followed a process that leads to a conclusion, enlightening if not definitive. Much of *Lazarillo* has to do with irony, and it is ironic that the revelation of Lázaro's psyche may be clearer than the explanation of "the case." This little book from the mid-sixteenth century maps a course for Cervantes and his successors. The text is a performance that unites the author, the narrator-protagonist, and the reader. Both the manuscript and the narrating subject are presented as works-in-progress, capable of being read from more than one perspective. The satire of literary genres and conventions becomes the starting point for revolutionary changes in narrative structure and ideology. Realism and self-referentiality coexist on the page. It seems credible to assume that Cervantes, an astute reader if there ever was one, saw something–shall we say?–quixotic in *Lazarillo de Tormes* and incorporated it into his master plan.

---

problems; (4) a dialectics involving a linear plot *and* a conscious and unconscious play of continuity and discontinuity (intensified by the Avellaneda sequel); (5) radical shifts in direction; (6) a dependence on metafictional conventions; and (7) an explicit display of the dichotomies theory/praxis and criticism/metacriticism.
[13] On Alemán, Cervantes, and the false sequels, see Friedman, *"Guzmán"* and "Insincere Flattery."

WORKS CITED

Archer, Robert (1985): "The Fictional Context of *Lazarillo de Tormes.*" In: *Modern Language Review*, 80, 2, pp. 340-50.

Avellaneda, Alonso Fernández de [pseud.]: *El ingenioso hidalgo don Quijote de la Mancha, que contiene su tercera salida y es la quinta parte de sus aventuras.* García Salinero, Fernando (ed.) (1987). Madrid: Castalia.

Blanco Aguinaga, Carlos (1957): "Cervantes y la picaresca: Notas sobre dos tipos de realismo." In: *Revista de Filología Hispánica*, 11, pp. 313-42.

Bloom, Harold (1997): *The Anxiety of Influence: A Theory of Poetry.* 2nd ed. New York and Oxford: Oxford UP.

Booth, Wayne C. (1961): *The Rhetoric of Fiction.* Chicago: U. of Chicago P.

Casa, Frank P. (1997): "In Defense of Lázaro de Tormes." In: *Crítica Hispánica*, 19, pp. 87-98.

Cervantes Saavedra, Miguel de: *El ingenioso hidalgo don Quijote de la Mancha.* Lathrop, Tom (ed.) (2002). Newark, DE: Juan de la Cuesta.

Close, Anthony (1978): *The Romantic Approach to Don Quixote.* Cambridge: Cambridge UP.

Delicado, Francisco. *La lozana andaluza.* Damiani, Bruno M. (ed.) (1969). Madrid: Castalia.

El Saffar, Ruth (1974): *Novel to Romance: A Study of Cervantes's Novelas ejemplares.* Baltimore and London: Johns Hopkins UP.

Friedman, Edward H. (1997): "Coming to Terms with Lázaro's Prosperity: Framing Success in *Lazarillo de Tormes.*" In: *Crítica Hispánica*, 19, pp. 41-56.

— (2000): "*Guzmán de Alfarache, Don Quijote,* and the Subject of the Novel." In: La Rubia-Prado, Francisco (ed.): *Cervantes for the 21st Century / Cervantes para el siglo XXI: Studies in Honor of Edward Dudley.* Newark, DE: Juan de la Cuesta, pp. 61-78.

— (1988): "The Fortunes of Irony: A Metacritical Reading of *Lazarillo de Tormes.*" In: *Essays in Literature*, 15, 2, pp. 285-93.

— (2000): "Insincere Flattery: Imitation and the Growth of the Novel." In: *Cervantes*, 20, 1, pp. 99-114.

Lazarillo de Tormes. Fiore, Robert L. (ed.) (2000). Asheville, NC: Pegasus P.

Reed, Walter L. (1981): *An Exemplary History of the Novel: The Quixotic versus the Picaresque.* Chicago and London: U of Chicago P.

Russell, P. E. (1969): "*Don Quixote* as a Funny Book." In: *Modern Language Review*, 64, pp. 312-26.

Shipley, George A. (1982): "The Critic as Witness for the Prosecution: Making the Case against Lázaro de Tormes." In: *PMLA*, 97, pp. 179-94.

Tarr, Courtney F. (1927): "Literary and Artistic Unity in the *Lazarillo de Tormes.*" In: *PMLA*, 42, 2, pp. 404-21.

Unamuno, Miguel de: *Niebla.* Valdés, Mario J. (ed.) (1982). Madrid: Cátedra.

Vega, Lope de: *El arte nuevo de hacer comedias en este tiempo*. De José Prades, Juana (ed.) (1971). Madrid: CSIC.
Willis, Raymond S. (1959): "Lazarillo and the Pardoner: The Artistic Necessity of the Fifth *Tractado*." In: *Hispanic Review*, 27, pp. 267-79.

Sobre alterar el orden natural de las cosas.
El *Quijote* en la teoría del vínculo de Giordano Bruno

Vicente Pérez de León
(Oberlin College)

Todos estamos de acuerdo en que existe algo "mágico" en el *Quijote*; quizás es un genio –en términos flamencos– el que hace que esta universal obra establezca un especial vínculo con nosotros, los lectores, que nos acompaña –desde el mismo momento en que culminamos su lectura– por nuestros respectivos y diferentes caminos y edades. En este sentido, uno de los deberes del que osa interpretar la obra máxima de Cervantes ha de ser el de abrir y descubrir nuevas vías explicativas que contribuyan a entender mejor los aspectos de la novela que determinan su gran poder de atracción. Más concretamente, la posibilidad que exploraremos será la de desvelar algunas de las múltiples claves que precisamente hacen esta obra "mágica", reflexionando sobre el reconocimiento y presencia de ciertas teorías aplicadas relacionadas con la ciencia de la magia presentes en la obra cumbre cervantina.

El primer término que he unido al *Quijote* en las primeras palabras de este artículo es el de ser una obra "mágica", siendo sus acepciones más utilizadas "maravillosa" y "digna de admiración". Es probablemente así como se ha entendido este adjetivo originalmente; sin embargo, el universo asociado a la palabra "magia" es mucho más extenso, y responde también a un campo del saber que, hasta el siglo XVI, había alcanzado altas cotas de conocimiento. Se podría añadir además que esta ciencia podría haber servido como referente cultural para la elaboración del espíritu manipulador, alrededor del cual se regirán muchas de las acciones de los seres humanos del mundo occidental hasta nuestros días. En este sentido, aseveraciones como las que emite el caballero de la Triste Figura después de regresar de la cueva de Montesinos ayudan a poder apreciar cómo lo inexplicable o lo sobrenatural puede servir como puerta para la comprensión de los variados misterios existenciales: "Dios os lo perdone, amigos, que me habéis quitado de la más sabrosa y agradable vida y vista que ningún humano ha visto ni pasado. En efecto: ahora acabo de conocer que todos los contentos desta vida pasan como sombra y sueño, o se marchitan como la flor del campo" (II, 22)[1].

Pero nadie mejor que Giordano Bruno –uno de los filósofos renacentistas más reconocidos de Occidente, cuyos trabajos sobre la magia han sido objeto de admiración desde su publicación en la segunda mitad del siglo XVI– para guiarnos hacia el modo en que se articulaba la ciencia de la magia en la época en la que se imaginó el *Quijote*. Concretamente, nos centraremos en dos de sus tratados sobre el te-

---

[1] Esta afirmación de Don Quijote quedará de alguna manera menguada por el posterior pacto de caballeros entre el hidalgo y su escudero: "Sancho, pues vos queréis que se os crea lo que habéis visto en el cielo, yo quiero que vos me creáis a mí lo que vi en la cueva de Montesinos. Y no os digo más" (II, 41) (Todas las citas, de la edición de John Jay Allen).

ma, escritos en 1588: *De Magia* y *De Vinculis in Genere*. Este último, que nos ha servido para titular también este trabajo, lo traduciremos como "Una teoría general de los vínculos".

El tratado *De Magia* comienza con una distinción entre cinco diferentes tipos de magos, destacando que existen tantas acepciones de este curioso oficio como sobre la propia magia, sustituyéndose de hecho "mago" por "magia" en sus diferentes propuestas. La primera definición es la de mago como hombre sabio. La segunda responde a la del manipulador de poderes activos y pasivos, practicante de la denominada magia natural, que incluye disciplinas como la química y la medicina. La tercera es la del mago que contribuye a crear un ambiente tal, que las acciones de la naturaleza, o de una inteligencia superior, llegan a producir fascinación por su apariencia; este tipo de magia es la llamada prestidigitación. La cuarta es la del mago que se refiere a lo que ocurre como resultado de los poderes de atracción y repulsión entre las cosas, por ejemplo los envites, movimientos y atracciones debidos a imanes y similares artilugios, cuando todas estas acciones no se originan por cualidades pasivas o activas, sino por el espíritu o alma que existe dentro de cada cosa. Esta magia es la llamada "magia natural". El quinto significado engloba, además de estos últimos poderes, al mago que utiliza palabras, cantos, cálculos de números y tiempos, imágenes, figuras, símbolos, caracteres o letras. Es ésta una forma de magia intermedia, entre la natural y la sobrenatural, y se denomina magia matemática o "filosofía de lo oculto". En la sexta acepción se incluye a la persona que exhorta o invoca inteligencias y fuerzas superiores o externas a través de oraciones, dedicaciones, sacrificios, ceremonias dirigidas a dioses, demonios y héroes; es la llamada "telurgia". La séptima es la del mago que pide o invoca noticias sobre los ausentes, a los demonios o a los héroes. Es la llamada necromancia. En la octava, los encantamientos se asocian con partes o pertenencias de una persona. Es la llamada hechicería. La novena es la de los que, por alguna razón, son capaces de predecir eventos del futuro. Son los llamados adivinadores.

De entre todas estas acepciones nos fijaremos en la cuarta, en la que la magia se define como la ciencia que se refiere a lo que acontece en el mundo como resultado de los poderes de atracción y repulsión entre las cosas, cuando todas estas acciones no se originan por cualidades pasivas o activas, sino por el espíritu o alma que existe dentro de cada objeto, y que es también llamada "magia natural". En este tipo de magia, aplicada específicamente al comportamiento de los seres humanos, es en la que se profundiza en el tratado sobre la teoría de los vínculos de Giordano Bruno[2]. En el prólogo a este ensayo, Bruno se plantea una reflexión sobre la organización y condiciones generales de la vida humana, proponiéndose una explicación acerca de cómo se articulan:

---

[2] Culianu ha destacado este ensayo como uno de los menos conocidos, pero cuyas teorías están más vigentes en la organización del poder manipulativo del mundo occidental hoy en día (131-32).

[…] let us notice the conditions of human life: being young and then old; being of a moderate station, or noble, or rich, or powerful, or happy, or, indeed, even envious and ambitious; or being a soldier or a merchant, or one of the many other officials who play a role in different ways in the administration of a state, and thus who must be bonded to each other because they function as agents and instruments of the state. In effect, it seems that nothing can fall outside of an examination of civil life when it is considered in this way (whether it be bonding, or being bonded, or the bonds themselves, or their circumstances). This is the reason why we have assembled the following considerations, which are entitled *A general account of bonding*. (*A general account of bonding*: 145)

Si comparamos este texto con el proemio de otra obra de la misma época, se puede apreciar que existe un deseo común en ambas de encontrar la "piedra filosofal" del ordenamiento de las actitudes humanas. Si Bruno intenta hacerlo a través del estudio del conocimiento de las relaciones que se establecen entre los seres humanos a partir de los vínculos mutuos que se pueden crear natural o artificialmente, Juan Huarte de San Juan reflexiona en su *Examen de ingenios para las ciencias* sobre el ordenamiento del ser humano a partir de sus diferentes talentos naturales, para así incluirle, dentro de la alegoría del estado como cuerpo, en la función que con más destreza y sabiduría pudiera llevar a cabo para el desarrollo de las "repúblicas bien ordenadas"[3]:

Para que las obras de los artífices tuviesen la perfección que convenía al uso de la república, me pareció, Católica Real Majestad, que se había de establecer una ley: que el carpintero no hiciese obra tocante al oficio del labrador, ni el tejedor del arquitecto, ni el jurisperito curase, ni el médico abogase; sino que cada uno ejercitase sola aquel arte para la cual tenía talento natural, y dejase las demás. Porque, considerando cuán corto y limitado es el ingenio del hombre para una cosa y no más, tuve siempre entendido que ninguno podía saber dos artes con perfección sin que en la una faltase. Y, porque no errase en elegir la que a su natural estaba mejor, había de haber diputados en la república, hombres de gran prudencia y saber, que en la tierna edad descubriesen a cada uno su ingenio, haciéndole estudiar por fuerza la ciencia que le convenía, y no dejarlo a su elección. De lo cual resultaría en vuestros estados y señoríos haber los mayores artífices del mundo y las obras de mayor perfección, no más de por juntar el arte con naturaleza. (149-51)

---

[3] Tradicionalmente, conceptos amplios como el de la melancolía son los que han servido como punto de partida para establecer conexiones entre las disciplinas de la magia y la medicina. Para un estudio más detallado de estas relaciones ver Díaz Martín (173-78).

El siglo XVI es quizás uno de los más fascinantes de la historia moderna de Occidente, porque supone el comienzo de una transformación en la concepción del
hombre y, además, de plantearse temas como la posible alteración de sus circunstancias a través de la práctica y creencia en una serie de pautas ordenadas. Esta
última preocupación está presente en los paratextos anteriores, que abren dos de los
ensayos fundamentales de esta época, el *Examen de ingenios para las ciencias* y
De vinculis in genere. Como se puede apreciar, la sugerencia para encontrar una
respuesta a las actitudes del ser humano y el deseo de descubrir y organizar favora-
blemente sus condicionantes es común a pensadores muy distintos, aunque de similares inquietudes. Pero es algo que también comparte con ellos el autor de un texto
de ficción como es el *Quijote*. En esta última obra se aprecia la puesta en práctica
del deseo de explorar el comportamiento humano a partir de las observaciones de
las acciones de un ser que, después de haber llegado a la última etapa de su vida, se
resiste a vivirla como el resto, vinculando definitivamente su propia existencia a
una ficción imposible que ejerce fuerza contra el mundo, pretendiendo así imponer
un nuevo orden que va voluntariamente en contra del natural de las cosas. El protagonista de la novela cervantina está, de hecho, manipulando artificialmente los
vínculos existentes entre los seres vivos, condicionando sus vidas y actuando, en
este sentido, como una especie de mago[4] que a través de una "magia natural" pretende alterar con su voluntario o involuntario comportamiento "lo que acontece en
el mundo como resultado de los poderes de atracción y repulsión entre cosas"
(Bruno *De Magia*: 105).[5]

---

[4] Díaz Martín afirma a este respecto que el hidalgo:
> sólo obtendrá algo parecido al éxito (de una operación mágica) cuando aprenda
> intuitivamente a evolucionar del loco al mago ejerciendo cierto control sobre la
> modalidad de sus acciones, sobre el "teatro de operaciones" y sobre las circuns-
> tancias de la sintonización mágica [...]. (158)

Por otro lado, la siguiente definición de las acciones de un mago corresponde también con
la actitud manipuladora del protagonista del *Quijote:*
> The action of the magus at every level, therefore, consists in the preparation and
> modification of matter so as to render it susceptible to the desired influence"
> (Ingegno: xxiv).

En este sentido, agradezco la muy pertinente observación del profesor Rogelio Miñana sobre la posibilidad de incluir el concepto bruniano de manipulación y de creación de vínculos dentro de la interpretación de Foucault del *Quijote* como primera novela de la modernidad, precisamente por haberse planteado en la obra cervantina la debilitación del "vínculo" entre el signo y el objeto que representa:
> les ressemblances et les signes ont dénoué leur vieille entente; les similitudes déçoi-
> vent, tournent à la vision et au délire; les choses demeurent obstinément dans leur
> identité ironique: elles ne sont plus ce qu'elles sont; les mots errent à l'adventure,
> sans contenu, sans ressemblance pour les remplir; ils ne marquent plus les choses.
> (61)

[5] La aceptación de este tipo de magia conlleva implícitamente el entender que todas las cosas tienen un alma, y que se puede alterar, en un principio, a través de un *modus operandi*

Según Giordano Bruno, la humanidad se puede agrupar en dos tipos de seres a partir del tipo de vínculo que establezcan con el resto. En primer lugar están los que manipulan, que se consideran superiores, y en segundo los inferiores, que son los que se dejan manipular[6]. En la explicación de esta división, Bruno llega a distinguir entre los individuos que caen víctimas de la "decepción demónica" y los que se elevan por encima del nivel de la multitud, invirtiendo la escala de valores en la que la humanidad cree, ya que es llamativo el hecho de que estos últimos son los que llegan a convertirse en seres heroicos (Ingegno: xxvi). Existen ejemplos en el propio *Quijote* de esta manera de dividir la humanidad. Sólo hay que recordar la actitud manipuladora de Maese Pedro y de los duques, o de Sansón Carrasco en la segunda parte[7], y en mayor o menor medida, del círculo que envuelve al propio Don Quijote, específicamente cuando estos últimos personajes pretenden que el protagonista desista de su empeño de transformar el mundo a través de su opción existencial de convertirse en un caballero andante. Sin embargo, en la sociedad propuesta en el *Quijote,* aunque polarizada entre seres mágicamente superiores e inferiores, son fácilmente apreciables una serie de ejemplos de protagonistas que pasan de ser manipuladores a manipulados o viceversa. De hecho, como veremos, el propio hidalgo manchego es, por momentos, manipulado y gran manipulador de la realidad, o al menos es lo que pretende ser ante los testigos de sus hazañas[8].

---

que se eleva como un supremo orden o modo de ordenar las cosas. En este sentido, en el *Quijote* parece compartirse la idea bruniana de la existencia de un animismo universal "according to which the whole of nature should operate and on the basis of which every type of magical operation should be modeled" (Ingegno: xxiii).

[6] Esta division se establece a partir de un cierto "ingenio" o habilidad en unos seres y su ausencia o pasividad en otros:

> On this basis, in *On Magic and Theses on Magic,* Bruno posits two types of humanity, one superior and one inferior to the general level of mankind, who are distinguished by their ability (or lack thereof) to monitor and direct the processes of our consciousness and in particular its inevitably passive aspect. (Ingegno: xxv)

[7] Curiosamente, la mayoría de los personajes citados tienen también en común un elevado ingenio que enciende sus deseos:

> Of all the things which bind, certainly more of them bind humans than brute animals, and more of them bind those who have an active character than those who are dull witted; those who are well endowed in their faculties and powers are aware of more details, circumstances and purposes, and thus, they are moved by more desires. (Bruno: *A general account of bonding* 146).

Lo cual coincide también con la teoría sobre el exceso de ingenio de Huarte de San Juan, que concluye que cuando esta característica se da en un ser humano puede tener consecuencias negativas, ya que esta virtud acaba convirtiéndose en un defecto al aplicarse naturalmente este exceso hacia acciones no edificantes.

[8] Para un desarrollo de la idea del rol del mago en la Modernidad Temprana, la propia interpretación de Don Quijote como mago, además de la presentación de conceptos utilizados por Bruno como el vínculo, los demonios o la melancolía dentro del contexto general de la magia renacentista, ver Díaz Martín 153-93.

En el *Quijote* existen dos claros ejemplos en los que se puede apreciar la existencia de una reflexión sobre las consecuencias de la manipulación artificial del orden natural de las cosas por parte de individuos que ejercen sus influjos a partir de sus diferentes intereses. El primero sería el caso de la pastora Marcela. En sus propias palabras se aprecia cómo este personaje ha sido víctima de un intento de manipulación –en la que no ha querido participar voluntariamente– creada por Grisóstomo, un personaje desquiciado por una enajenación producida a partir de la lectura de diferentes textos de literatura amatoria al uso de la época. Curiosamente, la propia Marcela reiterará, en varias ocasiones, la legitimidad de su vínculo con el cielo (astrología o divinidad), que acompañado de su voluntad individual, reconoce como bases existenciales válidas para justificar el hecho de ser hermosa y de que sea "amada por destino", aunque aclare que esto no es óbice para que esté obligada a dejarse vincular a los deseos enfermizos de postizos pastores:

> Hízome el cielo, según vosotros decís, hermosa, y de tal manera, que, sin ser poderosos a otra cosa, a que me améis os mueve mi hermosura, y por el amor que me mostráis, decís, y aun queréis, que esté yo obligada a amaros […]. El cielo aún hasta ahora no ha querido que yo ame por destino, y el pensar que tengo que amar por elección es escusado […] tengo libre condición y no gusto de sujetarme. (I-14)

La pastora expone que los bucólicos lectores pretenden alterar su existencia, precisamente porque les "mueve su hermosura", asumiendo que ella debería corresponderles como impone la dictadura de la ficción pastoril. Precisamente, el desenlace del enamoramiento es una tragedia, originada en el erróneo deseo del pastor Grisóstomo, que no ha conseguido alterar el orden natural de la vida de Marcela con su artificioso y violento influjo.

El segundo ejemplo elegido para ilustrar la manipulación voluntaria de personas –también con consecuencias funestas– es el caso de Anselmo en *El curioso impertinente*. El comportamiento extremo de este personaje le conduce a ser capaz de organizar una trama adúltera alrededor de su propia mujer. Si en el asunto de Marcela la intervención de la voz de la víctima es definitiva y preponderante al final, en este caso las consecuencias del error de Anselmo se presentan de un modo multipolar, apreciándose cuidadosamente cómo se van transformando los vínculos que unen a cada uno de los participantes en el juego de lágrimas propuesto por el marido *novellesco*. El joven esposo se aprovecha, tanto de su fuerte vínculo con su esposa, como del que ejerce con su mejor amigo, que son, respectivamente, el del matrimonio disciplinado y el de la verdadera amistad. Anselmo quiere alterar y manipular estos vínculos tan poderosos con Camila y Lotario para forzar el inexistente entre la primera y su mejor amigo, como se estipula en su artificiosísima proposición a éste último:

De modo que por estas razones, y por otras muchas que te pudiera decir para acreditar y fortalecer la opinión que tengo, deseo que Camila, mi esposa, pase por estas dificultades, y se acrisole y quilate en el fuego de verse requerida y solicitada, y de quien tenga valor para poner en ella su deseo [...] (I, 23)

Este deseo de manipular y establecer vínculos antinaturales acaba destruyendo una relación de domesticados deseos entre los tres, demostrando el error del acto de alterar el orden de las cosas sin tener el suficiente conocimiento, adiestramiento o capacidad para poder hacerlo, con un resultado esencialmente perverso y especialmente dañino y destructivo para todos los individuos expuestos al esquema manipulador.

Existen otros ejemplos en la obra cervantina de personajes que manipulan o son manipulados voluntaria o involuntariamente, como ocurre con Sancho, que pasa de manipular en ciertas ocasiones a Don Quijote, a ser objeto de la manipulación organizada por los duques. El caso de Sansón Carrasco, por otro lado, es el del personaje que domina diferentes registros, tanto el literario, como el de la realidad, e incluso el de la frontera entre ambos, lo que le facilita el poder ejercer una poderosa influencia sobre Don Quijote, siendo un gran manipulador –como se puede apreciar en varios episodios de la segunda parte– ya que llega a crear un dominio sobre la voluntad del caballero andante que culmina con una derrota reconocida por el amo de Sancho.

Si se entiende el *Quijote* como un gran debate acerca de las circunstancias que envuelven el comportamiento del ser humano, y sobre cómo se articulan sus vínculos de poder en la sociedad, se podrá apreciar que la posición preferente que se adopta en esta obra no parte de modelos fijos en las relaciones humanas, sino cambiantes a partir de unas dinámicas que aparecen filtradas por la violencia que ejerce algún personaje –y esencialmente el central de Don Quijote– contra el orden natural del universo general, además del particular de cada uno. Esta postura es cuestionada en la quijotesca intención de perseguir una posición heroica que sirva de modelo social. Así, el hidalgo parte en busca de aventuras cuando ya ha sobrepasado el medio siglo, edad en la que la influencia de los vínculos es siempre menor que en la juventud y la adolescencia, por la disminución de su energía existencial[9]. En este sentido, se puede hablar de una involución en la vida de Alonso Quijano, de un decrecimiento hacia una edad anterior. Don Quijote se convierte desde el principio en un proyecto de gran manipulador de la realidad a partir de su deseo de

---

[9] Esto se refleja en las siguientes palabras de la teoría de los vínculos:

But bonds are more difficult in older men, whose powers are half dead, whose organs and passages are spent, and whose semen is not abundant. Precisely the same thing is found proportionally in the other emotions which have an analogy or contrast or dependence on the passion of love. (Bruno: *A general account of bonding* 160-61).

renacer y regresar a una edad temprana. Para ello ha de pasar de ser manipulado, con una existencia dedicada a los cuidados de los y las que viven con él, a todo lo contrario, pretendiendo construir una realidad a su voluntad y capricho que estará diseñada por los manipuladores creadores de personajes de imposibles ficciones caballerescas. El protagonista de la novela cervantina parece tener presente en sus acciones las directrices marcadas por Bruno sobre la manera en que ocurre el establecimiento de los vínculos, y que se resumen en tres, fundamentalmente. Primero, se requiere la existencia de un poder activo en el individuo agente. Segundo, un poder pasivo en el sujeto o paciente, que consiste en su capacidad de no resistir o provocar que la acción sea imposible, y tercero, una apropiada aplicación del vínculo, que está sometida a las circunstancias de tiempo, lugar y otras condiciones (*De Magia*: 132). Los primeros capítulos, con la salida y preparación de Don Quijote, demuestran la existencia del poder activo del protagonista en su propósito de establecer una serie de vínculos entre el mundo real y el de las novelas de caballería. De nuevo, Alonso Quijano ha actuado como un ser que, después de ser él mismo manipulado por los libros de caballería, ha decidido voluntaria y caprichosamente alterar el sentido del universo, encomendándose fanáticamente a esta nueva misión evangelizadora y ordenadora del cosmos. Sin embargo, su frustración comienza cuando no siempre puede encontrar un sujeto paciente que voluntariamente se someta a los vínculos que pretende establecer, como se aprecia en sus sucesivas aventuras. De hecho, algunos de los seres supuestamente manipulados por Don Quijote están realmente manipulándole a él, simulando escenas y acciones a las que no están entregados ciega, sino fingidamente. Otros, como Sancho Panza al final de la novela, concluyen demandando más aventuras, demostrando haber sido paulatinamente manipulados y transformados, desde un ambicioso escepticismo a un entreguismo incondicional hacia el postizo mundo caballeresco. Así, en muchos aspectos de la obra, la aplicación final del vínculo en Don Quijote se lleva a cabo defectuosamente, o cuando parece consumarse –por ejemplo, en el momento en que es armado caballero en la venta– es a causa de que los supuestos manipulados están voluntariamente manipulando el sentido de la realidad existencial del propio hidalgo. En estas circunstancias, la inclusión del personaje del mago Frestón a la hora de justificar los actos fallidos de Don Quijote cobra una nueva y determinante importancia en la interpretación general de la novela, entendiéndose en el contexto de las diferentes teorías generales sobre la magia resumidas por Giordano Bruno en su *De Magia*. En esta obra se describe el trastorno que produce en el ser humano la penetración de los demonios en el cuerpo y cómo envían sueños, voces y visiones que se escuchan y ven, junto a pensamientos escondidos más difíciles de apreciar. Además comunican verdades, a veces a través de enigmas y otras mediante impresiones en los sentidos, algo que no está al alcance de todos, aunque siempre persiguen una secuencia y un orden (124). De cualquier manera, no se puede dejar de reconocer que el acto de enajenación, acción frustrada y posterior justificación de las derrotas de Don Quijote, seguidos de la reiterativa culpa al mago Frestón, siguen, precisamente, similares pautas organizadas. Primero, Don Quijote confunde la realidad a partir de la "penetración de los demonios en su cuerpo" que están "comunicándole verdades" a través de enigmas e impresiones en los sentidos. Posteriormente, el neófito caballero reconoce este proceso cuando, después de su decepción, acaba atribuyendo su engaño y derrota a los encantamientos del mago, afirmando convencido en su primera aventura "[...] que aquel sabio Frestón que me robó el aposento y los libros ha vuelto estos gigantes en molinos, por quitarme la gloria de su vencimiento" (I, 8).

La influencia de los demonios y la posterior transformación de la realidad de Don Quijote le asocia a otro tipo de magia basada en la teoría de los vínculos. Esta se manifiesta, aparte de en el propio protagonista, en otros episodios de la novela, en los que se aprecia la existencia de un proceso mediante el cual algún personaje pasa de ser manipulado a manipulador[10]. Esto ocurre, por ejemplo, en el capítulo en el que Sancho pasa de ser súbdito de Don Quijote y de los duques para ser señor de una ínsula creada para su gobierno. Sancho se eleva así de ser inferior a ser superior, gracias a la intervención de unos nobles que elaboran una ilusión colectiva que afecta a todos los que participan en el episodio, en el que el escudero demuestra, o pretende hacer ver, que su gobierno es justo y posible[11]. En este sentido, el mero hecho de la creación del engaño a la vista del gobierno insular, unido a los diferentes artificios alrededor de los cuales se articula la diversión de los duques, convierte a estos últimos personajes en verdaderos manipuladores de la realidad, en magos que alteran el orden natural de las cosas en busca de la demostración de sus posibilidades para intervenir en destinos ajenos[12]. Es una celebración del poder supremo de dirigir vidas ajenas a la voluntad de sus dueños, sin olvidar tampoco que, en el caso concreto de los nobles, existe el propósito último de la alteración de

---

[10] En este sentido, se puede apreciar que en cada persona existe una fuerza o energía dispuesta a variar su modo de adaptarse a los vínculos, que se establecerán a partir de las circunstancias existenciales particulares:

A body does not have any feeling on its own, but only because of a certain force which resides in it and which emanates from it. This force is called, metaphorically, the "hand which binds", and it is oriented and adapted to bonding in multiple ways. (Bruno: *A general account of bonding* 146).

[11] Así, la influencia de Sancho sobre la multitud tiene una posible explicación en la facilidad de manipular mejor a los grupos que a los individuos:

Indeed, it is easier to bind many rather than only one. A hunter has a greater chance of hitting a bird with an arrow shot into a group of birds than he would have of hitting a particular bird with a more accurate aim. (Bruno: *A general account of bonding* 168).

[12] El hecho mismo de la creación de la decepción a la vista del episodio del gobierno insular, unido a los diferentes artificios alrededor de los cuales se articula la diversión de los duques, convierte a estos últimos en unos grandes manipuladores de la realidad, en una especie de magos que alteran el orden natural de las cosas en busca de una manifestación de sus poderes vinculatorios. En este sentido, magia y poder están unidos por el vínculo del entretenimiento extremo de alterar el orden de una vida humanamente verosímil, pero también originada a partir de una ficción.

la realidad para entretenimiento propio y del lector[13] en busca de la diversión suprema, como afirma el autor implícito:

> Las razones de Sancho renovaron en la duquesa la risa y el contento, y, enviándole a reposar, ella fue a dar cuenta al duque de lo que con él había pasado, y entre los dos dieron traza y orden de hacer una burla a Don Quijote, que fuese famosa y viniese bien con el estilo caballeresco; en el cual le hicieron muchas, tan propias y discretas, que son las mejores aventuras que en esta grande historia se contienen. (II, 23)

No cabe duda de que existen más protagonistas que actúan como manipuladores en otros episodios del *Quijote*; pero quizás el que más destaca en la segunda parte es el apuntado Sansón Carrasco. De hecho, en la última parte de la obra cervantina se aprecia una cada vez más obvia guerra manipuladora entre este tipo de personaje que imagina diferentes realidades alrededor de la de Don Quijote, aunque sea con la finalidad de obligarle a desistir de la suya. La trampa consiste en crear un enfrentamiento entre representantes de la realidad general de la humanidad y la realidad particular de la defensa del poderoso vínculo que se ha establecido entre las novelas de caballería y Don Quijote, que este último personaje no quiere romper ni a sabiendas de que su existencia fisiológica ficticia va en ello, como se aprecia en las palabras de su derrota ante el bachiller: "Dulcinea del Toboso es la más hermosa mujer del mundo, y yo el más desdichado caballero de la tierra, y no es bien que mi flaqueza defraude esta verdad. Aprieta, caballero, la lanza, y quítame la vida, pues me has quitado la honra." (II, 64).

Así, los desencuentros que se producen entre estos dos personajes culminan con la derrota de la realidad particular de Don Quijote y la ruptura final de su vínculo con el mundo caballeresco, a pesar de que los demonios sólo desaparecerán definitivamente de la cabeza de Don Quijote poco antes de su último suspiro en su lecho de muerte.

Maese Pedro o Quiterio son dos ejemplos más de cómo diferentes manipuladores alteran la realidad de las cosas en esta novela. En el primer caso, el pícaro disfrazado de titiritero consigue crear una realidad alternativa que enciende el vínculo

---

[13] Los duques manipularán a Sancho y a Don Quijote en varias ocasiones siguiendo un esquema aumentativo que culminará en el falso ataque, precedido de los numerosos artificios teatrales elaborados en su palacio. Para ello han de convencer a diferentes criados –vinculados a los duques por su dependencia económica– para que actúen a su voluntad y manipulen a Don Quijote y a Sancho, a partir de un guión diseñado por ambos amos. Aunque el juego entre manipular y ser manipulado está siempre presente en el contexto de mini-corte que se crea alrededor de los duques, en algunos casos el efecto de las aventuras superará el guión dictado por los nobles y los sorprenderá, como ocurre en la aventura "gatuna": "Los duques le dejaron sosegar, y se fueron, pesarosos del mal suceso de la burla; que no creyeron que tan pesada y costosa le saliera a don Quijote aquella aventura, que le costó cinco días de encerramiento y de cama [...]." (II, 46).

entre Don Quijote y unas marionetas. Maese Pedro puede apreciar cómo toda su obra de ficción se deshace tan fácilmente como son destrozados sus muñecos de papel, impulsándole a ejercer el papel tradicional de Sancho para intentar devolver al caballero al mundo real anterior al dominado por el efecto de la "mágica" representación. Una vez más, el poder manipulador se escapa de las manos del que lo ejerce: "Deténgase vuesa merced, señor Don Quijote, y advierta que estos que derriba, destroza y mata no son verdaderos moros, sino unas figurillas de pasta. ¡Mire, pecador de mí, que me destruye, y echa a perder toda mi hacienda!" (II, 26).

En el segundo caso, el rústico Quiterio consigue crear una realidad que culmina con un matrimonio *in extremis,* que al final se convierte en definitivo a partir de la creación de un vínculo con los espectadores de la celebración. Estos asistían a una "boda de conveniencia" que casi se convierte en funeral, y que finalmente culmina en matrimonio por amor.

A estos ejemplos se podrían unir los de otros personajes manipuladores en el resto de la obra cervantina, siendo éste el caso de protagonistas como el estudiante de *La cueva de Salamanca*, Chirinos, Chanfalla y Rabelín en *El retablo de las maravillas*, Cipión y Berganza en *El coloquio de los perros,* Trampagos en *El rufián viudo* o Monipodio en *Rinconete y Cortadillo.* Todos estos personajes demuestran cómo se puede establecer un vínculo con otros personajes, y por ende con el propio lector, de modo que éste llegue a perder momentáneamente el sentido de su propia realidad y pasivamente acepte lo que el manipulador propone a través de mágicos personajes que llegan a extremos como los del caso de los dos famosos canes cervantinos, que llegan a poder conversar natural y verosímilmente. Lo que caracteriza a todos estos protagonistas es su gran conocimiento del mundo y su capacidad de utilizar adecuadamente los vínculos que unen al resto de los humanos con sus deseos y ansiedades[14].

Finalmente, el vínculo más poderoso de todos, tratado a conciencia en las teorías mágicas de Bruno, es el del amor, detallándose en su obra numerosos ejemplos sobre las diferentes fases del enamoramiento, además de variados y cuidadosos detalles acerca de este auténtico vínculo de los vínculos. Un superficial repaso sobre el poder de este vínculo aplicado a la novela cervantina pone de manifiesto que en la relación de Don Quijote con Dulcinea quizás se pretenda concluir que el mejor amor es el inexistente físicamente, lo que se corresponde curiosamente con el hecho de que, según Bruno, el amor, por la ausencia del deseo en la edad tardía, está más libre del peligro de crear un fuerte vínculo (*A general account of bonding*: 160). Aparte de ser éste un amor alejado de lo físico, es también el de un ser que decide relacionarse con su amada a partir de un vínculo imaginario, tan remoto

---

[14] Así, el deseo de los duques por obtener y manejar información sobre los objetos de su manipulación les acerca a la figura del gran manipulador; como señala Bruno:

Therefore, he who knows how to bind needs to have an understanding of all things, or at least of the nature, inclination, habits, uses and purposes of the particular things that he is to bind. (*A general account of bonding*: 148)

entre sujeto y objeto que llega a pretender obviarse la necesidad objetiva de que el objeto de amor exista realmente en la novela.

Por otro lado, algunos de los otros ejemplos de los diferentes tipos de amor que se presentan en el *Quijote* son paradigmas del establecimiento de un vínculo entre las personas a partir de los diferentes niveles de dependencia creados entre sí. El episodio del bien casado caballero del verde Gabán es el caso de un amor con medida; el de la ventera y Don Quijote el del amor basado en su origen en un confuso y transformado vulgar deseo; por último, Sancho está vinculado a su mujer y a su familia, pero nunca olvida su poderosa atracción hacia su señor, ni hacia la materialidad de la existencia humana. Sin embargo, existen otros ejemplos diferentes de amores peligrosos que conducen a la muerte y a la desgracia. Es el irracional, desenfrenado y finalmente trágico, que se manifiesta en protagonistas que han sido víctimas de su inadecuada capacidad de organizar sus vínculos hacia otros personajes, o de las consecuencias de un vínculo mal empleado, como se ha podido apreciar en los citados episodios de la pastora Marcela o *El curioso impertinente*[15].

Se puede concluir que existen ejemplos de las teorías sobre la magia y los vínculos de Giordano Bruno en diferentes episodios del *Quijote* que demuestran la preocupación cervantina, común a otros autores de la época, acerca de las posibilidades de ordenar la sociedad y dar sentido a los acontecimientos que rigen la existencia humana. Esto se lleva a cabo en el *Quijote* a partir de un análisis, reflexión y experimentación, con la utilización de personajes de ficción en situaciones verosímiles, que son atraídos y/o rechazados por algo que en muchos casos necesita de una explicación más allá de lo puramente racional, o quizás deberíamos decir de una lógica racional alejada de cualquier consideración moral, racionalmente mágica. De cualquier forma y discrepando con Giordano Bruno, el vínculo de los vínculos para muchos de nosotros ha sido, es, y seguirá siéndolo por siempre, el que Miguel de Cervantes estableció cuatro siglos ha entre un cambiante y engañoso mundo y un no menos mercúrico y embrujado loco manchego.

---

[15] Como se aprecia en el comportamiento del triángulo amoroso que se establece en la *novella* incluida en el *Quijote*, para crear un vínculo entre dos seres humanos ha de existir, en principio, algún tipo de contacto físico entre ellos primero, algo que se articula en la teoría del vínculo:

> A completely chaste girl, in whom there are no seeds of excitement, is not bound to sensory pleasure by any star or by any artifice if she has not been touched or embraced, that is, (I say) she has not submitted herself to the hand of a bonding agent, and his hand has not reached out to her." (Bruno: *A general account of bonding* 170).

OBRAS CITADAS

Bruno, Giordano: *On magic*. (Ed. 1998). Cambridge, New York: Cambridge UP, pp. 103-42.

— *A general account of bonding*. (Ed. 1998). Cambridge, New York: Cambridge UP, pp. 143-76.

Cervantes Saavedra, Miguel de: *Don Quijote de la Mancha I y II*. Allen, John Jay (ed.) (1992). Madrid: Cátedra.

Culianu, Ioan P. (1999): *Eros y magia en el Renacimiento*. Madrid: Siruela.

Díaz Martín, José Enrique (2003): *Cervantes y la magia en el Quijote de 1605*. Málaga: Universidad de Málaga.

Foucault, Michel (1966): *Les mots et les choses*. Paris: Gallimard.

Huarte de San Juan, Juan: *Examen de Ingenios para las ciencias*. (Ed. 1989). Madrid: Cátedra.

Ingegno, Alfonso (1998): "Introduction". *Cause, Principle and Unity. Essays on Magic*. Cambridge: Cambridge UP, pp. vii-xxxiii.

"El más cortés y bien criado caballero que hay en toda la cortesanía": Don Quijote y su imaginaria conexión cortesana

José A. Rico-Ferrer
(Saint Mary's College)

La obra de Cervantes ofrece multitud de datos sobre la recepción y diseminación de los libros de conducta en el siglo XVII, así como de los modales y conducta (in)apropiados en un espacio tentativamente denominado público. Para Emilia Navarro, tanto estos tratados como la producción literaria son "ficciones reguladoras" por medio de las que se articulan los discursos prescriptivos y proscriptivos de la época, a través de los cuales se ha constituido el cuerpo histórica y discursivamente (17)[1]. Este estudio se centra en un episodio significativo dentro de la topografía cortesana de la obra, cuyo análisis revela la familiaridad de Cervantes con los procesos sociales descritos en los tratados de conducta y la existencia de un diálogo estructural y temático con la obra de Castiglione o Boscán. Así, Sancho instruye, en la pregunta sobre protocolo de la duquesa a su marido, acerca de la recepción debida a la dueña Dolorida, suscitando la reacción de su amo:

> —¿Quién te mete a ti en esto, Sancho? —dijo don Quijote. —¿Quién, señor? — respondió Sancho—. Yo me meto, que puedo meterme, como escudero que ha aprendido los términos de la cortesía en la escuela de vuesa merced, que

---

[1] En la obra de Cervantes existe una aguda conciencia del rol de lo cortesano en la sociedad. De hecho, se hallan presentes las tres categorías principales de libros de conducta: el arte de ser un caballero en la corte, el arte de cortejar y la educación idónea para los gobernantes de la sociedad y del estado (Navarro: 18). En esta dirección las contribuciones de eruditos de la talla de Anthony Close (1990, 1993, 2000), Maxime Chevalier (1990, 1993) o Antonio Vilanova han señalado la influencia de toda una tradición tanto de literatura moralizadora como de la tradición retórica renacentista, o directamente de tratados de conducta como *El Galateo español*, o colecciones de anécdotas como la obra de Luis Zapata; la *Filosofía vulgar* de Juan de Mal Lara, o *Las seiscientas apotegmas* de Juan Rufo son otros libros de la tradición de consejo que constituyen un rico fondo de fuentes (Close: 1990, 2000). Se ha apuntado el tratamiento de la cortesía dentro del contexto del estado-nación moderno iniciado por Castiglione, y Vilanova indicó el carácter de modelo moral cristiano aportado por el *Enquiridión* de Erasmo (22). José Antonio Maravall afirma la influencia del Guevara del *Relox de príncipes* y las *Epístolas familiares* o de la literatura utópica. Angelo J. Di Salvo indica la influencia de la tradición de *speculum principis*. El "Arancel de Necedades" del *Guzmán de Alfarache*, analizado por Robert H. Williams, o las enseñanzas de Gracián Dantisco se aprecian en los consejos que don Quijote da a Sancho antes de tomar su posición de gobernador de su ínsula (Chevalier: 1990). Existe además en la obra una exhibición de las diferencias entre el cuerpo grotesco de Sancho y la parodia del cuerpo heroico de don Quijote en cuanto al tratamiento de los fenómenos biológicos, detalladamente estudiada por Bénédicte Torres, etc.

es el más cortés y bien criado caballero que hay en toda la cortesanía. (II, 37, 309-10)

Sancho proclama el dominio por su amo del código cortesano y, por instilación debida a su convivencia con el hidalgo, su propia familiaridad con dicho código[2]. En el gesto de Sancho se aprecia un valor performativo que presenta con la fuerza de su tono vocativo una realidad creada por sus propias palabras. Pero el éxito de su afirmación depende de factores que se le escapan, tales como su propia calificación estatutaria para emitir tal exclamación. También el objeto de su juicio, don Quijote, debe ser inspeccionado como tal paladín de cortesía, junto con el lugar y momento en que tal enunciado se profiere, es decir, la estancia ducal justo antes de una burla preparada por los duques a sus invitados. Por último, el análisis contextualizado de las palabras desafía las concepciones de género sexual asumidas por don Quijote en su modelo masculinista del caballero andante.

El duque muestra en este episodio su autoridad cuando decide adelantarse diez o doce pasos para recibir a la dueña. Esta condición "absoluta" de su poder alimenta una lectura política del abandono por el capellán de este entorno, pues su auto-exilio expondría la posición inmovilista de ciertos sectores estamentales incómodos con la idea de garantizar tratamiento de caballero a un hidalgo, aunque sea loco y en un contexto lúdico (II, 32). Sin embargo, desde el principio la residencia ducal es un espacio marcado por el discurso cortesano[3]. En contraste con la primera parte, donde la ceremonia de iniciación caballeresca tiene lugar en el espacio anticaballeresco de la venta, automáticamente tiñendo los episodios de un carácter paródico, en la segunda parte se procede al despojo textual de los elementos ideológicos

---

[2] Las vicisitudes de don Quijote por los caminos reales de Castilla no prometen como línea argumental de actuación cortesana; sin embargo, la obra presenta una clara conciencia del carácter de la corte, que es caracterizada de varias formas; así, la dueña Rodríguez identifica la corte con Madrid, especificación que muestra sensibilidad tanto al hecho de que la corte estuvo en Valladolid de 1601 a 1606 como a la relativa novedad de una sede permanente: "me trajeron a la corte, a Madrid, donde [...]" (II, 48, 385). También se nombran los representantes locales de la autoridad emanante del gobierno como "alcaldes de corte". Por ser lugar de residencia del monarca se trata del lugar preferido para la representación de estatus y para su reproducción y desarrollo, tal como indica don Quijote: "honran las cortes de sus príncipes [...] sirva a las damas el cortesano; autorice la corte de su rey con libreas,..." (2, 17, 153-4). Es, pues, donde el individuo de estatus privilegiado debe encontrar su foro más efectivo desde el punto de vista político y social, aunque también esté repleta de oportunismo: "un caballero particular que en la corte estaba, confiado en su mocedad" (II, 38, 314); centro cultural por excelencia (I, 48); lugar que genera ciertos usos, modas (II, 24) (II, 50); que implica una educación superior (II, 19); es el lugar privilegiado del poder y de la riqueza (II, 5) del que emanan las noticias y decisiones que pueden afectar a nivel local (II, 1).

[3] Cae fuera del propósito de este artículo una lectura política del episodio, o la búsqueda de los posibles referentes "reales" de la pareja ducal.

que puedan enturbiar dicha lectura paródica[4]. De este modo, la salida del capellán *de facto* elimina todo representante de cierta autoridad y deja el campo libre a los duques para que, junto con los cómplices miembros de su servicio, apliquen su ingenio a burlarse de don Quijote.

Para Norbert Elias el interés en los libros de conducta crece con la emergencia del estado-nación y su centralización de poder; esto documenta una represión instintual por medio de un código creado para la comunicación pulida entre personas de estatus en un medio caracterizable, aunque imprecisamente, como secular. En el proceso social el uso de gestos, ropa, modelos y códigos lingüísticos determinados se constituyen en indicios del estamento nobiliario del usuario[5]. Sin embargo, al realizar estos agasajos y burlas la pareja ducal no parece observar el protocolo de las fiestas cortesanas al no hacer ostentación de dicho poder hacia los miembros de su propio estamento, desatendiendo de este modo una de las obligaciones estamentales de su rango. Como Jürgen Habermas detalla, en el antiguo régimen la esfera pública era el espacio de las particularidades y del privilegio, en donde la nobleza mostraba su estatus social (8-9). De hecho, dondequiera que se encontrara, el noble debía hacer exhibición de su estatus.

En tal sentido, cualquier lugar podía convertirse en una corte, dada la adecuada mezcla de elementos para producir el intercambio sociológico cortesano, es decir, el código adecuado a la nobleza de la época[6]. En realidad, los duques actúan como lectores tanto de tratados cortesanos como de la primera parte de la obra y simulan intencionalmente la recepción que a los caballeros andantes se haría en los libros de caballería, pues se encuentran con la oportunidad de presentar al ser "real" su lectura del personaje de ficción: "Entre los dos dieron traza y orden de hacer una burla a don Quijote, que fuese famosa y viniese bien con el estilo caballeresco; en

---

[4] Hermenegildo Fuentes analiza los nombres asignados a la residencia ducal (200-3). El espacio muestra en la estadía ducal un desplazamiento desde la "casa de placer" de la duquesa al "castillo" del duque y a la mención por el narrador de ambos nombres, aunque a partir de ese momento se le va a llamar "castillo" (202). Véase en este volumen el trabajo de William Clamurro con su análisis cronológico de ambas partes de la obra y su observación acerca del carácter temporal más específico de los episodios ducales. Sobre el carácter paródico de la obra, véase la obra de Juan Ignacio Ferreras e Isaías Lerner.

[5] La necesidad de actuar según reglas cada vez más normalizadas va a sentirse no sólo en la corte sino a lo largo de la península. Síntoma del auge de esta conciencia del intercambio social adecuado es el fenómeno de la creación en diversas ciudades de 'premáticas' sobre el uso de cortesías, es decir, los tratamientos y el lenguaje correcto en público, desde fines del siglo XVI (José Adriano de Carvalho: 140). Más aún, la impresión y popularización de los tratados de conducta explicaría la diseminación del código de buenos modales a círculos ajenos a la nobleza cortesana.

[6] Esto explica la existencia de la corte itinerante del emperador Carlos hasta su retiro; o el traslado de la corte a Valladolid, hecho casi contemporáneo a la edición de la primera parte de la obra.

el cual le hicieron muchas, tan propias y discretas, que son las mejores aventuras que en esta grande historia se contienen." (II, 22, 285).

De este modo, el proceso de lectura y relectura de don Quijote por parte de los duques se enmarca dentro de su espacio privado, que se proyecta sobre el espacio semiprivado de sus propiedades que a su vez, mediante las dramatizaciones de las "burlas famosas", publi-citan (hacen público) el imaginario ducal.

Dentro de este tono paródico su actuación nos retrotrae a un mundo feudal e idealizado de juegos y ocio en donde la nobleza guarda un poder autónomo e independiente de cualquier fuerza exógena. Su actuación se enmarca dentro de una economía libidinal de lectura privada y compartida por el matrimonio y, simultáneamente, de nobles medievales todopoderosos agentes de una fantasía anacrónica. Evidentemente, en su decisión ambos factores implican un juego con la representación y una manipulación de las apariencias, tareas en las que se manifiestan particularmente adeptos. Si el religioso se retira será sólo después de negarse a ser partícipe de dichos juegos, lo que permite a la narrativa continuar imperturbable en su tono satírico-paródico[7]. Su salida se realiza tras un intercambio dialéctico con don Quijote en donde éste apela a la ruptura de las reglas de cortesía debidas a su condición de huéspedes de los señores del lugar.

Es más, dado el ambiente cortesano del lugar y su condición eclesiástica, su retirada se consigue discursivamente y no por medio del recurso al uso de la violencia que es prevalente en anteriores enfrentamientos. De hecho, el discurso quijotesco al religioso es completamente serio en tono y en enunciación[8]. Más aún, las razones aducidas por el hidalgo confirman ideas ya tratadas en el discurso sobre la edad de oro y de las armas y las letras, tales como las obligaciones heroicas del caballero andante y la defensa de su función guerrera[9]. Aunque rompa el decoro al no esperar la intercesión del duque, el hidalgo demuestra su conocimiento del discurso cortesano al configurar sus límites en la apelación indirecta que hace a la violencia, recurso que, sin embargo, la enunciación de dicho discurso previene: "que saben todos que las armas de los togados son las mismas que las de la mujer, que son la lengua, entraré con la mía en igual batalla con vuesa merced" (II, 32, 266). Mientras se conjura el recurso a la violencia directa, ésta se sublima verbalmente por medio de la feminización del eclesiástico. De este modo, la delimitación del discurso cortés en la otredad y en la discrecionalidad del objeto de la violencia se establece desde el principio del episodio.

---

[7] El capellán ve en don Quijote a lo que es, un imitador sin pedigrí caballeresco seguidor de modelos periclitados e imaginarios. La percepción del religioso se transforma en una llamada a una conducta moral por parte de los duques.

[8] Véase Close para referencias a episodios de tono conminatorio similar (1990: 502).

[9] Leonard Mades analiza de forma general la dicotomía y las similitudes entre cortesano y caballero como parte de una misma matriz ideológica. Close analiza la crítica de don Quijote al abandono de las armas en el marco de la literatura coetánea (1990).

Mientras tanto, sus cicerones dan rienda suelta a sus instintos de juego y de entretenimiento ocioso, elementos éstos también tradicionalmente característicos de su estatus nobiliario. Es más, la inadvertida pareja no es obstáculo para que los duques expresen su polimórfico espíritu de juego y escondan bajo un exterior refinado sus impulsos de control sobre la historia y la identidad de don Quijote. En este proceso despliegan momentos de agresividad hacia los dos objetos de su interés, aunque encubierta bajo una elaborada parafernalia. Por su parte, el hidalgo empieza a confrontar las consecuencias de apelar a un código de identidad que es endosado por sus interlocutores, pues, en una inusual confesión, dice: "y aquél fue el primer día que de todo en todo conoció y creyó ser caballero andante verdadero, y no fantástico" (II, 31, 259).

Dentro del tono cortesano general de la estadía en la casa ducal, la exclamación de Sancho dialoga con conceptos sobre la cortesía que el texto ha venido desarrollando y que se tematizan en la interrelación entre don Quijote, Sancho y los duques. La interpelación del escudero establece un paralelo estructural con el episodio donde inventa su intercambio con Dulcinea (I, 31); de nuevo, está interpretando a su amo. En efecto, mientras allí adecua al gusto de aquél una conversación con Dulcinea, aquí Sancho usa sus poderes hermenéuticos para proclamarlo modelo de caballero y de cortesía. Esta asociación entre cortesía e interpretación de la realidad percibida por don Quijote merece un análisis. Mientras Sancho crea la historia sobre Dulcinea para calmar a su amo, en la segunda parte será la duquesa, lectora de la primera parte y conocedora de la maniobra de Sancho, la que a su vez introduce a éste la idea del encantamiento de Dulcinea, con el consabido resultado (II, 33)[10].

Una vez más, la duquesa muestra su poder interpretativo al tachar a Sancho de cortés:

> Bien parece, Sancho –respondió la duquesa–, que habéis aprendido a ser cortés en la escuela de la misma cortesía, bien parece, quiero decir, que os habéis criado a los pechos del señor don Quijote, que debe de ser la nata de los comedimientos y la flor de las ceremonias, o *cirimonias*, como vos decís. (II, 32, 277)

Del cotejo de ambos pasajes se aprecia que Sancho expande los conceptos anteriormente expresados por la duquesa. El comentario de Sancho sobre la espacialidad de la cortesía implica que su amo es el caballero cortés por antonomasia, el señor de esos espacios simbólicos que él transforma, en su deformación de las palabras de la duquesa, en el lugar imaginario, a-tópico de la cortesía. Además, Sancho parece intuir los beneficios personales del uso de la publicidad, de hacer público en el espacio adecuado los méritos de su amo.

---

[10] Elias L. Rivers advierte el carácter negociador de contenidos de las interacciones Sancho/duquesa. Adrienne Laskier Martín da una visión burlesca de tales relaciones.

Sin embargo, es difícil evitar la ironía de la presentación del hidalgo como epítome cortesano-caballeresco por parte de su escudero e inferior social. Más aún, cuando Sancho hace esta declaración tras firmar una carta a su mujer con la rúbrica "el gobernador" y tras debatir con la dueña Rodríguez según la conducta que estima apropiada al rango prometido por los duques: "Después que tengo humos de gobernador, se me han quitado los vaguidos de escudero, y no se me da por cuantas dueñas hay un cabrahígo" (II, 37, 309). De hecho, su comentario está también imbuido de esta "persona" de gobernador *in pectore*, lo que añade a su comicidad. En todo caso, es de dudoso decoro que un inferior social proclame las virtudes caballerescas de su amo delante de una audiencia nobiliaria, especialmente en un contexto cortesano donde se discuten cuestiones de ceremonial[11].

Ante la fuerza performativa de la interpelación de Sancho, el hidalgo se ve compelido a preguntarle, sorprendido, por el significado. Aunque la retórica usada por Sancho hace a don Quijote el epítome de los caballeros no sólo andantes sino cortesanos, esta asimilación entre ambos términos es sorprendente si se considera la trayectoria del concepto de cortesía y de caballería existente en la obra. Don Quijote es un hidalgo, no un caballero, y el autollamarse caballero le permite imitar a sus héroes de las novelas de caballería pero también le da acceso, en teoría, al escalón bajo de la nobleza cortesana. Como Close observa, toda la actuación, tanto de él como de Sancho, está rompiendo constantemente el decoro social que les corresponde (2000: 119). Es mordaz el hecho de que Sancho lo llame así en presencia de los duques, que saben de su origen estamental y que pueden apreciar lo irónico de la situación. Es más, mientras que para los duques es un divertimento recurrir a la caballería y a la cortesía medieval, para don Quijote la cortesía que conoce está intrínsecamente ligada a la actuación de su modelo caballeresco medievalizante[12].

De hecho, en la estancia ducal se exponen cuestiones de interpretación cortesana que afectan profundamente al hidalgo y su auto-imagen como caballero andante. Además, la segunda parte está marcada por un tono de mayor autoconciencia sobre el juego interpretativo de realidad y apariencia. Ya en su primera aventura encuentran a un grupo teatral disfrazado de los distintos personajes del auto sacramental de las Cortes de la Muerte (II, 11)[13]. El resultado hermenéutico en ese momento es mixto para don Quijote, pues mientras por un lado reflexiona con Sancho sobre la mutabilidad de las apariencias, por otro después incluso intenta cargar contra las

---

[11] Sobre el análisis del decoro y su relación tanto con la conducta adecuada como con la idoneidad de lenguaje y de estilo e incluso género, véase Maxime Chevalier (1993). Para un estudio léxico de la discreción con información sobre su relación con la cortesía en Cervantes, véase Margaret J. Bates.

[12] Chevalier distingue el carácter anacrónico, y hasta paradójico a veces, de la cortesía de don Quijote, que atribuye en general a su carácter libresco (1990: 840-2).

[13] Se trata de una variante del tema medieval de la danza de la muerte, posiblemente, según apunta John Jay Allen en su edición, el auto sacramental de Lope del mismo título.

máscaras (Ruth El Saffar: 150). Por su parte, la estadía en el ambiente cortesano de la casa ducal afectará las bases de la construcción de la identidad del hidalgo de forma imposible de prever por éste. Esto se debe, en gran parte, a la inclusión que los duques efectúan, perceptivamente, de la locura del personaje en el mecanismo de su burla. Fue Antonio Vilanova quien comparó el uso de la locura en Castiglione con el de Cervantes, citando para ello la segunda opción de las cuatro posibilidades sugeridas por los cortesanos de Urbino como juego cortesano:

> Tengo yo por cierto que en cada uno de nosotros hay una simiente de locura, la cual, si se granjea, puede multiplicarse casi en infinito. Por eso querría que nuestro juego fuese agora disputar desta materia, y que cada uno dixese, habiendo yo de enloquecer públicamente, en qué género de locura daría y sobre qué cosa se fundarían más aína mis desatinos [...]. El mismo juicio se haga en los otros. (85)[14]

El ilustre crítico barcelonés afirma taxativamente el conocimiento de este pasaje por Cervantes, quien es influido por esta idea de que "existe un germen de locura que puede desarrollarse según la vena y especial afición de cada uno", e incluso encuentra la fuente común de ambos escritores en el *De Encomium Moriae* erasmista (25). Sin duda Cervantes debía de estar familiarizado con Castiglione, sobre todo si se considera la aserción de Leonard Mades de que desde un cierto punto de vista la obra: "may be considered as a long debate concerning the relative merits of courtiership and arms" (197). En este pasaje Castiglione especifica cómo la mecánica del juego cortesano implica un alto grado de dramatización y autoconsciencia. Esto se manifiesta en dos frentes: primero, la exacerbación de dichos fermentos de locura por parte de los propios circunstantes, y segundo, la iniciación del proceso por medio del acto voluntario de una persona, quien, al someterse a la hipótesis de "enloquecer públicamente", se expone al examen grupal.

Mientras que el carácter performativo del juego es conocido por los presentes en la corte de Urbino, por el contrario en la estancia ducal se muestran los peligros de no mantener una distancia entre la actuación y su interpretación y los resultados, cómicos o trágicos, según la perspectiva, del paso de la condición de sujeto voluntario de un juego, como es el caso de Cesare Gonzaga, a la de objeto involuntario de escrutinio y divertimiento por parte de los partícipes del evento en el caso de don Quijote. Para Vilanova, el que en *Il Cortegiano* cada uno adivine el especial linaje de locura en que incurren los demás "tiene por objeto 'conocer nuestras faltas para mejor guardarnos dellas'" (25). Pero, aunque informar a los contertulios de sus defectos sociales por medio de dicho juego sin duda contribuiría al auto-

---

[14] Se usa la versión al castellano de Boscán, aunque es posible que Cervantes tuviera acceso al texto en italiano durante su estancia en Italia. Sobre el tema de la locura, obviamente se toma el concepto en ambos autores en su sentido más lego. Para una buena visión general del tema en *Don Quijote*, véase Anthony N. Zahareas.

conocimiento, también afecta a los valores de honor que caracterizan la identidad social del cortesano y constituye por lo tanto una hipótesis de juego inviable[15]. Además, las premisas del juego abogan por la inexistencia del cortesano total, y la crítica grupal de los elementos de locura individuales elimina la necesidad de un libro donde aprender a disimular fallas cortesanas por medio del lenguaje *sprezzato* y mantener así el juego entre realidad y apariencias.

Más aún, se debe considerar lo que Habermas caracteriza como la racionalidad de la *res publica* (4): es decir se tiende a eliminar progresivamente la locura, la sátira, la parodia de la economía de intercambio cortesana o se confina a momentos festivos o a figuras como el bufón[16]. De hecho, se acepta que el espacio selecto de la corte conlleva una limitación en el uso de niveles lingüísticos y en el rango de temas apropiados. En todo caso, la fuerza de la analogía entre ambas obras se basa en la existencia de modelos que por su carácter idealizado permanecen como entes de ficción en gran medida. Es decir, según la lógica narrativa de Castiglione, la existencia "real" de un cortesano absoluto haría redundante la necesidad de un cortesano ideal. Como indica Harry Berger Jr., es la ausencia de tal modelo histórico lo que aclara el espacio simbólico necesario para el diálogo en que se constituye verbalmente el cortesano ideal (9-25)[17].

Por su lado, al tratar el tema de la locura Cervantes define la experiencia de don Quijote en dirección opuesta a la del cortesano, pues desde el principio se le identifica como loco por tomar literalmente su modelo de caballero andante de las representaciones ficticias de los libros de caballería (I, 1). Así se elimina la distancia entre la identidad y la máscara de Alonso Quijano, llevándole a un cambio de nombre y de identidad. En esta identidad asumida el individuo y la máscara claman ser uno y el mismo, en contraste marcado con el juego de apariencia y "realidad" en que se constituye el cortesano. Tampoco don Quijote esconde su condición de seguidor de modelos, como el Amadís de Gaula, que son ficciones novelescas; más aún, intenta él mismo ser un nuevo modelo simultáneamente perfecto en su historicidad e ideal en sus cualidades y actuaciones. Esto contrasta marcadamente con la necesidad de la gracia y de la imitación de la actuación de dicha gracia por medio de eventos llenos de *sprezzatura* para esconder el hecho de que no existe un modelo perfecto en las cortes históricas.

---

[15] Como afirma Harry Berger, Jr.: "The risk, the *frisson* are part of the game, but so also is the institutionalized distrust that characterizes an apprehensive society–a society based on the desire to take and the fear of being taken" (15). Un comentario a lo sensible de este tema de corrección de faltas personales se encuentra en la narración de *El Galateo español* acerca del obispo que corrigió la mala costumbre del conde (110). Para un comentario sobre la obra de Della Casa, véase Berger, Jr. sobre este 'pequeño' defecto (26-33).

[16] Habermas explica gráficamente el paso del caballero cristiano al cortesano introducido por Castiglione como modelo masculinista en el espacio de la corte (9-12).

[17] "To reiterate that grazia is a grace beyond the reach of art just before the account of sprezzatura is to make deficiency in grazia the enabling condition of ideal courtiership. The ideal courtier is not the absolute courtier" (Berger, Jr. 17).

La suerte de ambas figuras no pudo ser más diversa: el anacrónico caballero andante arrojado con fin paródico sobre un fondo "real" frente al exaltado modelo de masculinismo exitoso digno de copia e imitación a nivel transnacional. Para Howard Wescott, el rechazo de Boscán hacia el uso del término *sprezzatura* y su traducción por medio de dos palabras implicaría características nobiliarias y de honestidad castellanas que resuenan en Cervantes, manifestándose en la conducta anticortesana del hidalgo (228). Wescott afirma que cualquier simpatía que tenemos a su personaje es por el hecho de que conocemos sus opiniones (226). Aunque parece más lógico atribuir tal conducta cervantina a otro texto que el introductor de la nueva cortesía civil, puede ser productiva una comparación entre los dos modelos, uno exitoso especialmente en el siglo XVI, el otro anacrónico como la derrota final de don Quijote y su vuelta a casa a morir prueban fehacientemente.

Así, el hidalgo opina sobre los cortesanos en diversas ocasiones. En el capítulo 36 de la segunda parte interpela al ausente capellán detallando las razones que hacen necesaria la actividad de los caballeros andantes. Esta vuelta a su desacuerdo con el religioso no sólo es síntoma de cuánto le han afectado sus observaciones sino que se produce reveladoramente en el contexto de la petición de ayuda de la dueña Dolorida:

> No van a buscar su remedio a las casas de los letrados, ni a la de los sacristanes de las aldeas, ni al caballero que nunca ha acertado a salir de los términos de su lugar, ni al perezoso cortesano que antes busca nuevas para referirlas o contarlas, que procura hacer obras y hazañas para que otros las cuenten y las escriban. (II, 36, 307)

En su intercambio con el eclesiástico ya don Quijote lo había feminizado, por lo que su alusión a él en este momento de afirmación masculinista es sintomático de esta tendencia feminizadora no sólo de su adversario ideológico sino, por implicación, de los otros modelos que él repasa en este momento. Aunque se aprecia una puya al eclesiástico en su referencia a los "capellanes de aldea", su auto-exaltación como representante de los caballeros andantes le impele a repasar los diferentes modelos masculinistas de la época, situándose efectivamente en liza y competencia con ellos. Don Quijote se distingue de los caballeros sedentarios, quienes se presentan yuxtapuestos a letrados y capellanes de aldea en su sedentarismo, y también de los cortesanos perezosos. Esta distinción es novedosa comparada con el tratamiento anterior de la distinción caballero andante / caballero cortesano (II, 6). En ese momento don Quijote separa las funciones, protocolaria, ritual y de acompañamiento del monarca en el caso de los caballeros cortesanos, ir a guerras y amparar a doncellas y a los débiles en general en el caso del caballero andante.

Pero en II, 36 el caballero andante transforma dicha dualidad en una oposición en donde se separa desde criterios morales y éticos tanto del caballero de pueblo, sedentario y acomodaticio, como del cortesano perezoso[18]. Es sintomático que en ambos fragmentos las comparaciones se establecen sobre cuestiones de interpretación. En la conversación con su ama, quien sugiere que como caballero debería ir a la corte, el hidalgo distingue el caballero cortesano del caballero andante como caballeros de diferente tipo y ofrece un ejemplo sobre la capacidad del cortesano de interpretar el mundo a través de mapas frente al caballero andante que lo percibe a través de la experiencia. Así, mientras el cortesano ve a los enemigos "pintados", el andante los ve "en su mismo ser" (II, 6, 68). La inferencia sobre el distinto valor de lo representado y lo experimentado se repite en su crítica del cortesano en II, 36, dado que se dedica a reproducir comentarios, a transmitir o a criticar las acciones de otros en lugar de crear sus propias acciones.

En esta crítica justo a mitad de la obra de 1615 resuena el eco de la decisión de don Quijote en el capítulo uno de la primera parte; ahí el hidalgo estudia dedicarse a concluir una historia caballeresca de su predilección: "Muchas veces le vino deseo de tomar la pluma y dalle fin al pie de la letra, como allí se promete; y sin duda alguna lo hiciera [...] si otros [...] pensamientos no se lo estorbaran" (I, 1, 98). En este juego retórico con las posibilidades de su deseo de lector se aprecia un eco de la retórica de elección entre diversos juegos cortesanos. Es decir, en el capítulo inicial el protagonista dilucida cuál va a ser el curso de su propia ficción, en paralelo con los cortesanos que eligen, entre diversos juegos, con cuál van a ocupar la jornada cuya narración constituye *Il Cortegiano*. Obviamente el gesto retórico es similar, pero no su resultado ni sus posiciones sobre la locura. Mientras los cortesanos rechazan ésta como tema cortesano, don Quijote se convierte en un loco paradigmático. Así, el hidalgo pasa de desear escribir novelas de caballería a convertirse literalmente en uno de sus admirados personajes de ficción, sirviendo de ejemplo de la inadecuación de los valores masculinistas del imaginario caballeresco representado por dichas novelas.

De este modo, no sólo se convierte en un modelo negativo de masculinidad sino que este carácter no adaptativo de su actuación caballeresca deviene el tema central de la obra. La predictibilidad de su auto-representación y de su interpretación verbal de la realidad, como los duques intuyen, le hace objeto de burlas y le lleva a ser leído e interpretado con fruición. Esta ausencia de separación entre individuo y máscara constituye su fracaso como modelo masculinista al posibilitar la manipulación, tanto suya como de Sancho, por los duques, quienes les convierten en objetos más que sujetos cortesanos. De hecho, Sancho muestra ser más ducho que su amo al intentar distintas "personas" durante su peripecia ducal. Por su parte, tanto el lenguaje como la identidad abogadas por don Quijote lo convierten en víctima, al ser sus experiencias, y sus apariencias, leídas, generadas o interpretadas por otras personas con mayor habilidad simbolizadora. Pertenece a la ironía del pasaje que don Quijote mencione la superioridad de su modelo masculinista e insi-

---

[18] Para una asimilación de este tipo de caballero con el cortesano, véase "Los más de los caballeros que agora se usan, antes les crujen los damascos,..." (II, 1, 35).

núe la feminización del capellán justo cuando los duques le preparan su burla más elaborada, en donde el juego con la identidad, el género sexual y el estatus van a confirmar su posición de objeto de burla cortesano incapaz de seleccionar en el bosque del lenguaje las diferencias entre los diferentes códigos que afronta.

OBRAS CITADAS

Bates, Margaret J. (1945): *"Discreción" in the Works of Cervantes: A Semantic Study*. Disertación. Washington, D.C.: The Catholic U of America P.

Berger, Harry, Jr. (2000): *The Absence of Grace: Sprezzatura and Suspicion in Two Renaissance Courtesy Books*. Stanford, CA: Stanford UP.

Carvalho, José Adriano de (1970): "A lectura de *Il Galateo* de Giovanni Della Casa na Península Ibérica: Damasio de Frias, L. Gracián Dantisco e Rodrigues Lobo". En: *Ocidente*, 79, pp. 137-71.

Castiglione, Baldassare: *El cortesano*. Reyes Cano, Rogelio (ed.) (1984). Trad.: Boscán, Joan. Madrid: Espasa-Calpe.

Cervantes, Miguel de: *Don Quijote de la Mancha*. Allen, John Jay (ed.) (1995). 2 vols. Madrid: Cátedra.

Chevalier, Maxime (1993): "Decoro y decoros". En: *Revista de Filología Española*, 73, enero-junio: pp. 5-24.

— (1990): "Cinco proposiciones sobre Cervantes". En: *NRFH*, 38, 2, pp. 837-48.

Clamurro, William (2005): "Time in *Don Quijote*: From Narrative Pause to Human Mortality". *Don Quixote Across the Centuries*. Wooster, OH: Wooster Inn.

Close, Anthony (2000): *Cervantes and the Comic Mind of his Age*. Oxford: Oxford UP.

— (1993): "Seemly Pranks: The Palace Episodes in *Don Quixote* Part II". En: Davis, Charles / Smith, Paul Julian: *Art and Literature in Spain: 1600-1800. Studies in Honor of Nigel Glendinning*. London: Tamesis, pp. 69-87.

— (1990): "Algunas reflexiones sobre la sátira en Cervantes". En: *NRFH*, 38, 2, pp. 493-511.

Dantisco, Lucas Gracián: *El Galateo Español*. Morreale, Marguerita (ed.) (1968). Madrid: CSIC.

Di Salvo, Angelo J. (1989): "Spanish Guides to Princes and the Political Theories in *Don Quijote*". En: *Cervantes*, 9, 2, pp. 43-60.

Elias, Norbert (1994): *The Civilizing Process: The History of Manners and State Formation and Civilisation*. Trad.: Jephcott, Edmund. Oxford: Blackwell.

El Saffar, Ruth (1980): "Cervantes and the Games of Illusion". En: McGaha, Michael D.: *Cervantes and the Renaissance*. Newark, DE: Juan de la Cuesta, pp. 141-56.

Ferreras, Juan Ignacio (1982): *La estructura paródica del Quijote*. Madrid: Taurus.

Fuentes, Hermenegildo (2003): *Don Quijote de la Mancha, el libro del esplendor*. Madrid: Colegio Fundación Caldeiro.

Habermas, Jürgen (1989): *The Structural Transformation of the Public Sphere. An Inquiry into a Category of Bourgeois Society*. Trad.: Burger, Thomas. Cambridge, MA: The MIT P.

Lerner, Isaías (1990): "*Quijote*, segunda parte: parodia e invención". En: *NRFH*, 38, 2, pp. 817-836.

Mades, Leonard (1968): *The Armor and the Brocade. A study of Don Quixote and the Courtier*. New York: Las Americas Publishing Co.

Maravall, José Antonio (1991): *Utopia and Counterutopia in the "Quixote"*. Trad.: Felkel, Robert W. Detroit: Wayne State UP.

Martín, Adrienne Laskier (1991): "Public Indiscretion and Courtly Diversion: The Burlesque Letters in *Don Quixote II*". En: *Cervantes* 11, 2, pp. 87-102.

Navarro, Emilia (1994): "Manual Control: 'Regulatory Fictions' and their Discontents". En: *Cervantes* 13, 2, pp. 17-36.

Rivers, Elias L. (1991): "Sancho y la duquesa: una nota socioliteraria". En: *Cervantes*, 11, 2, pp. 35-42.

Torres, Bénédicte (2002): *Cuerpo y gesto en el Quijote de Cervantes*. Alcalá: Centro de Estudios Cervantinos.

Vilanova, Antonio (1949): *Erasmo y Cervantes*. Barcelona: CSIC.

Wescott, Howard (2000): "The Courtier and the Hero: *Sprezzatura* from Castiglione to Cervantes". En: La Rubia Prado, Francisco (ed.): *Cervantes for the 21st Century: Studies in Honor of Edward Dudley*. Newark, DE: Juan de la Cuesta, pp. 221-8.

Williams, Robert H. (1930): "Satirical Rules of Etiquette in the Siglo de Oro". En: *Hispania*, 13, pp. 293-300.

Zahareas, Anthony N. (2001): "La función histórica de la locura en el *Quijote* (La secularización de los discursos quijotescos)". En: Bernat Vistarini, Antonio (ed.): *Actas del IV Congreso Internacional de la Asociación de Cervantistas*. Tomo I. Palma: Universitat de les Illes Balears, pp. 647-660.

¿Campeón o cobarde?
Miedo y valor en la construcción de Don Quijote

Eric J. Kartchner
(Colorado State University)

En su ensayo "Del miedo", un tratado que considera el concepto del miedo desde Platón hasta hoy en día y su aplicación específica al pensamiento y la vida españoles, Alfonso Fernández Tresguerres, filósofo y profesor español de filosofía, proclama: "No se es valiente por no tener miedo (quien nunca ha tenido miedo es un imbécil), sino por ser capaz de superarlo. Y, por lo mismo, no se es cobarde por tener miedo, sino por ser incapaz de sobreponerse a él" (sección 1). No sé si Cervantes tuvo como meta suya trazar el concepto de la cobardía en su obra maestra, pero, puesto que el concepto del honor era tan importante en la época y que sus personajes, como han afirmado Howard Mancing, Carroll Johnson y otros, se portan como humanos, es de esperar que las preocupaciones contemporáneas, tanto del mundo real como de las convenciones literarias, se manifiesten en su libro.

La definición de cobardía que parece tener vigencia en los tiempos de Cervantes es la de "pusilánime; sin valor ni espíritu, y lo contrario de valiente y animoso" (*Diccionario de autoridades*). Cuando discuto con lectores del *Quijote* el concepto de la cobardía en relación con el libro, es común que uno de los primeros episodios que se asome a la memoria sea el de aquella noche oscura –y no muy limpia– en que el temeroso escudero Sancho Panza, asido de la pierna de su amo, ruega que no le abandone en lugar tan remoto y en condiciones tan singulares. Cuando su señor parece no hacer caso a sus ruegos, Sancho no se queda inmóvil. Agudizado el ingenio por el mismo pavor que siente, Sancho encuentra maneras de estorbar la salida del caballero, pudiendo, con éxito, entorpecer su avance, ya con la ayuda de ligaduras aplicadas a Rocinante, ya con la relación de un cuento interminable, ya con el aliviarse de ciertas necesidades, lo que consternó no poco a su señor. Tanta maniobra por parte de Sancho, acompañada de llantos y lágrimas, refuerza la convención literaria de la natural condición de "medroso" y de "poco ánimo" de la gente campesina, como explica el narrador (174). Pero, antes de determinar de una vez por todas que Sancho es un cobarde sin remedio y don Quijote un valiente, hay que tener en cuenta lo dicho por Fernández Tresguerres: "no se es cobarde por tener miedo, sino por ser incapaz de sobreponerse a él" (sección 1).

Al analizar el tema de la cobardía en el libro, es, tal vez, menos frecuente que se recuerden episodios donde el héroe caballeresco muestre miedo, y si Sancho no siente el menor empacho en confesar su pusilanimidad, es, irónicamente, el gran temor del caballero manchego de que le imputen cobardía –hasta se puede conjeturar que es miedo a la cobardía–, lo que le motiva a emprender aventuras que, bien consideradas, merecen ser abordadas con prudencia, si no con miedo. Del mismo modo que se han escrito numerosos estudios sobre la condición de loco-cuerdo/cuerdo-loco de nuestro héroe, se puede construir una lectura del *Quijote* en torno a la condición campeón-cobarde/cobarde-campeón del flaco cincuentón.

Si nada nuevo bajo el sol, menos aún lo hay en la crítica sobre el *Quijote*, y si en los cuatrocientos años que rueda el *Quijote* por el mundo no se ha escrito un trabajo seminal sobre el miedo en el libro, denominado como tal, no significa que no sea un tema muy comentado y de interés común. Hasta cierto punto, la tesis de Carroll Johnson sobre los deseos sexuales de don Quijote está relacionada con el miedo, un miedo que, asegura Johnson, siente el caballero de las mujeres en general (*Quest*: 109) y, más específicamente, de la peligrosa posibilidad de que se desarrolle una relación incestuosa (*Quest*: 113) con su sobrina. Es ese mismo miedo el que le inspira a inventar a Dulcinea y a mantenerse fiel a ella. Sirve Dulcinea, aunque imaginada, de escudo ante las también imaginadas o fingidas tentaciones suscitadas por mujeres reales (en su mundo). Se puede argüir, asimismo, que no fue hasta conquistar el miedo en su vida (en realidad, a ser él mismo conquistado), cuando por fin le abandona el miedo al incesto y puede regresar a la casa que por miedo abandonó. Podemos deducir, con Johnson (*Madness*) y con Carmen Castro, que su temor a las mujeres no se limitaba a una relación sexual imaginada. Debido al miedo a enfrentarse con el ama y con su sobrina y a tener que darles una explicación, don Quijote evita la comunicación con ellas en el momento de salir de la casa. Volviendo otra vez a la definición de Fernández Tresguerres, nos tenemos que preguntar si esta reacción de don Quijote hacia las mujeres representa un acto de valor o de cobardía. En este caso parece bien claro que, en vez de vencer su miedo a las mujeres, don Quijote emplea el escapismo para eludir el enfrentamiento con la causa de su miedo.

El miedo bosquejado en la tesis de Johnson para explicar la huida del escape del hidalgo de su casa no es el único que le pudiera haber impulsado. Nos podemos preguntar si fue por miedo al fracaso en la empresa de escribir, sin preocupación sexual alguna, por lo que Alonso el Bueno escogió representar su fantasía en el escenario del mundo en vez de elaborarla en papel y tinta: "muchas veces le vino deseo de tomar la pluma y dalla fin al pie de la letra como allí se promete; y sin duda alguna lo hiciera, y aun saliera con ello, si otros mayores y continuos pensamientos no se lo estorbaran" (29). Igual que Sancho entorpece la salida de su señor a descubrir el secreto de los batanes, las preocupaciones imposibilitan a Alonso la escritura de un libro propio. Puede ser que se haya contagiado de un temor y una realidad sufrida por su autor, el mismo Cervantes, cuyo limitado éxito en el ámbito teatral y pocas probabilidades de mejorar su nivel de aceptación en el reino de Lope, le forzaron, hasta cierto punto, a abandonar su sueño de dramaturgo y a buscar otra salida para sus energías creativas. Encontramos este paralelo en la vida de Alonso el Bueno. En vez de producir otro libro de caballerías por los mismos medios y siguiendo las mismas convenciones de los anteriores, opta por crear un género nuevo, o, por lo menos, por regenerar un genero antiguo: el del caballero andante vivo. Es interesante notar que Cervantes huye del fracaso en los corrales escribiendo narrativa dramática –vence de esta forma su temor–. Alonso el Bueno invierte el patrón: sus preocupaciones le impulsan a abandonar el género narrativo de los libros de caballerías y a escenificar una obra teatral en la que toda persona que le rodea, sin saberlo necesariamente, entra en una representación cuyo fondo es una mezcla de elementos reales y de la percepción que tiene el dramaturgo andante de las posibilidades teatrales de estos elementos. Si es consciente de lo que hace, lo hecho podría considerarse un acto de valor: el escritor potencial supo conquistar su miedo con acción y valentía. Por otro lado, si todo lo hace como reacción inconsciente a los miedos que siente, podría ser que su escape fuera un acto de cobardía.

Desde el inicio del libro, pues, vemos que el miedo forma parte de la identidad del pobre protagonista. De hecho, la empresa fantástica imaginada por don Alonso el Bueno de abandonar su identidad e inventar un mundo nuevo no tiene como única fuente su miedo a las mujeres. Como han señalado muchos críticos, el hidalgo no sabe sobreponerse a su situación social y económica. Teme aburrirse. La pobreza le acecha. El mundo está cambiando y su posición social y forma de vida se van acabando. Ya sea que le piden más salario los labradores; ya que no le rinden lo suficiente las pocas tierras que le quedan; es posible que fuera tanto el miedo al futuro incierto como la lectura de libros de caballerías lo que le impulsó a convertirse en creador de una nueva realidad en la que poder controlar mejor los temores que le perseguían. Lo que tenemos que preguntarnos es si su reacción representa un acto de valor o de cobardía.

Volviendo, por ejemplo, al episodio de los batanes, vemos que el narrador primero nos informa de que el estruendo de los batanes "les aguó" (174) a los dos el contento que habían sentido al saber que estaban cerca de un río, aunque, "naturalmente", Sancho, por rústico, sentía más miedo que don Quijote. Es interesante notar que el narrador intenta manipular al lector, reforzando las convenciones literarias y sociales que dejaban establecido que el tipo de miedo asociado al concepto de la cobardía describe al escudero por antonomasia pero que no debe –ni puede, diría don Quijote– ser sentido por el caballero. Luego el narrador distingue entre el grado de miedo de los dos personajes, aumentando el de Sancho y minimizando el de don Quijote.

Vistas desde otro punto, las actuaciones de los dos personajes nos pueden llevar a otras conclusiones. Notamos que don Quijote malinterpreta los olores y otras sustancias corporales despedidos por Sancho, atribuyéndolos al miedo, cuando, aunque Sancho no niega sentir temor, su emisión, nos informa el narrador, se debe principalmente a una necesidad fisiológica. Sancho, por otro lado, interpreta correctamente la reacción de su señor cuando descubre la fuente del ruido que les asustó en primer lugar: "Cuando don Quijote vio lo que era, enmudeció y pasmóse de arriba abajo. Miróle Sancho y vio que tenía la cabeza inclinada sobre el pecho, con muestras de estar corrido" (184). Sancho se da cuenta de que don Quijote también había sentido miedo, y se burla de él. Don Quijote siente la necesidad de insistir, en su defensa, en que aunque sintiera miedo al desconocido, no era por eso cobarde: "¿paréceos a vos que si como éstos fueran mazos de batán fueran otra peligrosa aventura, no había yo mostrado el ánimo que convenía para emprendella y acaballa?" (185). La gran preocupación de don Quijote es que las generaciones venideras le conozcan por valeroso. Aun sintiendo miedo, insiste en que no mostró cobardía, porque, sin saber lo que causaba el ruido, estuvo dispuesto –a pesar del miedo que tal vez sentía– a cumplir con lo que la ocasión requiriera. Sancho responde, movido por el temor a otro golpe, por respeto y verdadero cariño o, tal vez, por picarle en dónde más le dolía: "¿no ha sido cosa de reír, y lo es de contar, el gran miedo que hemos tenido? A lo menos, el que yo tuve, que de vuestra merced ya yo sé que no le conoce, ni sabe qué es temor ni espanto" (185). Cuánto daría por escuchar al mismo Cervantes declamando esta oración de su personaje campesino. Imagino a Sancho enunciando la frase con templado pero innegable sarcasmo.

La declaración, aunque parece aplacar el enojo de don Quijote, aviva a la vez un desacuerdo entre caballero y escudero que comenzó con el manteamiento y que se asoma a lo largo del libro entero. Don Quijote confiesa que la aventura es digna de risa, pero "no es digna de contarse, que no son todas las personas tan discretas, que sepan poner su punto en las cosas" (185). El hidalgo quisiera encubrir cualquier rastro que delate su posible cobardía. Hay amplia evidencia en el texto de que, si fuera quien contara su propia historia, don Quijote desterraría cualquier episodio, comentario, palabra o pensamiento, por inofensivos que parecieran, que le imputaran el más mínimo grado de cobardía. La preocupación que siente en cuanto a la transmisión "correcta" (que, para él, sería "corregida") de sus hazañas aumenta mil veces al enterarse de la proveniencia arábiga de su historiador. Tal vez este mismo miedo de verse pintado como cobarde no le permite leer el primer libro de sus historias. El hecho es que a través de un largo proceso de transmisión y transformación de ideas e idiomas, a través de historiadores, traductores, editores y narradores, se nos presentan los pensamientos, palabras, actitudes y acciones del caballero desde varias perspectivas. A pesar de los deseos del nuevo caballero, se incluyen varios episodios que deslustran el supuesto valor del manchego ilustre.

Para Sancho, el manteamiento es la clave del secreto de la valentía (o falta de ella) de su señor. Antes de ese episodio, las aventuras del caballero andante mostraban un valor que se basaba en la realidad alternativa que había creado para evitar la confrontación con su sobrina. Este escapismo puede achacarse a la cobardía, ya que Alonso el Bueno no supo afrontar a las mujeres y superar su miedo con valor. Algo paralelo ocurre en el episodio del manteamiento. Dice el narrador que, al oír los gritos de Sancho, don Quijote, que se había distanciado un buen trecho de la venta, vuelve, y "no hubo llegado a las paredes del corral, que no eran muy altas, cuando vio el mal juego que se le hacía a su escudero. Viole bajar y subir por el aire con tanta gracia y presteza, que, si la cólera le dejara, tengo para mí que se riera" (153). Hay por lo menos tres explicaciones para la falta de acción de don Quijote: la del narrador, la de don Quijote y la de Sancho. Dice el narrador que el héroe está tan molido que ni puede apearse del caballo, mucho menos subirse a las bajas paredes del corral. Don Quijote atribuye todo a los encantamientos, pues de otro modo nada le hubiera podido impedir rescatar a su escudero. Sancho, que cree poco en los encantamientos, dice: "señor, el no poder saltar las bardas del corral ni apearse del caballo, en al estuvo que en encantamientos" (155). Ese "al" es la cobardía. El episodio de los batanes confirma, para Sancho, que su señor siente miedo, y, por lo tanto, le podría faltar valentía al enfrentarse con lo temible.

El episodio con el pueblo rebuznador en la segunda parte del libro solo renueva las sospechas que tiene Sancho sobre la poca valentía de su señor en momentos críticos. Don Quijote, dice el narrador, "volvió las riendas a Rocinante, y a todo lo que su galope pudo se salió de entre ellos. [...] Alongado, pues, don Quijote buen trecho, volvió la cabeza y vio que Sancho venía, y atendióle, viendo que ninguno le seguía" (766). De acuerdo con el narrador, don Quijote sólo decide esperar a su escudero tras asegurarse de que no hay peligro alguno. Sancho, recordando la actitud similar de su amo cuando lo mantearon, responde que no dejará "de decir que los caballeros andantes huyen, y dejan a sus buenos escuderos molidos como alheña, o como cibera, en poder de sus enemigos" (767). Reconociendo este ataque contra su valor y valentía, o sea, esta acusación indirecta de su cobardía, don Quijote responde en su defensa:

> No huye el que se retira [...], porque has de saber, Sancho, que la valentía que no se funda sobre la basa de la prudencia se llama temeridad, y las hazañas del temerario más se atribuyen a la buena fortuna que a su ánimo. Y así, yo confieso que me he retirado, pero no huido; y en esto he imitado a muchos valientes (767).

Tampoco eludió la oportunidad de mostrar su valentía cuando pasaron los leones. Al final del episodio, pregunta a Sancho: "¿Hay encantos que valgan contra la verdadera valentía? Bien podrán los encantadores quitarme la ventura, pero el esfuerzo y el ánimo será imposible" (677). Pero verdadera valentía no era lo que mostraba ante los leones, como don Quijote mismo reconoce en la plática que sigue con don Diego. Le explica que si su acto parecía de temeridad, es mejor que el caballero sea temerario que cobarde, siendo más fácil bajar de temerario a valiente que subir de cobarde, al ser la valentía siendo una virtud entre los extremos de la cobardía y la temeridad. Fernández Tresguerres expresa algo similar cuando dice "que en ocasiones el miedo puede llegar a paralizarnos, pero otras, por el contrario, puede tener el efecto contrario, generando un comportamiento audaz y hasta temerario" (3). Si fue, entonces, temeridad y no valentía lo que le inspiró a don Quijote a desafiar a los leones, en las propias palabras de don Quijote, las que usó para explicar su "retirada" del pueblo rebuznador, "las hazañas del temerario más se atribuyen a la buena fortuna que a su ánimo" (767).

Decía Montaigne: "La cosa de que tengo más miedo es el miedo, porque supera en poder a todo lo demás" (Fernández Tresguerres, sección 3). En una sociedad en la que la valentía tenía tanta importancia, el miedo al miedo no sería una emoción desconocida. A través de las acciones, pensamientos, palabras y descripciones de don Quijote, Cervantes juega con el concepto de la cobardía, la valentía y la temeridad, mostrándole a su protagonista a veces cobarde, a veces valiente y a veces temerario. Todo héroe potencial tiene sus debilidades, y, de acuerdo con la política de cada comentarista (de cada crítico), este héroe potencial es pintado como héroe verdadero o como cobarde (John Kerry podría confirmar esta verdad). Don Quijote no se exime de esta realidad. Tal vez, a fin de cuentas, don Quijote es más real de lo que algunos quisieran confesar, ya que, como nosotros, el buen cincuentón no siempre es valiente, a pesar de –y debido a– su temor al contrario. Es a veces cobarde; es a veces héroe. Es, imperfecto, como nosotros.

OBRAS CITADAS

Castro, Carmen (1953): "Personajes femeninos de Cervantes". En: *Anales Cervantinos*, 3, pp. 43-85.
Cervantes, Miguel de: *Don Quijote de La Mancha*. Rico, Francisco (ed.) (2004). Madrid: RAE.
Diccionario de autoridades (1729). *NTLLE*. Madrid: RAE. En: <http://buscon.rae.es/ntlle/SrvltGUIMenuNtlle?cmd=Lema&sec=1.2.0.0.0.>
Fernández Tresguerres, Alfonso (2003): "Del miedo". *El Catoblepas*, 19, p. 3, 3 secciones. En: <http://www.nodulo.org/ec/2003/n019p03.htm>.
Johnson, Carroll B. (1990): *"Don Quixote": The Quest for Modern Fiction*. Boston: Twayne.
— (1983): *Madness and Lust: A Psychoanalytical Approach to "Don Quixote"*. Berkeley: U of California P.
Mancing, Howard (2003): "Cervantes as Narrator of *Don Quijote*". En: *Cervantes*, 23, 1, pp. 117-40.

Nacido de la imaginación:
el parto monstruoso de Don Quijote
Rogelio Miñana
(Macalester College)

El personaje de don Quijote no existe en las primeras páginas de *El ingenioso hidalgo don Quijote de la Mancha* (1605). Sí existe el "ingenioso hidalgo" cuyo nombre y pueblo el narrador no recuerda, y que parece llamarse Quijada, Quesada o Quijana, cazador aficionado y lector empedernido. El carácter dual del protagonista cervantino se refleja en la contradicción del título –esa mezcla de "ingenioso hidalgo" y caballero "don Quijote"– enmendada en el título de la segunda parte, de 1615: *El ingenioso caballero don Quijote de la Mancha*. El "hidalgo" ha desaparecido del título, y don Quijote es ahora lo que le corresponde ser: un caballero[1].

El protagonista cervantino es desde el principio, por lo tanto, un caballero andante atípico o, mejor dicho, inexistente, fingido. Como ha escrito Eduardo Urbina elocuentemente, "Don Quijote nace viejo" (130), parodia del *puer-senex* que a la vejez se vuelve niño y se mueve entre la locura, la puerilidad y el juego. En este trabajo me voy a centrar en la idea de que don Quijote "nace": es el producto nuevo de una transformación, de una creación, de una gestación que ocurre en la imaginación de un lector viejo cuyo cerebro se ha secado de pura obsesión por los libros de caballería.

Varios factores contribuyen a contextualizar el momento del nacimiento del caballero andante. Primero, las características del hidalgo, que sólo al final del libro se identifica como Alonso Quijano, no son las propias del héroe masculino al estilo de un Amadís. Del buen vecino no se sabe en un principio su apellido (Quijada, Quesada, Quijana), lugar de origen, y mucho menos se hace hincapié, al contrario de lo que hará Sancho durante todo el libro, en su calidad de cristiano viejo (Eisenberg: cap. 6, n. 29). La familia, los orígenes del lector que creará (dará a luz, si se prefiere) al personaje don Quijote se han borrado: el nombre de su pueblo, el árbol genealógico, su linaje y su pasado[2]. No se trata, como en el caso del Amadís, de

---

[1] Según Francisco Rico, el título original propuesto por Cervantes al Consejo Real para conseguir las necesarias licencias para la primera parte fue *El ingenioso hidalgo de la Mancha* (1). No se sabe si los títulos definitivos fueron producto de la intervención de los editores y tipógrafos, o del propio Cervantes (3).

[2] Los pocos datos que ofrece el propio Alonso Quijano sobre su pasado no bastan para determinar sus orígenes de una forma satisfactoria: afirma descender "por línea recta de varón" de Gutierre Quijada (I, 49; 569), en un discurso en que se destaca "la mezcla que don Quijote hacía de verdades y mentiras" (I, 49; 570); y antes, que es "hijodalgo de solar conocido, de posesión y propiedad y de devengar quinientos sueldos", para añadir a continuación que "podría ser que el sabio que escribiese mi historia deslindase de tal manera mi parentela y decendencia, que me hallase quinto o sesto nieto de rey" (I, 21; 267). Agradezco a Dan Eisenberg estas referencias.

una búsqueda de identidad para terminar descubriendo el linaje nobiliario del héroe. El caballero andante Quijote nace más bien hijo bastardo, cuya sangre impura (o al menos de la que demasiado poco se sabe) podría determinar su tendencia al comportamiento excesivo, inapropiado.

En segundo lugar, Quijano es descrito en términos de sexualidad como un ser neutro: no está casado y nunca lo ha estado, su edad le limita la fuerza física que se le atribuye en la sociedad patriarcal al sexo "fuerte", y llega a perder el juicio por leer novelas de ficción. Además de contar con unos cincuenta años de edad, su experiencia con el sexo opuesto es extremadamente limitada. De Aldonza Lorenzo se enamoró sin tener contacto alguno con ella: sólo la vio cuatro veces en los últimos doce años y sin que ella le mirara a él (I, 25; 310); o, como don Quijote se contradice más tarde, "en todos los días de mi vida no he visto a la sin par Dulcinea … sólo estoy enamorado de oídas" (II, 9; 90). De hecho, don Quijote no duda en hacer explícito su desinterés por Dulcinea/Aldonza como mujer: "por lo que yo quiero a Dulcinea del Toboso tanto vale [Aldonza] como la más alta princesa de la tierra"; él simplemente la pinta "en mi imaginación como la deseo" (I, 25; 312), sin pretender poseerla nunca. Respecto a otras mujeres, el caballero sólo llega a convertirse en un objeto de burla, como en los episodios con Maritornes (especialmente I, 16; 214) y con Altisidora y la dueña Rodríguez, a la que rechaza cuando ella entra en su dormitorio, en la segunda parte. Sabido es, por último, que las acusaciones de múltiples moralistas contra los lectores de novelas se centraban sobre todo en las mujeres, sentimiento que recoge María de Zayas en el marco narrativo de sus *Desengaños amorosos*: los hombres "siempre tienen a las mujeres por noveleras" (218), y que documentan ampliamente Daniel Eisenberg y María del Carmen Marín Pina con respecto a las mujeres lectoras de libros de caballería.

Tomando en cuenta todos estos rasgos no masculinos del protagonista cervantino, Alonso Quijano se presenta en el capítulo primero como hidalgo sexualmente neutro que da a luz a un ser diferente de él mismo (don Quijote), y cuyo laborioso proceso de gestación y parto dura varias semanas. Después de trabajar más de una semana en restaurar sus armas, su espada se rompe en la primera prueba (I, 1; 101). Quijano tarda cuatro días en dar un nombre a su caballo, y ocho en dárselo a sí mismo (I, 1; 101-02). Luego se encuentra una amada (Aldonza Lorenzo) y le crea asimismo un nombre, Dulcinea. Durante al menos un mes, por las indicaciones que nos da el narrador, Quijano construye su mundo caballeresco antes de salir como don Quijote a los caminos de España. A pesar de su impaciencia y entusiasmo por comenzar su vida de aventuras, el hidalgo pasa semanas enteras trabajando en la escritura (dar nombres, encontrar el estilo adecuado) de su nueva identidad. No en vano, la primera salida la imagina y recita antes de haberla vivido incluso: "Apenas había el rubicundo Apolo..." (I, 2; 106), demostrando no tanto su destreza con las armas como con las letras.

Dado que el capítulo I de la novela presenta el nacimiento de don Quijote de la Mancha, gestado en la imaginación del hidalgo Quijano, debemos considerar las teorías de la época sobre la imaginación y el parto para entender mejor a un ser extraordinario que seguimos interpretando y admirando 400 años después. ¿Cómo nace don Quijote, qué tipo de criatura es, qué teorías explican su formación, cuáles son las consecuencias de su parto?

La crítica ha utilizado el discurso científico de los humores, formulado por Juan Huarte de San Juan en su *Examen de ingenios*, para explicar el carácter de don Quijote. Su sequedad y sus reacciones airadas, repetidas a lo largo de la novela, llevó a Otis Green a llamarlo colérico, mientras que Teresa Soufas lo describe más bien como melancólico. La misma Soufas afirma que la melancolía afecta al entendimiento de un enloquecido Quijano, mientras que Juan Bautista Avalle-Arce, y probablemente la mayoría de la crítica, atribuye la causa última de la supuesta locura del hidalgo –lo que yo prefiero llamar el parto de don Quijote– a la imaginación (De Armas: 213). En cualquier caso, como ha recordado Frederick de Armas, autores tan influyentes en el momento como Marsilio Ficino (*Los tres libros de la vida*) ya destacan la conexión entre melancolía e imaginación, pues la melancolía se apropia del individuo por influencia de Saturno a través de la *vis imaginativa* (De Armas: 213).

El nexo entre melancolía, imaginación y locura centra igualmente un tipo de discurso poco explorado por la crítica hasta ahora: el de la monstruosidad. En su reciente estudio, Hilaire Kallendorf relaciona la melancolía con la creación poética: "melancholy was … valorized by the Neoplatonists as the originating condition from which genius was born" (202). La melancolía que sufre Quijano le inflama la imaginación y le estimula el genio poético pero, y como advierte de nuevo Kallendorf, "melancholy was a double-edged sword: it could lead to depraved insanity, or it could lead to the highest intellectual accomplishments" (Kallendorf: 202). Según creencias bien extendidas en los siglos XVII y XVIII, de hecho, la locura proviene tanto de la melancolía como de la imaginación. Para John Locke, por ejemplo, "all the art of rhetoric [and] word eloquence … insinuate wrong ideas, move the passions, and thereby mislead the judgement"; para el filósofo británico la locura es "a too lively imagination" (Grant: 199). Si el melancólico tiene una tendencia al genio poético y la imaginación exaltada, el arte de la palabra y la retórica pueden apoderarse del individuo y causarle la locura. Según advierte el francés Malebranche, "reason is silent and escapes us ever, when imagination comes in the way" (Grant: 196). La imaginación es para Malebranche ni más ni menos que un juego de locos: "'a fool that likes to play the fool' and its 'phantasms'" (Grant: 196). ¿Podría ser Quijano un loco que disfruta de interpretar a un loco, don Quijote?

De la locura, la melancolía y los excesos de la imaginación nace el monstruo, entendido como ser prodigioso que merece ser visto, mostrado (*monstrare*) o que representa una señal o portento cuyo significado debe ser descifrado (*monere*). Tanto John de Mandeville como el más importante teratólogo europeo en los siglos XVI y XVII, Ambroise Paré, reconocen que "la monstruosité est une sorte de folie, et en tout premier lieu, folie de l'imagination" (Kappler: 216). En otras palabras, el monstruo se crea cuando la imaginación se exalta y crea un ser diferente a cuanto es conocido o ha sido visto con anterioridad. La locura potencia esa cualidad monstruosa de la imaginación, pues desata los mecanismos de racionalidad y lógica que controlan los excesos de un cerebro melancólico, enajenado. Siguiendo a Claude Kappler, cuando es creado por la locura "le monstre est un miroir du monde" cuyo "centre est le malade lui-même qui, à partir de sa propre forme, répète l'acte divin" (284). En el capítulo primero de la novela cervantina encontramos exactamente este proceso creativo. Un "loco" con una enfermedad mental (se le seca el cerebro) cuyo monstruo se apropia de su forma humana (don Quijote vive literalmente en Quijano). El creador repite "l'acte divin" y crea a partir de palabras un nuevo mundo en cuyo centro se encuentra él mismo, transformado en caballero. El narrador oculta el nombre verdadero de Quijano hasta el último capítulo de la novela, para que así el personaje disponga de mayor libertad para transformar su identidad proteica en quien él quiera, como reclama a principios del capítulo 5 de la primera parte: "Yo sé quién soy, y sé que puedo ser no sólo los que he dicho [Valdovinos, Abindarráez], sino todo los Doce Pares de Francia, y aun todos los Nueve de la Fama" (I, 5; 126). De este modo, Quijano suplanta a Dios en una génesis lingüística que recuerda pasajes bíblicos como el *Génesis* (1, 3ss.), *Judit* 16, 14, el *Salmo* 33, 6, el *Eclesiástico* 43, 26, o el *Evangelio según San Juan* 1, 1-3: "En el principio existía la Palabra y la Palabra estaba con Dios, y la Palabra era Dios. Ella estaba en el principio con Dios. Todo se hizo por ella y sin ella no se hizo nada de cuanto existe". De forma similar a Dios, Quijano (re)nombra el mundo y (re)nombra, se re-crea a sí mismo don Quijote de la Mancha. Investido de la autoridad lingüística que le concede la lectura de los libros de caballería, el hidalgo transforma el mundo mediante su imaginación y su poder de re-crearse mediante la palabra, a la manera del Verbo divino con que Dios creó el mundo.

Melancólico el creador, su criatura monstruosa también lo es. Según Bovistuau (*Historias prodigiosas y maravillosas*, 1603), los monstruos "siempre viven poco por el abundancia del humor melancólico que los predomina, por verse como en oprobio de todos" (Del Río Parra: 87). Melancolía, locura e imaginación constituyen una fórmula poderosa con que convertir la vida de un hidalgo gris en el espectáculo extraordinario del monstruo. Como anticipa Bovistuau, el monstruo quijotesco tendrá asimismo una vida limitada, porque el "oprobio de todos" le colocará en su camino duques de bromas insaciables, Sanchos que aprenden a encantar Dulcineas, y barberos, curas, licenciados Carrasco cuyo objetivo es eliminar a don Quijote para terminar, paradójicamente, suplicándole que no se muera.

Junto a sus tendencias melancólicas y su locura, Quijano sufre de una imaginación excesiva a causa de la persistencia de las imágenes que los libros de caballería ponen en su memoria. En *Eléments de phsysiologie*, Denis Diderot afirma: "No imagination without memory; no memory without imagination" (Huet: 103). La memoria y la imaginación son, como la melancolía y la locura, dos caras de la misma moneda, elementos comunes a un discurso extremo que crea monstruos. Afirmaba Villiers que la causa de la monstruosidad "is not the power of imagination, but rather the persistence of the idea": "the monstrous mother has transmitted a memory rather than a simple image" (Huet: 103). El afán permanente de don

Quijote por seguir a sus modelos caballerescos, y en especial a Amadís, se nutre de la memoria de unos libros que perviven en su imaginación exaltada. Por ejemplo, Quijano/Quijote re-creó a su rocín "Rocinante" "después de muchos nombres que formó, borró y quitó, deshizo y tornó a hacer en su memoria e imaginación" (I, 1; 102). Por si fuera poco, algún encantador maligno le destruyó la biblioteca a Quijano (capítulo 6 de la parte I), forzándole a prescindir de los textos que inflaman su imaginación en favor de la memoria de los mismos. El loco-monstruo se aferra al recuerdo de una imaginación melancólica que se convirtió en locura. Combinados, todos estos conceptos médicos y científicos tienen como elemento común en la época su capacidad de crear monstruos. La imaginación, la locura, la melancolía y la memoria son factores determinantes en la metamorfosis que desvía a un ser vivo de la normalidad y lo convierte en monstruo.

Según Ambroise Paré, trece son las causas posibles de la monstruosidad. Las cuatro primeras la gloria y la ira de Dios, y la abundancia o escasez de semen, y la quinta es la imaginación (4). Paré reconoce que el parto del monstruo puede estar relacionado con la voluntad divina (su gloria o su ira), pero también con causas puramente fisiológicas, como el semen, el útero o un desequilibrio de humores que inflame la imaginación. En realidad, y como explica Claude Kappler, el monstruo se identifica en la época pre-moderna como una "créature de Dieu", pero "il est engendré aussi par l'esprit de l'homme … L'imaginaire et ses monstres restent le domaine de l'homme" (293). En este sentido, el parto del monstruo y la creación literaria comparten una fuente común: la imaginación. De hecho, existen varias tradiciones que asocian "imaginative literature … with diabolical forces" (Forcione: 322, nota 35), implicando la inmoralidad del acto creativo a la manera de Platón. Sin embargo, esta percepción del acto creador como negativo convive con la noción de que "demons were a potential enhancement to the self [for] the notions of prophecy and poetic frenzy" (Kallendorf: XV), en la tradición del poeta-vate al estilo de Homero. En cualquier caso, y en sentido negativo o positivo, "Demons … have the ability to take over a person's identity" (Kallendorf: XIII) y, cuando esto sucede, la persona poseída se metamorfosea en un nuevo ser, ahora extraordinario y con gran capacidad poética. Con la imaginación inflamada, el ser transformado es capaz de entrar en un furor poético cuyo máximo exponente, en mi opinión, podría ser el de un Quijano que se transforma literalmente en don Quijote, ese caballero que vive en la piel de su propio creador, le posee. Por su carácter demónico/poético, el hidalgo es poseído por sus lecturas, se transforma, y comete por ello el acto más diabólico de todos: suplanta a Dios con su Verbo creador.

La relación entre imaginación y concepción/reproducción se basa en el Siglo de Oro en las teorías de Aristóteles expuestas en *Sobre los animales*, que comentaré después más por extenso, y que confieren a la imaginación de la madre el poder de alterar el feto que crece en su interior. Siguiendo esta línea de pensamiento aristotélica, Paracelso afirmó que "the woman is the artist and the child the canvas on which to raise the work" (Huet: 7), reconociendo que la imaginación de la madre-artista tiene una influencia determinante en la fisonomía y carácter de su descendencia. Si esto es cierto, entonces la imaginación puede interferir en las relaciones entre realidad, representación y descendencia. Según advierte Marie-Hélène Huet, en su magnífico estudio *Monstrous Imagination*, "a weakened imagination was characterized by its inability to differentiate between a living model and its representation" (19). Una vez borradas las fronteras entre realidad y representación, la criatura nacida de la imaginación reflejaría un deseo reprimido en la madre, o en palabras de Huet, "nothing more than the sad reflection of another image, an unfulfilled desire, the twofold sin of idolatry and moral adultery" (30). El Quijano poseído por sus libros de caballería, que desafía leyes naturales, sociales y religiosas para provocar un nuevo génesis (de él y del mundo) a partir de la palabra, da luz precisamente a un ser, don Quijote, que da carne a los pecados de Quijano: su "idolatry and moral adultery", su incapacidad de distinguir ficción de realidad, su deseo de seguir modelos de caballería ficticios y cuya lectura estaba prohibida para los conquistadores en América, su fenomenal ego capaz de re-crear el mundo y procurarse a cualquier precio "eterno nombre y fama" (I, 1; 101).

Entonces, ¿cuál es la relación entre el hidalgo melancólico, imaginativo y loco, y el caballero en que se transforma? Como establecí al principio de este trabajo, don Quijote de la Mancha nace de la imaginación de Alonso Quijano, lo cual provoca el parto de una criatura excepcional, discursiva, cuya identidad múltiple y cambiante sólo puede explicarse en mi opinión desde las teorías de la monstruosidad. Tomando como base las teorías aristotélicas que mencioné antes, Marie-Hélène Huet distingue en su *Monstrous Imagination* tres interpretaciones generales de la relación entre imaginación y monstruosidad hasta los comienzos del siglo XX y la nueva ciencia moderna.

La teoría aristotélica expuesta en *Sobre los animales* y adoptada hasta finales del siglo XVII por los europeos predica que el hijo que no se parece a sus progenitores es un monstruo, fruto de una relación adúltera, o bien fruto de la imaginación excesiva de la madre (Huet: 2-3). En el caso que nos ocupa, don Quijote nace de la desbordante imaginación de la "madre", el Quijano fecundado por las lecturas caballerescas, para encarnar su extremo opuesto, todo lo que él mismo no es. Contrario al hidalgo sin pasado, de vida gris y obsesión por la lectura, don Quijote representa al caballero andante capaz de las hazañas más imposibles. En ese sentido, el hijo nacido de la imaginación no puede ser más diferente a la realidad de su progenitor.

Pero a partir de fines del XVII, y como consecuencia del individualismo descartiano que se impone en Europa, la ecuación diferencia/monstruosidad se cuestiona cuando se reconoce que "nature itself produces only dissimilarities, unfaithful images, and marked differences" (Huet: 96), y que por lo tanto, en una afirmación de claras reminiscencias barrocas, "the natural diversity of things allows for every monstrous variation, without the least intervention of the maternal imagination" (Huet: 101). Ahora lo natural es el cambio, la diferencia: la descendencia nunca es exactamente idéntica a su progenie. En un debate que anticipa las polémica sobre la clonación de hoy en día, los intelectuales del siglo XVIII, en especial, defienden la necesidad fisiológica de la diferencia e implican que lo idéntico, entonces, es monstruoso: el monstruo es una hija o hijo idéntico al padre o a la madre, una repetición exacta de rasgos físicos, y quizás también de personalidad, a través del tiempo.

Desde este punto de vista, la imaginación de la mujer puede afectar al feto tanto como la del hombre, pues una semejanza absoluta del niño/a respecto a su padre debería atribuirse al poder "reproductor" (capaz de reproducirse con exactitud) del propio padre, y no de la madre (101). Volviendo a la novela cervantina, el hijo (Quijote) coincide físicamente con su progenitor (Quijano): don Quijote es ciertamente opuesto al padre/madre en su manera de comportarse en la sociedad, pero utiliza su mismo cuerpo, y es por lo tanto exactamente idéntico a Quijano. No en vano, y en referencia al propio Cervantes y su "ahijado" literario, el autor nos advierte en el prólogo a la primera parte de que "cada cosa engendra su semejante" (79). Esta situación monstruosa, por la que el poder de la imaginación pasa de la madre o del padre al feto para imprimirle sus mismos rasgos, adquiere en el caso de Quijano/Quijote un sentido extremo: la criatura, don Quijote, se ha apropiado por completo de su padre, Quijano. El progenitor, mediante su imaginación exaltada, ha creado un monstruo que se le parece hasta el extremo: es él mismo, aunque diferente. Es el mismo y el otro en uno solo. Es diferente al progenitor por cuanto el caballero es la imagen opuesta del hidalgo, lo cual le convierte en monstruo para Aristóteles y los renacentistas; pero también es idéntico al progenitor por cuanto utiliza o invade su cuerpo, lo cual le convierte en monstruo para los pensadores barrocos y neoclásicos que ven en la semejanza absoluta un exceso del poder de la imaginación paterna o materna.

Desde todos los ángulos posibles, por lo tanto, la creación de don Quijote puede entenderse como un parto prodigioso, fruto del poder incontrolable de la imaginación. En último término, don Quijote es el producto de una escritura más o menos exitosa de la ficción caballeresca en el cuerpo del creador mismo. A semejanza de un científico que experimenta consigo mismo, Quijano usa el poder de su imaginación para crear un ser diferente y exacto a él mismo, un monstruo que tras un parto extenuante necesita ser admirado. Este artista que no solamente crea monstruos, sino que es él mismo una criatura extraordinaria, caracteriza según Marie-Hélène Huet la teoría sobre el parto monstruoso predominante en el siglo XIX.

Los estudios sobre la monstruosidad tomaron en cuenta por primera vez el hecho de que, mediante avances genéticos, los científicos creyeron posible crear criaturas monstruosas (por lo raras, como la Dolly que inauguró la era de las clonaciones de seres vivos en nuestra época) en un laboratorio. Por una parte, se aparta a la madre y al padre del proceso reproductivo, y por tanto se elimina el poder de su imaginación para alterar la formación del feto. La reproducción del monstruo ha alcanzado su máxima cota de anti-naturalidad, sin intervención alguna de la madre o el padre. Por otra parte, el científico mismo se convierte en un artista (¿un padre/madre?) capaz de crear monstruos, como en el caso del doctor Frankenstein que protagoniza la novela de Mary Shelley (Huet: 108-10). Como consecuencia, el monstruo se define ahora como una organización celular única, no menos única que la de cualquier ser "normal" (pues todos somos diferentes), pero sí extraordinaria en algún sentido. Para el científico, la cuestión de la monstruosidad se convierte en la práctica en una forma de escritura, en un escribir en orden diferente los elementos que componen el abecedario genético de los seres vivos. Ahora ese científico/padre tiene "a recognizable role in generation, not in terms of images, resemblances, or likenesses, but in terms of words … [the monster is] a form of writing" (Huet: 106-07).

De similar modo, Quijano escoge diferentes elementos del mundo caballeresco y los reescribe en su mundo "real" en un orden inapropiado que distorsiona tanto al individuo como a su entorno. Del alfabeto hiperbólico de los libros de caballerías sólo pueden nacer monstruos; el artista (científico o lector obsesionado) sólo puede combinar las letras de la vida de modo caótico y antinatural. Quijano es en último término padre y madre de su criatura, semejante y diferente a él, pero, sobre todo, artista que usa el enorme poder de su imaginación en un experimento estético de consecuencias admirables, del que todos se van a maravillar. Las teorías de la imaginación y la monstruosidad se fusionan con el desarrollo de la genética en la figura de un científico/artista que crea seres sin la presencia de padres/madres, y en ese sentido genética y literatura se superponen: "the question of the artist as a single father challenged and repudiated the metaphor of birth as natural conception. The work of creation became an agony of labor. Virginia Woolf once remarked: 'Novels are such clumsy and half extinct monsters at the best'". (Huet: 122)

De Quijano, ese madre/padre y en último término, artista, nace sin padres biológicos un ser extraordinario fruto de la imaginación y producto de una reescritura del alfabeto de los libros caballerescos, el caballero don Quijote. Monstruos como los hermafroditas, seres con ambos sexos, ilustraban según Denis Diderot (*Eléments, Le rêve de D'Alembert*) lo superficial de la diferencia entre los sexos, pues monstruosidad y sexualidad "could be measured only in terms of degree of variation" (Huet: 88). Siguiendo las teorías sobre gestación y monstruosidad que del siglo XVI al XIX reinterpretan a Aristóteles, el hidalgo Quijano, madre, padre y artista, crea a un ser excepcional sin características físicas deformes, pero cuyo grado de monstruosidad es indudable si atendemos a sus orígenes antinaturales, a su gestación imaginativa y melancólica, y al hecho de que altera el orden biológico, religioso (suplanta a Dios al provocar con la palabra el génesis de un nuevo mundo) y social (pasa de hidalgo a caballero andante al margen de las leyes imperantes en el momento). Al igual que con respecto a su género sexual, Quijano/Quijote se sitúa en una zona límite, fuera de las normas lingüísticas, sociales y económicas. Su nacimiento es contrario a los órdenes establecidos.

En conclusión, don Quijote nace de la imaginación de Quijano en un parto monstruoso en el que intervienen diversos factores médicos (melancolía, memoria, locura), religiosos (posesión) y de género sexual. La neutralidad sexual de un hidalgo anciano, seco, sin relaciones amorosas conocidas, propicia el parto monstruoso de un hijo de la imaginación, un don Quijote que es un ser opuesto a su progenitor (el caballero frente al hidalgo Quijano), idéntico a su progenitor (los dos comparten un único cuerpo) y un ser en último término sin progenitores, resultado de una combinación única, espectacular, del alfabeto genético-literario caballeresco. Así, Quijano/Quijote ejemplifica a ese monstruo que, "issu d'un jeu combinatoire des formes, n'est pas seulement le fruit malsain d'un amour dévoyé du puzzle. Le monstre se construit aussi à travers le langage" (Kappler: 187). Mediante el lenguaje hiperbólico que le estimula su monstruosa imaginación, Quijano se metamorfosea en don Quijote y transforma el mundo cotidiano a su alrededor en el mundo extremo, lleno de peligros y antinatural, de los libros de caballería.

OBRAS CITADAS

Biblia de Jerusalén (1975). Bilbao: Desclée de Brouwer.

Cervantes, Miguel de: *Don Quijote*. Allen, John J. (ed.) (1991). 14ª ed. Madrid: Cátedra.

De Armas, Frederick A. (1993): "Teresa Scott Soufas. *Melancholy and the Secular Mind in Spanish Golden Age Literature*". En: *Comparative Literature Studies*, 30, pp. 212-15.

Eisenberg, Daniel (1995): *La interpretación cervantina del* Quijote. Trad.: Verdaguer, Isabel, rev. por el autor. Madrid: Compañía Literaria.

— y María del Carmen Marín Pina (2000). *Bibliografía de los libros de caballerías castellanos*. Zaragoza: Prensas Universitarias de Zaragoza.

Grant, Patrick (1979): *English Renaissance Literature: Images and Ideas in Literature of the English Renaissance*. Amherst: The U of Massachusetts P.

Green, Otis (1957): "El 'ingenioso' hidalgo." En: *Hispanic Review*, 25, pp. 175-93.

Huet, Marie-Hélène (1993): *Monstruous Imagination*. Cambridge: Harvard UP.

Kallendorf, Hilaire (2003): *Exorcism and Its Texts: Subjectivity in Early Modern Literature of England and Spain*. Toronto: U of Toronto P.

Kappler, Claude-Claire (1999): *Monstres, démons et merveilles a la fin du Moyen Age*. Nouvelle édition corrigée et augmentée. Paris: Éd. Payot et Rivages.

Paré, Ambroise (1971): *Des monstres et prodiges*. Céard, Jean (éd.). Genève: Librairie Droz.

Rico, Francisco. "El título del *Quijote*". En: <http://seneca.uab.es/gould.ceccee/quijote.htm>.

Río Parra, Elena del (2003): *Una era de monstruos. Representaciones de lo deforme en el Siglo de Oro español*. Madrid: Universidad de Navarra / Iberoamericana / Vervuert.

Soufas, Teresa S. (1990): *Melancholy and the Secular Mind in Spanish Golden Age Literature*. Columbia and London: U of Missouri P.

Urbina, Eduardo (1988): "Don Quijote, *puer-senex*: Un tópico y su transformación paródica en el *Quijote*". En: *Journal of Hispanic Philology*, 12, pp. 127-38.

Zayas, María de. *Desengaños amorosos*. Yllera, Alicia (ed.) (1989). Madrid: Cátedra.

Don Quijote's *ingenio*. Marriage, Errantry, and Queerness in Early Modern Spain

María M. Carrión
(Emory University)

> ¡Oh, quién tan castamente se escapara
> del señor Amadís como tú hiciste
> del comedido hidalgo Don Quijote!
> Que así envidiada fuera y no envidiara,
> y fuera alegre el tiempo que fue triste,
> y gozara los gustos sin escotes.

> Miguel de Cervantes Saavedra
> "La Señora Oriana a Dulcinea del Toboso. Soneto"
> *El ingenioso hidalgo Don Quijote de la Mancha (I)*

"La Señora Oriana..." plays an ingenious poetic number in a series of ten "Versos preliminares" to the 1605 volume of what has been considered the first modern novel, *El ingenioso hidalgo Don Quijote de la Mancha*. This fourth poem mirrors a second sonnet entitled "De Amadís de Gaula a Don Quijote de la Mancha," thus mobilizing what will become a key sign of the text: the drive to negotiate the speaking subject's overwhelming desire to experience "alegre el tiempo" with the poetic rendition of an honorable escape from the power of an ever-reaching *señor*. One could speculate that perhaps Cervantes intended to evoke the bizarre 1570 *ceremonial de entrada* celebrated in Burgos to honor Princess Anne of Austria on her way to the altar, one of various stops on her way to wed Philip II in order to give the imperial crown a much-needed heir. In this critical crossroads of Castilian history and histrionics, a primitive *comedia* loosely based on the *Amadís de Gaula* dissolved a ritual *festejo* into an elaborate *palenque*, a *folla*, a jousting tournament, and fireworks, showcasing Oriana's bold act of disobedience to the roaring command of her father, King Salustalquidio, that she married Roman emperor Patín. Two *relaciones* described this monumental event saying that Oriana brought the house down as she disappeared from the public stage in the chaos of a pretend naval battle.

"La Señora Oriana..." certainly demonstrates that Cervantes was aware of the productive reception of this chivalric text in the Peninsula, because this sonnet capitalizes on the problematic dissemination of the lady's particular voice. The tradition of conflictive readings that she had elicited represented a literary minefield for Spaniard writers and readers in 1605, and Cervantes astutely chose her to assure readers *avant la lettre* that Dulcinea, unlike Oriana, managed to escape *castamente* from the *comedido hidalgo*. Partly due to the disorderly reproduction of the *Amadís* in Spanish letters–an episode of cultural and literary history heavily scrutinized by the Holy Office–Oriana lived sinfully ever after with Amadís, while

Dulcinea enjoyed "tiempo alegre" and "gustos sin escotes," becoming the target of the poetic voice's envy, and the obscure object of her desire: "que así envidiada fuera, y no envidiara." This poetic chatacresis, conjugated in the precarious future tense of the subjunctive imperfect ("escapara [...] fuera [...] envidiara [...] gozara"), is an emblem of the palimpsest that *El ingenioso* will become. The sonnet also foreshadows two major poetic movements of the Spanish Baroque, *conceptismo* and *culteranismo*, in that it mobilizes self-referential stages of pilgrimage that lead the poetic subject to wander endlessly, to move incessantly, and to refer in contradictory terms virtually *ad infinitum*–an act of literary self-fashioning clearly rehearsed by Cervantes in this series of *prolegomena*.

In considering how the novel critically activates correspondences of desire, mimesis, and rivalry, René Girard has argued that Don Quijote and Sancho continuously displace their desire in favor of a third party that is not, as Freud would have it, "a father or other family member" (1). To that, I add that Oriana's utterance "sin escotes" confirms a preference for an uncanny third party: a published expression of a boundless desire without familiar scripts or consequences–a novel concept for a lady. As Francisco Rico annotates in his virtual edition of *El ingenioso*, "sin escotes" is commonly used to refer to "sin pagar la parte proporcional," which in Oriana's case tangibly involves the fallout that pregnancy represented for an unmarried woman (n5). The *matrimonio secreto* celebrated in the castle of Miraflores between Oriana and Amadís, a perfectly legal sign of their time, was declared unlawful in 1564, leaving their offspring Esplandián to mean legally only within the boundaries of the Canon laws that were displaced by the edicts of the Council of Trent published throughout Europe to institutionalize marriage. In wishing publicly that she could enjoy "gustos sin escotes," Oriana responds to Freud's eventual question "what does a woman want?:" like Dulcinea, she wants to enjoy her "gustos" independently from biological reproduction, to avoid the isolation in which she was placed in the *Amadís* after her pregnancy was known. This uncanny entertainment of female sexuality without consequences other than the published representation of women's own *jouissance* echoes Boccaccio's earlier tale of two young nuns who, in the first *novella* of the third day of the *Decameron*, considered the risk of pregnancy as they contemplated how much pleasure they were going to derive from exercising their sexuality with the mute gardener. The statement they agree upon–"Quando cotesto avvenisse, allora si vorrà pensare"–denotes an awareness that time, and especially the future, is of the essence in considering these matters.

El ingenioso's referential network connecting Oriana, Dulcinea, and the two nuns also mobilizes Lee Edelman's recent exploration of the subject of queer theory and its relation to the death drive. As he considers queer subjects' lack of future, Edelman touches upon the rhetorical prowess of what he calls "reproductive futurism," an "ideological limit on political discourse" that preserves "the absolute privilege of heteronormativity by rendering unthinkable, by casting outside the political domain, the possibility of a queer resistance to this organizing principle of communal relations" (2). Thinkers and activists on all sides of the political spectrum–as Edelman sees it, left and right–have invoked the figure of 'The Child' to mobilize powerful political and psychological boundaries. The uncanny and contradictory naturalization of infancy has become, to borrow Edelman's words, "the repository of variously sentimentalized cultural identifications" that "has come to embody the telos of the social order and come to be seen as the one for whom that order is held in perpetual trust" (11). Edelman characterizes this figure of the Child as "the promise of a natural transcendence of the limits of nature itself" (12), a promissory note that queerness opposes because it represents narratives that propagate naturalized reproduction. This transcendental inscription of an ever-dominant binary logic renders queers–defined by Edelman as all subjects "stigmatized for failing to comply with heteronormative mandates" (17)–as a "pathetic quality" intrinsically attached to the contemplation and exercise of "nonreproductive 'pleasures of the mind and senses'" (12). Such subjects are projectively located "in non-generative sexual enjoyment" that is generally viewed as an absence of futurity, "as empty, substitutive, pathological" (12).

Because visible queers in a community "expose this fetishistic figuration of the Child," Edelman argues that they provoke feelings of anxiety and panic amongst defenders of hegemonic heteronormativity (12). This precise language of reproductive futurism emerged in the long and protracted process of institutionalization of marriage in Europe, appearing very singularly in the case of Early Modern Spain. The commentaries on the centralized *fueros* from the Alphonsine *Siete Partidas*, as well as the *pragmáticas* published by order of Philip II during the second half of the sixteenth century reproduced the doctrines and Canons from the documents of the Council of Trent, more particularly those of the 24th session entitled "El sacramento del Matrimonio." The Decree of Tametsi, as this document came to be known, focused on a course of matrimonial reform that granted the State Church the power of an almighty and ever present male gaze, declaring subjects who did not abide by its letter and spirit worthy of prosecution, eternal punishment and excommunication. The Council sought an "arreglo de vida" that called for all congregants to not "condescender a los deseos de la carne," a preemptive strike to abort subject positions of desire and drive that, in Lacanian terms, constitute a surplus, a subject's "anatomical complement that produces and ever-present *jouissance*" (quoted in Edelman: 10). Without suggesting a need to literally apply the theories of Lacan and/or Edelman to critically heal the Tametsi or *El ingenioso*, I note the presence of a particular type of subjects in these texts that correspond significantly with the subject of queer theories and practices that Edelman postulates.

I am referring to errant men, or *vagos*, as the Tametsi named them, a group of male subjects whose clear drive for death and ever-present *jouissance*, emblematized an oppositional logic to reproductive futurism. It is my contention that by insisting throughout his monumental life on errantry that the defense of the ladies, and not marriage, was the preeminent drive of the life and *andanzas* of the *caballeros*, Don Quijote articulates a queer reading of marriage. Such queer reading, which I see mobilized in the *hidalgo*'s staging of *ingenio*, does not constitute a capitulation of queer subjects to the dominant binary logic of the institution of marriage. Instead, Don Quijote erases the clear boundary of the "arreglo de vida" advocated by the tridentine councilmen, and negotiates instead a new epistemology of the otherwise negatively viewed subject of desires, drives, and sexualities. This new epistemic subject does not operate by virtue of the figure of the Child, and it can be observed most clearly by means of a comparative reading of the Tametsi with *El ingenioso* and a text that has been considered one of the "father figures" for Cervantes's novel, Juan Huarte de San Juan's *Examen de ingenios para las sçiencias*. By bringing together the languages, discourses, and rhetorical gestures deployed in these three texts, I seek to illustrate how Don Quijote's *ingenio* represents an errant (both equivocal and wandering), queer version of the anxieties of reproductive futurism tangible in the other two texts.

By underscoring the errantry of his lettered errand, which I read as Don Quijote's *ingenio*, I urge you to embrace what otherwise could be seen as *angustioso*, sterile, or negative in his character's drive. With this I follow not only Edelman's critical invitation to embrace queer subjects' no future, but also Carroll Johnson's reading of the *Casamiento engañoso y Coloquio de los perros*, in which he understand witches and bitches as subjects representing signs of "gender, marginality, and discourse" that Cervantes translates into a text "artfully told, characterized by the narrator's withholding and anticipating information, hinting at moral purpose only to undercut it, as he says so often *encendiendo el deseo*" ("Witches:" 8). In this reading, Don Quijote's fired-up desire–his monster, his own self–activates a marvelous capacity to move "dialogically," in Mikhail Bakhtin's terms of intertextuality and *heteroglossia*, and through mazes of perspectivism, as Leo Spitzer once argued. In solidarity with Howard Mancing's call to read "against dualisms," the present reading moves around copulative binary logical positions, seeking to understand Don Quijote's errantry differently from a mere mechanicist movement between the poles of a "hard" fool and a "soft" noble, heroic character–an interpretation by John Jay Allen refuted by Daniel Eisenberg. In my book, Don Quijote's *ingenio* constantly gravitates towards a death drive that takes characters and readers to unpredictable new places, to subject positions unimaginable in the texts of the Tametsi and the *Examen de ingenios*.

The Tametsi warned all prelates and members of the State Church against errantry ("en casar los vagos se ha de proceder con mucha cautela"), and stamped the following command for posterity:

Muchos son los que andan vagando y no tienen mansión fija, y como son de perversas inclinaciones, desamparando la primera mujer, se casan en diversos lugares con otra, y muchas veces con varias, viviendo la primera. Deseando el santo Concilio poner remedio a este desorden, amonesta paternalmente a las personas a quienes toca, que no admitan fácilmente al Matrimonio esta especie de hombres vagos; y exhorta a los magistrados seculares a que los sujeten con severidad; mandando además a los párrocos, que no concurran a casarlos, si antes no hicieren exactas averiguaciones, y dando cuenta al Ordinario obtengan su licencia para hacerlo. ("Doctrina")

In excluding these men from the institution of marriage, implicitly rendering them incapable of performing lawful acts of paternity, the Tametsi placed them outside of the boundary of reproductive futurism, denying them the promissory note of socially acceptable subjects that such matrimonial state would afford citizens–the grown, corrupted versions of the Child. Furthermore, these men were precluded from the sublime union of flesh and bone that the matrimonial bond granted participating subjects, perhaps the clearest indication that reproductive futurism was, in fact, the name of the marital game, clearly stated in the opening lines of the Tametsi section entitled "Doctrina sobre el Sacramento del Matrimonio":

El primer padre del humano linaje declaró, inspirado por el Espíritu Santo, que el vínculo del Matrimonio es perpetuo e indisoluble, cuando dijo: Ya es este hueso de mis huesos, y carne de mis carnes: por esta causa, dejará el hombre a su padre y a su madre, y se unirá a su mujer, y serán dos en un solo cuerpo. ("Doctrina")

Don Quijote's errantry exposes his subject, his citizenship, to be read as one of these men, and as such, it cancels the possibility that he will, in future tense, leave his father and mother to become a single body with his significant other. That is to say, his character has no (real) future, and his *ingenio* is eternally damned for his "perversas inclinaciones" and propensity to "desorden."

The imperial panic towards this kind of "desorden" is likewise staged in Huarte de San Juan's *Examen*, a leading text in emergent scientific discourses and the site of otherwise productive definitions of *ingenio*, authorship, authority, medicine, and philosophy. The version of the text purged by the Holy Office divorces those men who are *sabios* and *discretos* from those who only deserve to be considered *necios*, attributing the ultimate authority to Nature (she is prudent, dexterous, resourceful, knowledgeable and almighty), and placing Man in a prominent position in the production of such marvel: "Cosa es digna de grande admiración que, siendo Naturaleza tal cual todos sabemos, prudente, mañosa, de grande artificio, saber y poder, y el hombre una obra en quien ella tanto se esmera, y para uno que hace sabio y prudente cría infinitos faltos de ingenio" (601). The uneven economics of this demographic distribution in Nature, as Huarte understands it, is due to the lack of "orden y concierto" with which some fathers approach the "acto de la generación," something every father ought to know "para que sus hijos salgan prudentes y sabios. Porque por la mesma razón que en cualquier región, templada o destemplada, naciera un hombre muy ingenioso, saldrán otros cien mil, guardando siempre aquel mesmo orden de causas" (601).

Huarte's otherwise incisive text betrays a submission to the ultimate marital union, that of State and Church, which taints his findings with a social construction of the "natural." It is, Huarte says, the duty of the scientist / philosopher to straighten up this mess with his new epistemological offering: "Si esto pudiésemos remediar con arte, habríamos hecho a la república el mayor beneficio que se le podría hacer" (601). In this mainframe of capitulation to the global enterprise of empire, Huarte reinscribes the tridentine call to repress desires and drives, something that as a scientist, he also defends with "difficulty" because it tampers with men's expected "vergüenza natural"–a concept, on the other hand, seemingly foreign to Don Quijote's *ingenio*:

> Pero la dificultad que tiene esta materia es no poderse tratar con términos tan galanos y honestos como pide la vergüenza natural que tienen los hombres; y por la mesma razón que dejáremos de decir y notar alguna diligencia o contemplación necesaria, es cierto que va todo perdido. En tanto, que es opinión de muchos filósofos graves que los hombres sabios engendran ordinariamente hijos muy nescios porque en el acto carnal se abstienen, por la honestidad, de algunas diligencias que son importantes para que el hijo saque la sabiduría del padre. (601-02)

Framing the potential philosophical and scientific findings of his discourse, Huarte devotes several chapters to the matter of securing the engenderment of *ingenios*, limiting the issue of reproduction to a variety of acts of abortion of desire and drive. One of the chapters, entitled "Qué mujer con qué hombre se ha de casar para que pueda concebir," betrays the same line of imperial panic deployed in the Tametsi documents, and champions a line of heteronormative command that reduces sex to aerobic exercises to secure "better" biological reproduction, leaving, literally, no room for desires and drives that do not relate to such reproductive futurism (622-83).

At this point, readers are likely to ask what segment of *El ingenioso* could possibly be selected to represent or illustrate, in comparison with the Tametsi and the *Examen de ingenios*, that Cervantes disavows this reproductive futurism in ways that are not found in the other two texts. There is, obviously, an easy way out of this question, which is to begin by saying that the two latter texts are regulatory fictions massively propagated–as Emilia Navarro has astutely pointed out–through new technologies of reproduction of reading and writing during the Spanish Renaissance ostensibly designed to exert "manual control" over their readers, especially those who belonged, like women, in the category of "weak" readers. Against these regulatory fictions, of course, stands the novel, modern, and significantly elastic texture of *El ingenioso*, who, with his fictive errantry, always found unreal excuses to escape the scrutiny that lurked within the Realm of the laws (positive, natural, psychoanalytic). However, as Johnson argued in his analysis of Cervantes's construction of *personajes*, "la distinción entre persona y personaje es ilusoria. Parece que no hay sino construcciones mentales, tanto de nosotros mismos como de los demás, sean entes de carne y hueso o de ficción" ("Construcción:" 11). I concur with Johnson that it is not the textual forms and formats what separates Don Quijote from other exemplary texts, but the engaging presence of his capacity to imagine the world from a multiplicity of points in simultaneous fashion, something unsustainable in the presence of the figure of the Child. The kind of reproduction viable by means of Don Quijote's *ingenio* is not literally biological or heteronormative–a sign that could have elicited the term "unnatural" for the *moralistas*. As literary critics of Cervantes have seen, this is a death drive to mean infinitely in linguistic, figural, tropologic, narratological, and performative ways, in never-ending other-wise manner.

Anne Cruz cogently explains this *ingenio*:

> Through its many-layered narratives, the Symbolic order in the text–more properly, *of* the text–already prefigures (by signifying) Don Quixote's adventures. Don Quixote's misreadings, however, reveal his inability to distinguish between objects and words, between signified and signifier. It is for this reason that Foucault has called him the "hero of the Same" (95).

The "hijo del entendimiento" desired by the narrator as "el más hermoso, el más gallardo, y más discreto que pudiera imaginarse" originates this drive for endless literary *jouissance* by representing a monstrous "semejante" uncannily reminiscent of the monster of Ravenna that opens the *Guzmán de Alfarache* (that other son / father dangerous *liaison* of Don Quijote's *ingenio*). Cervantes's risky literary looking glass, to borrow Peter Dunn's beautiful trope, mirrors not only the "estéril y mal cultivado ingenio mío," emblematic of the narrative voice's impotence to "contravenir la orden de naturaleza," but also "la historia de un hijo seco, avellanado, antojadizo y lleno de pensamientos varios y nunca imaginados de otro alguno, bien como quien se engendró en una cárcel, donde toda incomodidad tiene su asiento y donde todo triste ruido hace su habitación" (49). The revelation that this narrator is not the father, but the *padrastro*, is incorporated in this prologal (otherwise understood as pre-verbal) scene in which readers are invited to think and say whatever they damn well please, for there is no award or punishment for the immense pleasure they can, in fact, and in public, derive from performing the act of reading. With this, Cervantes urges the idle readers to move with clearly delinquent *vagancia* or *errancia* to the opening lines of Michel de Montaigne's *Essais*.

As he prepares for his first *salida* in the 1605 Chapter I, *El ingenioso* displays in rather economic fashion an infinite capacity for errantry:

> Casi todo aquel día caminó sin acontecerle cosa que de contar fuese, de lo cual se desesperaba, porque quisiera topar luego con quien hacer experiencia del valor de su fuerte brazo. Autores hay que dicen que la primera aventura que le avino fue la del Puerto Lápice; otros dicen que la de los molinos

de viento; pero lo que yo he podido averiguar en este caso, y lo que he hallado escrito en los anales de la Mancha es que él anduvo todo aquel día, y, al anochecer, su rocín y él se hallaron cansados y muertos de hambre, y que, mirando a todas partes por ver si descubriría algún castillo o alguna majada de pastores donde recogerse y adonde pudiese remediar su mucha hambre y necesidad, vio, no lejos del camino por donde iba, una venta, que fue como si viera una estrella que, no a los portales, sino a los alcázares de su redención le encaminaba. (107)

Textually and metatextually, this tiring and famishing "andar todo el día [...] mirando a todas partes" finds a sublime reflection in Chapter IV, where "el gozo le reventaba por las cinchas del caballo" (117).

Bote ter Horst has deconstructed Cervantes's radical detour from the paternalistic Bloomian anxieties of influence that many critics have associated with his literary discourse. As Ter Horst rightly notes, "there is almost no young child in all of the *Quijote*, hardly one in the entire works of Cervantes, save for the mysterious infant thrust into the arms of Don Juan de Gamboa in *La señora Cornelia* or Luisico in *La fuerza de la sangre*" ("Paternity:" 167). For him, the text of *El ingenioso* represents a highly unorthodox trace of paternity, but most importantly, an inscription of a "sexual economy" of the authorial figure that stages a brand of sly humor present in the episode of the galleys, which "beautifully includes a periodic rhetoric that opposes compulsion (*por fuerza*) to the free expression of desire (*de mi voluntad*)" ("Sexual Economy:" 2). The denaturalization of the knight's sexuality is, in the end, what in Ter Horst's reading constitutes his most powerful source of *ingenio*, a drive to end, as it begins, with the poetic voice of Oriana: "The basic narrative thrust in Cervantes, and in the early novel, derives from the illegal plot that frees the teller of it from the constraints of a foreordained ending. But since illegal enterprise is thereby essentially infinite, the problem of prose narration becomes the opposite of poetry's need to transcend the conclusion in which it is trapped" ("Paternity:" 171).

The expression of desire is enhanced by (and transformed into) the deadly drive of Don Quijote to keep moving, a gesture inscribed in the Prologue in catachrestic terms when the narrative voice offers the readers their freedom as it reminds them of the precarious state of driving wandering subjectivities within the boundaries of the *sacro imperio*: "estás en tu casa, donde eres señor de ella, como el Rey de sus alcabalas, y sabes lo que comúnmente se dice, que debajo de mi manto al Rey mato" (49). Don Quijote's drive to move, literally, like there is no tomorrow, voices at once his fierce drive to remain loyal to his past (the *caballeros* of the literary and historical traditions), and a clear awareness that such drive bears no future for him, of which Sancho and everyone else are constant reminders. In this context, reading these texts of *caballería* (both in the pages of books, and in performative versions of such adventures like the Burgos *comedia* mentioned above, or the Clavileño scene in the 1615 volume of *El ingenioso*) are the most egregious transgression of the laws of reproductive futurism, for with such acts of reading the *comediantes* and Don Quijote endlessly err, thus negating both the static, repressed masculinity and the aerobic exercises prescribed, respectively, by the regulatory fictions of Tametsi and Huarte's *Examen*.

In a most violently memorable trace of this fusion of errancy with errantry, Don Quijote charges against the giants "de los brazos largos, que los suelen tener algunos de casi dos leguas" (114). To this act without a foreseeable future, Sancho's reaction re-members the Tametsi, warning the knight not to err; rather, the esquire suggests, Don Quijote should legally wed the signs at hand and inscribe his novel text with the reproductive future of a real meaning: "Mire vuestra merced [...] que aquellos que allí se parecen, no son gigantes, sino molinos de viento" (114). Cervantes, from the deadly driver's seat, however, feeds Sancho a second line, one that suggests that the *escudero*, despite his citation from the Law of the Father, resists the act of uncritical reproduction and recognizes that even his futuristic reading of the sign of the mill (simultaneously like and unlike the one in which Lázaro is born in the waters of the Tormes), is bound to be gone with the wind. The flowing water of Lázaro's birth machine in the Tormes is replaced by Cervantes's figural trope of the wind, which despite its incorporeal quality is capable of displacing otherwise immobile stones: "[...] no son gigantes, sino molinos de viento, y lo que en ellos parecen brazos son las aspas, que, volteadas del viento, hacen andar la piedra del Molino" (114).

With *El ingenioso*, there is no real future, for he unstoppably enacts what Angel García Galiano has termed "el mundo como voluntad y representación," a lettered vision that he describes as "una voluntad literaria, estética, lúdica que, literalmente, inventa una nueva forma de interpretar la realidad, cuyos datos son ahora *leídos*, es decir, filtrados, a través de la memoria libresca con la que nuestro hidalgo ingenioso ha atesorado el recuerdo de innumerables páginas caballerescas" (1). Ter Horst further translates this literary will, offering readers another turn of the interpretive screw: "the novel is a terribly inefficient recession of metaphoric function, a ruin of its system," in which "the parent-child relationship, along with its figurative projections, likewise becomes a haunted ruin" ("Paternity:" 166). As Ter Horst sees this also happening in the exemplary novel of the *Celoso extremeño*, Don Quijote's fictive enterprise of male characters not finding an issue with women becomes a theoretically infinite endeavor that "nonetheless stops its own posterity because it does not discover an oblique or collateral path of transmission to replace the chain of equivalences that constitutes transfer by image in poetry" ("Paternity:" 167). We could be here for ages, lifting layers from Cervantes's poetic palimpsest to find other paths of unnatural reproduction; as a matter of fact, critics of all ages have pointed them out, and if the multiple celebrations of this four-hundred years of the publication of the first part of *El ingenioso* are any indication, we are, in fact, bound for many more instances of critical mimesis. Against the closure of reading literally *matrimonios cristianos*, I invite you, idle reader, to disidentify the mysteries of marriage with this ideological dominance of reproductive futurism, and to err, *ingeniosamente*, with the knight's queerness as he trudges along.

WORKS CITED

Allen, John Jay (1969): *Don Quixote: Hero or Fool? A Study in Narrative Technique.* Gainesville: U of Florida P.
Anonymous (1571). *Relacion verdadera del recebimiento, que la muy noble y muy mas leal ciudad de Burgos, Cabeça de Castilla, y Camara de S. M. hizo a la Magestad Real de la Reyna nuestra señora, doña Ana de Austria, primera de este nombre.* Burgos: n. p.
Anonymous. *Relacion verdadera de las mas notables cosas que se hicieron, en la ciudad de Burgos, en el recibimiento de la Real Magesta de la muy Catholica Reyna nuestra señora, en 24 dias del mes de octubre, de 1570 años.* Sevilla: n. d.
Cervantes, Miguel de. *El ingenioso hidalgo Don Quijote de la Mancha.* In: Rico, Francisco (ed.): <http://cvc.cervantes.es/obref/quijote>. Centro Virtual Cervantes.
— *Don Quijote de la Mancha.* Allen, John (ed.) (1998). Madrid: Cátedra.
Cruz, Anne (1993): "Mirroring Others: A Lacanian Reading of the *Letrados* in *Don Quixote.*" In: El Saffar, Ruth Anthony / De Armas Wilson, Diana (eds.): *Quixotic Desire. Psychoanalytic Perspectives on Cervantes.* Ithaca: Cornell UP, pp. 93-116.
"Doctrina Sobre el Matrimonio Cristiano." (2003). In: Biblioteca Electrónica Cristiana: <http://www.multimedios.org/docs/d000436/p000011. htm#h2>. Perú: VE Multimedios.
Edelman, Lee (2004): *No Future. Queer Theory and the Death Drive.* Durham: Duke UP.
Eisenberg, Daniel: "Cervantes' Don Quijote Once Again: An Answer to J. J. Allen." In: <http://www.cervantesvirtual.com/servlet/SirveObras/ 246727300 90145942976613/p0000001.htm#I_0_>.
Dunn, Peter (1992): "Don Quijote Through the Looking Glass." In: *Cervantes: Bulletin of the Cervantes Society of America*, 12, 1, pp. 5-17.
García Galiano, Angel (forthcoming): "Don Quijote: el mundo como voluntad y representación." In: *Peninsula* (Universidad de Oporto).
Girard, René (2002): "Psychoanalysis and Sacrifice. Difference and Identity Between Psychoanalysis and Mimetic Theory. A Conversation of Sergio Benvenuto with René Girard. In collaboration with Maurizio Meloni." In: *Journal of European Psychoanalysis*, 14 (<http://www.psychomedia.it/jep/ number14/girard.htm>).
Huarte de San Juan, Juan: *Examen de ingenios para las sçiencias. Donde se muestra la differencia de habilidades que ay en los hombres, y el genero de le-*

tras que a cada uno responde en particular. Torre, Esteban (ed.) (1976). Madrid: Editora Nacional.

Johnson, Carroll (1995): "La construcción del personaje en Cervantes." In: *Cervantes: Bulletin of the Cervantes Society of America*, 15, 1 pp. 8-32.

— (1991): "Of Witches and Bitches: Gender, Marginality, and Discourse in *El casamiento engañoso y Coloquio de los perros.*" In: *Cervantes: Bulletin of the Cervantes Society of America*, 11, 2, pp.7-25.

Mancing, Howard (1999): "Against Dualisms: A Response to Henry Sullivan." In: *Cervantes: Bulletin of the Cervantes Society of America*, 19, 1, pp. 158-176.

Navarro, Emilia (1993): "Manual Control: 'Regulatory Fictions' and Their Discontents." In: *Cervantes: Bulletin of the Cervantes Society of America*, 13, pp. 17-35.

Ter Horst, Robert (1995): "Cervantes and the Paternity of the English Novel." In: Brownlee, Marina / Gumbrecht, Hans Ulrich (eds.): *Cultural Authority in Golden Age Spain.* Baltimore, MD: The Johns Hopkins UP, pp. 165-77.

— (1996): "The Sexual Economy of Miguel de Cervantes." In: Foster, David William / Reis, Roberto: *Bodies and Biases. Sexualities in Hispanic Cultures and Literatures.* Minneapolis: U of Minnesota P., pp. 1-23.

¿"El hábito no hace al monje"?: transvirilismo e indumentaria en el *Quijote*

José R. Cartagena-Calderón

(Stanford University)

El estudio de la indumentaria en el *Quijote* resulta cada vez más fecundo, gracias a la larga labor investigadora de Carmen Bernis, quien, entre otros valiosos estudios, nos ha dejado su monumental libro *El traje y los tipos sociales en el "Quijote"* (2001). Así, por ejemplo, recientemente la revista *Cervantes* le ha dedicado un número entero a la indumentaria y la configuración de procesos identitarios en las obras de Cervantes. En dicho tomo Carroll B. Johnson nos recuerda que la importancia de la vestimenta en la novela cervantina se nos revela ya en el mismo nombre del protagonista, pues, como han señalado otros críticos, éste se deriva de la palabra neo-latina *quixote* o muslera (12). José Antonio Maravall señalaba que *quijote* es una "palabra de origen francés o catalán" y que "en la armadura de placas o piezas, es la placa de hierro que protegía el muslo" de los combatientes a caballo (143). Curiosamente, como subraya por su parte Francisco Rico, don Quijote no usa esa placa protectora del muslo con que se autodenomina, lo cual, a mi modo de ver, corresponde al transvirilismo inacabado o paródicamente imperfecto del anacrónico caballero andante[1].

Johnson llama la atención, sin embargo, sobre un segundo significado de la palabra *quixote* que apunta hacia otra prenda de vestir masculina cuyo uso asocia al nombre del héroe cervantino no con un ámbito militar, cristiano y caballeresco como la muslera, sino con un contexto cultural arábigo-islámico. Este crítico confiesa que, al llegar al capítulo sobre la indumentaria morisca en el reciente libro de Bernis, le llamó la atención una de las ilustraciones titulada *La adoración de los Reyes*. La obra es del siglo XV y se encuentra en una iglesia parroquial de Tamarite de Litera. En el detalle que Bernis reproduce en su libro aparece uno de los Magos vestido "a la morisca" con un "[q]uezote de lienzo dorado con 'listas' u 'orillas' sobrepuestas a la tela" (*El traje*: 463). Impactado por la semejanza fonética de esa prenda de vestir morisca con el nombre del protagonista cervantino, Johnson rastrea la etimología de la palabra *quezote* y sus muchas variantes. Una de las más interesantes que ofrece este distinguido cervantista es la que aparece en otro libro de Bernis, titulado *Indumentaria medieval española*, en el que esta investigadora afirmaba que "[e]n la segunda mitad del siglo XV, los cristianos tomaron de los moros los *quixotes,* que eran sayos de telas veraniegas y bordados al gusto morisco" (37). No es, pues, casual que en sus *Memorias del reinado de los Reyes Católicos*, de 1486, Andrés Bernáldez describa a Fernando el Católico vestido con "un jubón de clemesín [carmesí] de pelo, con quixote de seda rasa de color amarillo;

---

[1] En palabras de Rico en su edición de la novela cervantina, "[e]n la armadura, el *quijote* era la pieza (no usada por nuestro hidalgo) que protegía el muslo..." (I, 42, n. 60).

encima una saya de brocado e unas corazas de brocado vestidas, e una espada morisca ceñida" (cit. por Johnson: 16). Ya un poco antes del reinado de los Reyes Católicos, en la corte de Enrique IV vestir a la musulmana se había puesto de moda, especialmente entre el mismo Rey, quien era, como es bien sabido, el que mejor imitaba a los moros en su forma de vestir[2].

Lo significativo de esta segunda acepción de la palabra *quijote* es, como asevera Johnson, que Cervantes le dio a su protagonista y por extensión a su obra maestra una identidad híbrida a partir de un nombre que se deriva simultáneamente de dos prendas de vestir tan diferentes. En palabras de este crítico:

> Not only does the name [*quijote*] conflate two cultural identities as disparate as, say, George W. Bush and Osama bin Ladin, the Christian European cultural identity is evoked as an item of military attire, while the newly incorporated Other is represented by the garb of peace. But this is not just any item of non-bellicose attire. The *quiçote* carries associations to oriental refinement, sensuous luxury, to a monarch [Enrique IV] famous for frivolity and foppery, but not fatherhood. Especially when contrasted with the supermasculine thigh-guard, the gauzy *quiçote* carries strong suggestions of sexual ambivalence, the perversion that every sixteenth century Spanish commentator gleefully attributes to Islamic civilization and cultural identity, from Algiers to Istanbul. (17)

Así pues, en la doble etimología del nombre del caballero andante, Johnson descubre una conjugación de valores tradicionalmente opuestos que se despliegan en el texto cervantino no sólo en torno a la cultura y la religión en una España "intercastiza", como diría Américo Castro (41), sino también en el terreno de la sexualidad y el género[3]. En el estrecho espacio de una palabra que en la España de la temprana edad moderna describía dos prendas de vestir tan dispares, Cervantes astutamente evoca una hibridación de culturas y de valores muy diferentes que no pocos críticos han identificado al estudiar la dimensión hispanoárabe de la novela cervantina, así como la condición multicultural de la España aurisecular. El estudio de la indumentaria hace, por lo tanto, posible una mejor comprensión de la novela cervantina en toda su complejidad, sus posibles dimensiones y riqueza significativa.

Ahora bien, si desde el mismo nombre del caballero andante encontramos, como sostiene Johnson, una referencia a dos piezas de vestir masculinas mediante las cuales lo cristiano y lo musulmán se entrecruzan, ya desde el primer capítulo Cervantes convierte a sus lectores en espectadores de lo que podría considerarse una

---

[2] En su artículo "Modas moriscas en la sociedad cristiana" Bernis discute la incomodidad que ocasionó entre muchos de sus contemporáneos el gusto de Enrique IV y de sus caballeros cristianos por vestir a la morisca.

[3] Sobre la presunta sexualidad disidente de Enrique IV, ver Weissberger.

escena dramática en la que el vestuario desempeña un papel determinante: la ceremonia del disfraz de un hidalgo cincuentón, un tal Quijada o Quesada que se transforma o intenta transformarse ante nuestros ojos en un caballero andante[4]. Como un personaje que es producto de la ficción, don Quijote se propone interpretar, ensayar y dramatizar metaficcionalmente un guión de virilidad caballeresca que había encontrado impreso en las páginas de las novelas de caballerías, cuya voraz lectura hizo que se borrara la endeble frontera entre realidad y ficción. Este acto "volitivo" de Alonso Quijano de transformarse o travestirse no sólo en otro personaje ficticio (en la figura de don Quijote), sino en otra masculinidad (a imagen y semejanza de la del caballero andante), dirige nuestra mirada hacia la relación entre indumentaria y transvirilismo, o sea, entre la vestimenta y la transformación o el cambio de una masculinidad en otra[5]. Como señala José Fernando Martín, "[e]n la España del siglo XVII la vestimenta sirve una función esencial en la diferenciación profesional y de clase" (353 n. 65). Cuando Sancho le dice al duque antes de irse a gobernar la ínsula que le da igual el tipo de ropa que lleva, éste le responde, por ejemplo, que "los trajes se han de acomodar con el oficio o la dignidad que se profesa, que no sería bien que un jurisperito se vistiese como soldado, ni un soldado como un sacerdote" (*DQ* II.42:356)[6]. "Apropiarse –como añade Martín– de la vestimenta de otro grupo social es más que una asimilación de su estatus. El hábito hace al hombre, permitiéndole la asimilación de un modo diferente de hombría, un travestismo y un transvirilismo como el que realiza Alonso Quijano" (353 n. 65).

En efecto, Cervantes nos ubica ante un personaje, Alonso Quijano, que lee las normas de género que encuentra prescritas en las novelas de caballerías como el libreto de una masculinidad caballeresco-militar que interpreta o malinterpreta a su manera e intenta, como diría Judith Butler, "asumir". Según esta teórica del género:

> No es posible asumir un género en un instante, sino que se trata de un proyecto sutil y estratégico, laborioso y en su mayor parte encubierto. Llegar a ser género es un proceso, impulsivo, aunque cuidadoso, de interpretar una realidad cultural cargada de sanciones, tabúes y prescripciones. La elección de asumir determinado tipo de cuerpo, vivir o vestir el propio cuerpo de determinada manera, implica un mundo de estilos corpóreos ya establecidos. Elegir un género es interpretar las normas de género recibidas de un modo tal que las produce y organiza de nuevo. (309)

---

[4] Sobre los aspectos teatrales del *Quijote* ver Syverson-Stork.

[5] El término "volitivo" lo emplea Butler al desarrollar sus planteamientos teóricos sobre el género como un "proyecto incesante" o "un acto diario de reconstrucción e interpretación" (308).

[6] De aquí en adelante las citas del *Quijote* provienen de la edición de Murillo.

Así pues, cuando Alonso Quijano deja su casa y se lanza a los campos de la Mancha disfrazado como mejor puedo de caballero andante transformándose en don Quijote, lo que está haciendo es "eligiendo" y encarnando una determinada forma de ser hombre, que ya ha pasado, por así decirlo, de moda. Esa virilidad anacrónica con la cual el personaje cervantino "vive" y "viste" su "propio cuerpo" está en pugna con otras masculinidades que al llegar el siglo XVII la habían desplazado, siendo una de ellas la masculinidad del cortesano, es decir, la del noble desmilitarizado y domesticado en el espacio urbano y refinado de la corte[7].

Desde luego, don Quijote cohabita, si bien en la mayoría de los casos no tan armónicamente, con otros hombres y con otras masculinidades, así como con diversos tipos de mujeres y feminidades. Además de la masculinidad del rústico gracioso que asume su escudero Sancho Panza, don Quijote se enfrenta, por ejemplo, a la masculinidad letrada de Sansón Carrasco y a la eclesiástica del cura; convive durante unos días con la masculinidad de signo erasmista de Diego de Miranda, a quien, a pesar de saber su nombre, don Quijote prefiere llamarle, haciendo resaltar su indumentaria, el Caballero del Verde Gabán; y se topa con la masculinidad picaresca o rufianesca de Ginés de Pasamonte, entre otras formas de ser hombre que desfilan en la novela cervantina, como la masculinidad pastoril de Grisóstomo, la virilidad del barbero, la del morisco Ricote, etc.

Los personajes femeninos, como Ana Félix, Dorotea y Claudia Jerónima nos invitan a pensar en la masculinidad, pero esta vez en relación con el travestismo, pues son mujeres que cruzan con su indumentaria hacia lo masculino y cuyo significado en la novela cervantina Barbara Fuchs ha estudiado a la luz de otros tipos de cruces de fronteras y simulaciones como las raciales, religiosas y nacionales (21-45). La misma Dulcinea, sin la necesidad de travestirse, es una mujer hombruna, de pelo en pecho, que puede combatir con cualquier hombre mejor que un caballero andante, como dice el propio Sancho (*DQ* I.25:312). Esta construcción de Dulcinea, como mujer hombruna y vellosa, se contrasta con varios personajes masculinos lampiños que aparecen en la novela. Pensemos, por ejemplo, en la conversación que se desata entre el cura y el caballero andante en torno a las desdichas amorosas de Roldán, a quien la hermosa Angélica dejó por Medoro, "un pajecillo barbilucio" (*DQ* II.1.51), es decir, que empieza a echar barbas. Don Quijote y el cura no pueden entender por qué Angélica ha rechazado la aspereza de Roldán, un cristiano, por la "blandura de Medoro", a quien el cura describe por su parte como un "morillo barbiponiente" (*DQ* II.1.51). Aquí entra en juego, desde luego, no sólo

---

[7] Cronológicamente hablando Martín identifica tres tipos de masculinidades hegemónicas que se "intersectan a distintos niveles dentro y a través de cada momento histórico" (9): la masculinidad castrense, la monástico-castrense y la urbano-cortesana. Martín muestra cómo se van construyendo, tanto en la narrativa como en otros discursos extraliterarios, diferentes masculinidades que han sido moldeadas por fuerzas materiales y cambios sociopolíticos específicos.

el cuerpo afeminado "blando" y lampiño del joven paje, sino su otredad musulmana.

Pero volviendo a nuestro caballero andante, Cervantes creó un personaje ficticio tan especial como don Quijote que no se ajusta a una virilidad hegemónica en una España que estaba atravesando por una serie de cambios o trastornos materiales, culturales, sociales y políticos que afectaron los modos en que se construían, se percibían, se dramatizaban y se narraban las masculinidades. Son unos tiempos en que se dejan oír, a principios del siglo XVII, un sinnúmero de quejas en torno a una España emasculada por una nobleza domesticada, amanerada y afeminada que en nada se parecía ya a los antes aguerridos nobles, hombres que en un pasado no tan lejano solían oler "a pólvora, y ahora, muchos a ámbar, y todos a almidón", como dice un predicador de aquellos tiempos (cit. por Cerdán: 29). Pensemos también en la cantidad de manuales de conducta masculina que se multiplican durante la época, como la traducción que Boscán hizo en España del *Cortesano* de Baltasar de Castiglione, así como el tratado que lleva el mismo título del valenciano Luis de Milán, que junto con el *Galateo español* que Lucas Gracián Dantesco había adaptado del *Galateo* italiano de Giovanni Della Casa o los tratados de Baltasar Gracián como *El héroe, El discreto* o *El político*, les dieron a los nobles unos nuevos guiones o libretos de cómo ser hombres. Es decir, el surgimiento de una nueva masculinidad diseñada para el noble cortesano y la preocupación que su confección trajo consigo por la hombría intervinieron de manera muy central y nada marginal en la producción y circulación de discursos políticos, económicos y estéticos en la España de la temprana edad moderna.

Conviene recordar que el atuendo supuestamente afeminado que llevaban los cortesanos, y que levantó tantas ampollas e incomodidad entre muchos de sus coetáneos, responde a un derroche de exteriorización que al perder sus poderes jurisdiccionales y militares la nobleza adopta para expresar públicamente el lugar privilegiado que ocupa; es decir, para crear una línea divisoria entre los que se han incorporado a la corte y los que quedan fuera de ella. Sin embargo, ese cuidado en el vestir de los cortesanos se convierte en un verdadero campo de batalla al levantarse un sinnúmero de protestas en contra de sus no tan varoniles vestimentas. Sirva como exponente la palabras del jesuita Juan Cortés Osorio, quien, añorando la imagen de una España viril que con el paso del tiempo había sido emasculada por una nobleza desmilitarizada y feminizada por el ocio y los deleites de la vida urbana, se espanta del hecho de que:

> preciándose de descendientes de hombres tan varoniles, y de ánimos tan robustos, no se corran los nobles de serles tan desemejantes, y que se precien de vivir en tan afeminadas delicias que si los vieran sus antepasados los desdeñarían como a indignos abortos de su Casa y de su sangre. (cit. por Domínguez Ortiz: 321.)

Cuando don Quijote critica a los cortesanos, parece hacerse eco de estas quejas. Así, por ejemplo, en el capítulo inicial del *Quijote* de 1615 el caballero andante dice:

Los más de los caballeros que agora se usan, antes les crujen los damascos, los brocados y otras ricas telas que se visten, que la malla con que se arman, ya no hay caballero que duerma en los campos, sujeto al rigor del cielo, armado de todas armas desde los pies a la cabeza. (II.1.48).

Don Quijote pone en entredicho, como lo hace en muchas otras partes de la novela, la masculinidad de los caballeros de la corte, quienes, según él, han cambiado las varoniles "mallas" por los femeniles "brocados". Dicha opinión se verifica en otras manifestaciones culturales de la época, en las que se critican severamente los atavíos poco masculinos de los cortesanos. Para dar un ejemplo entre muchos otros que se podrían citar, en su *Afeite y mundo mujeril* (1617) Antonio Marqués hace la siguiente descripción sobre los excesos en el vestir de los caballeros de la corte: "Ahora vemos muchos [cortesanos] hechos unos papagayos por la variedad de colores de vestidos, guarnecidos de telas, adornados de brocados, hechos más muelles que alfeñiques" (74).

Esta crítica hacia la figura del cortesano se repite en el *Quijote* de 1615, cuando al dejar la cueva de Montesinos rumbo a Zaragoza, el caballero andante tiene la oportunidad de encontrarse por el camino a un joven que salía de la corte. El encuentro no es con un noble cortesano, sino con un joven paje empobrecido y desventurado que había abandonado la corte y a sus amos cortesanos para alistarse como soldado y servir al Rey en la guerra. Jaime Fernández ha observado que, a diferencia de otros personajes que al ver por primera vez a don Quijote quedan admirados ante aquel caballero andante tardío, "tan fuera de uso de los otros hombres" (*DQ* II.19:178), el paje "ni se admira de él ni tampoco lo toma en broma" (91-98). De hecho, es inversamente, como sostiene este crítico, "la figura del paje [la que] ha atraído poderosamente la atención del caballero. Tanto que se cambian las tornas, apareciendo así don Quijote como el que desease saber quién fuese ese joven tan distinto a los demás personajes de su aventura" (106). Efectivamente, don Quijote muestra una marcada admiración por este personaje que parece seguirle los pasos al haber abandonado la feminizante corte y escogido la vía masculinizante de la carrera militar. Sin embargo, lo que ha hecho que el caballero andante dirija su mirada hacia el joven es su vestimenta y apariencia física. El narrador nos dice:

Llevaba la espada sobre el hombro, y en ella puesto un bulto o envoltorio, al parecer, de sus vestidos, que al parecer, debían de ser los calzones o greguescos, y herreruelo, y alguna camisa; porque traía puesta una ropilla de terciopelo, con algunas vislumbres de raso, y la camisa, de fuera; las medias eran de seda, y los zapatos cuadrados, a uso de corte; la edad llegaría a diez y ocho o diez y nueve años; alegre rostro, y, al parecer, ágil de su persona. (*DQ* II.24:226)

Lo primero que salta a la vista aquí es la descripción efébica e incluso andrógina de este "mancebito" (*DQ* II.24:226) que iba, por cierto, semidesnudo de la cadera para abajo, como el propio paje lo admite más adelante cuando le explica a don Quijote que "[e]l caminar tan a la ligera" (es decir, con tan poca ropa) "lo causa el calor y la pobreza", a lo cual añade: "por orearme voy de esta manera" (*DQ* II.24:227). Su "ropilla de terciopelo", "medias de seda", junto a sus zapatos "a uso de corte" lo identifican además con el atuendo poco varonil de los cortesanos que el caballero andante ya había criticado unos capítulos antes.

Lo que llama la atención de este encuentro entre don Quijote y el joven paje es que, como se esperaría de su típica animadversión hacia los "blandos cortesanos" (*DQ* I.13:169), el caballero andante no rechaza a este personaje que llevaba en su ropa la impronta del cortesano afeminado. Todo lo contrario. Se muestra poderosamente seducido por este muchacho cuya ropilla de terciopelo y medias de seda apenas cubrían su juvenil cuerpo. Lo trata con un afecto insólito, llamándole, por ejemplo, "vuesa merced", "señor galán", "amigo", "hijo" (Fernández: 108). Es más, le ofrece incluso, como observa Fernández, "lo que a nadie le había ofrecido: las ancas de su caballo" (112). ¿Por qué? ¿Será este episodio otro ejemplo de la caja de sorpresas a la cual Juan Goytisolo se refiere en su artículo en torno a la literatura erótica y yo añadiría homoerótica de la España medieval y aurisecular que está todavía por descubrirse? Muy posiblemente. Lo que sí podemos afirmar con certeza es que el joven paje representa una masculinidad en vías de elaboración, como atestigua su corta edad y su resolución de abandonar el espacio feminizante de la corte y la ciudad para unirse a unas compañías de infantería. Sabemos, por ejemplo, que a pesar de su indumentaria de cortesano, el joven "llevaba la espada sobre el hombro" y que iba a hacerse soldado, lo cual indica, como apunta Foucault al hablar sobre virilidades en formación, una promesa de comportamiento viril que don Quijote no deja de admirar[8]. Es decir, como Alonso Quijano y otros personajes de la novela cervantina (el cura, el barbero, el bachiller Sansón Carrasco, etc.), el paje se propone cambiar de una masculinidad a otra.

No es casual que al reconocer el transvirilismo en ciernes del soldado paje, más adelante, antes de invitarlo a que cabalgara con él rumbo a la venta, don Quijote le haya dicho: "Y advertir, hijo, que al soldado mejor le está el oler a pólvora que a algalia..." (*DQ* II.24:229). La "algalia" es un ungüento aromático que como el ámbar se usaba en aquellos tiempos en la preparación de pomadas y perfumes femeninos. Recordemos a este respecto cuando en el *Quijote* de 1605 el caballero an-

---

[8] Don Quijote le aconseja al joven paje que se guarde de no caer en la misma feminización a la que han sucumbido sus connacionales, consejo que los mismos pederastas de la Antigüedad les daban a los muchachos jóvenes en quienes veían, como apunta Foucault, "una virilidad en formación" (184).

dante defiende la feminidad de su amada Dulcinea contra los insultos de unos cabreros que la habían descrito como una mujer "tuerta de un ojo" a quien "del otro le mana bermellón y piedra de azufre" (*DQ* I.4:100), a lo cual don Quijote les responde "encendido en cólera": "No le mana, canalla infame... no le mana, digo, eso que decís, sino ámbar y algalia entre algodones..." (*DQ* I.4:100-01). Otro ejemplo de la conexión entre algalia y feminidad se encuentra en el entremés cervantino *El vizcaíno fingido*, cuando Brígida le dice a Cristina: "También le dije cómo vas muy limpia, muy linda, y muy agraciada, y que toda eras ámbar, almizcle y algalia entre algodones" (*Teatro completo*: 791). Pensemos, por último, en *El licenciado Vidriera* cuando el protagonista cervantino describe a las damas idolatradas por los poetas con "un aliento [que] era de puro ámbar, almizcle y algalia" (*Novelas ejemplares*: 313).

Al aconsejarle al joven paje que "mejor le está el oler a pólvora que a algalia", don Quijote se hace eco de muchas otras voces hostigadoras del refinamiento urbano y partidarias de una masculinidad caballeresco-militar que los nobles habían abandonado, adoptando una forma de ser hombre (la del cortesano) que ya de por sí se encontraba con su protocolo, refinamiento e indumentaria al borde de la feminidad. El caballero andante contrapone, pues, mediante un tropo metonímico dos masculinidades en pugna en la España de la temprana edad moderna: la de los soldados, masculinizados en los campos de batalla por el olor a la pólvora, y la de los cortesanos, desvirilizados en la corte y la ciudad por el suave y femenino aroma de la algalia.

Sin embargo, es preciso subrayar, para concluir, que quien pronuncia esta sentencia es un personaje, cuya armadura incompleta, debilitada por el "orín" y el "moho" (*DQ* I.1: 75) y restaurada con cartones, apenas cubre y protege su raquítico, endeble y demacrado cuerpo. Recordemos que el caballero andante no llevaba una muslera o quijote. Su cuerpo antiheroicamente expuesto y maltratado, así como su armadura improvisada e imperfecta, no logran transformarlo en un modelo de masculinidad; al contrario, subrayan su transvirilismo truncado y estropeado. Lejos de ser un ejemplo de *fisicalidad* y valentía belicosas, de fortaleza viril o de acción heroica, don Quijote encarna una debilidad desmasculinizante, como lo afirma la voz del narrador después de una de las muchas palizas que el caballero andante recibe: "–¿Qué quieres, Sancho hermano? –respondió don Quijote con el mesmo tono afeminado y doliente que Sancho" (*DQ* I.15:192).

OBRAS CITADAS

Bernis, Carmen (1956): *Indumentaria medieval española*. Madrid: CSIC.

—— (1959): "Modas moriscas en la sociedad cristiana española del siglo XV y principios del XVI." En: *Boletín de la Real Academia de la Historia*, 144, pp. 199-228.

—— (2001): *El traje y los tipos sociales en el "Quijote"*. Madrid: El Viso.

Butler, Judith (1996): "Variaciones sobre sexo y género: Beauvoir, Wittig y Foucault". En: Lamas, Marta (ed.): *El género: la construcción cultural de la diferencia sexual*. México: PUEG, pp. 303-26.

Castro, Américo: *Cervantes y los casticismos españoles y otros estudios cervantinos*. Miranda, José (ed.) (2002). Madrid: Editorial Trotta.

Cerdán, Francis (1998): "La oratoria sagrada del siglo XVII: un espejo de la sociedad". En: García de Enterría, María Cruz / Cordón Mesa, Alicia (eds.): *Actas del IV Congreso Internacional de la Asociación Internacional Siglo de Oro*. I. Alcalá de Henares: Universidad de Alcalá, pp. 23-44.

Cervantes Saavedra, Miguel de: *Don Quijote de la Mancha*. Rico, Francisco (ed.) (1998). 2 vols. Barcelona. Crítica.

— *El ingenioso hidalgo don Quijote de la Mancha*. Murillo, Luis Andrés (ed.) (1978). 2 vols. Madrid: Castalia.

— *Novelas ejemplares*. Luttikhizen, Frances (ed.) (1994). Barcelona: Planeta.

— *Teatro completo*. Sevilla Arroyo, Florencio / Rey Hazas, Antonio (eds.) (1987). Barcelona: Planeta.

Domínguez Ortiz, Antonio (1992): *La sociedad española del siglo XVII. El estamento nobiliario*. Granada: Universidad de Granada.

Fernández, Jaime S.J. (1999): "La admiración en el *Quijote* y el enigma del paje soldado (*DQ* II, 24)" En: *Cervantes*, 19, 1, pp. 96-112.

Foucault, Michel (1993): *Historia de la sexualidad: el uso de los placeres*. II. Madrid: Siglo Veintiuno.

Fuchs, Barbara (2003): *Passing for Spain: Cervantes and the Fictions of Identity*. Urbana: U of Illinois P.

Goytisolo, Juan (1995): "La caja de sorpresas". En: López Baralt, Luce / Márquez Villanueva, Francisco: *Erotismo en las letras hispánicas: aspectos, modos y fronteras*. México: Colegio de México, pp. 159-63.

Johnson, Carroll B. (2004): "Dressing Don Quijote: of Quixotes and Quixotes". En: *Cervantes*, 24, 1, pp. 11-21.

Maravall, José Antonio (1976): *Utopía y contrautopía en el "Quijote"*. Madrid: Editorial Pico Sacro.

Marqués, Antonio (1964): *Afeite y mundo mujeril*. Rubio, Fernando. Barcelona: Juan Flors.

Martín, José Fernando (1998): *Sobre caballeros y otras masculinidades descaballadas*. Tesis doctoral inédita. Irvine: U of California.

Syverson-Stork, Jill (1986): *Theatrical Aspects of the Novel: A Study of "Don Quixote"*. Valencia: Hispanófila.

Weissberger, Barbara (1999): "'¡A tierra, puto!': Alfonso de Palencia's Discourse of Effeminacy". En: Blackmore, Josiah / Hutcheson, Gregory S. (eds.): *Queer Iberia: Sexualities, Cultures, and Crossings from the Middle Ages to the Renaissance*. Durham, NC: Duke UP, pp. 291-324.

La superposición de mapas cognitivos en la *historia del cautivo*: la creación del espacio discursivo en la convivencia de culturas

Julia Domínguez
(Iowa State University)

En mi estudio analizaré la representación del espacio en el discurso de Ruy Pérez de Viedma, el cautivo que en la primera parte de *El Quijote* acompañado de Zoraida llega a la venta de Juan Palomeque y relata a petición de los presentes los momentos más importantes de su vida como soldado durante los últimos veinte años, especialmente su cautiverio en Argel. Desde las montañas de León, dejando atrás a su padre y hermanos, el cautivo recorre un largo camino pasando por Alicante, Génova, Milán, Flandes, Nápoles y otros puntos importantes del Mediterráneo y la costa norte de África. En todos ellos Ruy Pérez ha necesitado reinscribirse y adaptarse a través de la manipulación y adaptación de sus mapas cognitivos[1].

La salida de España y el distanciamiento físico y psicológico del país hacen que paulatinamente Pérez de Viedma se aleje de las convenciones predominantes en la sociedad española en materia étnica y religiosa asociadas con la ideología del imperio español. De ahí que a su regreso a España, en su espacio mental el cautivo haya desarrollado una "nueva identidad", descubriendo que su manera de percibir la realidad no es la misma que cuando partió de Castilla la Vieja hace veintidós años. Prueba de ello son los símbolos que en la representación del espacio ilustran el cambio en su sistema de cognición tras el contacto con otras culturas, haciéndole cambiar la perspectiva con la que observa lo sucedido en torno a él. Durante su cautiverio, Viedma entra en contacto con la cultura del Otro, lo que provoca la desintegración de una parte de sí mismo, aprendiendo la tolerancia en la convivencia entre religiones, ejemplificada en la relación con Zoraida, mora convertida al cristianismo. La disociación etnia/fe se convierte en aspecto relevante en la historia, ya que a través de ella el cautivo traza un mapa que descentra el imperio español de Felipe II y con él la base ideológica sobre la que se asentaba, truncada por el juego de perspectivas que repetidamente aparece en la descripción de espacios específicos a lo largo de su narración.

---

[1] Por mapa cognitivo debe entenderse el mecanismo de representación interna por el cual el individuo codifica y conceptúa datos procedentes del espacio exterior en el que se encuentra ubicado y que a su vez sirve de vínculo y unión entre el individuo y el espacio exterior. En el proceso de formación del mapa cognitivo es imprescindible la concepción del espacio y su influencia en el proceso de cognición. Las coordenadas espaciales aportan la orientación necesaria para el individuo dentro del entorno que le rodea, para saber moverse dentro de él, orientarse y construir paulatinamente una identidad de acuerdo con la influencia ejercida por el ambiente en el que vive.

Mediante la cartografía cognitiva se activan complejos procesos psicológicos por medio de los cuales la información procedente del contexto espacial es codificada. Como si de un cartógrafo se tratara, el cautivo presenta el mapa particular de sus experiencias y la leyenda necesaria para su lectura, a través de la cual se revela su ideología producto de las experiencias en el Mediterráneo y en el Norte de África: "The Captive interprets the nature of the Other for his Spanish audience and, in the process, reinterprets his past and his identity through the filter of his North African experience" (Sieber: 118). Sin embargo, el espacio textual del cautivo no existe fuera de sus circunstancias. Su relato es un espacio textual de carácter liminal que sirve de puente entre culturas y religiones dispares entre sí que difícilmente encuentran reconciliación más allá del espacio textual. El carácter utópico de su relato es producto de la convivencia con otras culturas y por ello no tiene utilidad de regreso a una España cada vez más intolerante en lo que a materia religiosa se refiere y que culmina con la expulsión de moriscos de territorio español con Felipe III en 1609. De la mayoría de sus experiencias contadas proviene ese tono estoico y melancólico, fruto de una ideología concreta que impregna todo su relato y que se presenta como símbolo de un complejo conflicto de identidad que conduce a la ambigüedad en muchos casos. Pérez de Viedma parece estar diciendo a su público en la venta que tras su viaje es imposible encasillar la realidad en categorías opuestas entre sí: la realidad no es una cuestión de blanco o negro sino que entre ambos extremos se producen fluctuaciones que varían dependiendo de las circunstancias[2]. Veamos a continuación cómo estructura Pérez de Viedma el espacio discursivo para desarrollar sus ideas.

La entrada del cautivo y Zoraida en la venta y la consiguiente reacción en los presentes prepara el terreno y anticipa algunos de los elementos claves del relato como son las falsas apariencias y las primeras impresiones, así como también la confusión y extrañeza de los personajes que ya estaban en la venta, provocada por lo que tienen ante la vista y consecuentemente juzgan desde su propia perspectiva. A la pregunta de Dorotea en torno a la religión de Zoraida "Decidme, señor –dijo Dorotea– ¿esta señora es cristiana o mora? Porque el traje y el silencio nos hace pensar que es lo que no querríamos que fuese" (317)[3], el cautivo responde de modo impreciso muy en consonancia con la ambigüedad y el relativismo que caracterizan

---

[2] Al hablar de los diferentes dialectos existentes en Argel, Spitzer observa una clara relación con las fluctuaciones entre oposiciones mencionada con anterioridad:
   dialects are simply the different reflections of reality (they are "styles," as the equally tolerant linguist of today would say), among which no one can take precedence over the other. […] Cervantes, on the contrary, delights in the different shades, in the particular gradations and nuances, in the gamut of colors between white and black, in the transitions between the abstract and the concrete. Hence we may explain the frequent excursions of Cervantes into what today we would call "dialectal geography" (21).

[3] Se citará de la edición de Salvador Fajardo y James Parr, *El ingenioso hidalgo don Quijote de la Mancha*. Se indicará el número de página entre paréntesis al final de cada cita.

su relato[4]: "Mora es en el traje y en el cuerpo; pero en el alma es muy grande cristiana porque tiene grandísimos deseos de serlo" (317). La respuesta del cautivo a Dorotea pone de manifiesto lo que será uno de los temas claves en su relato: la tolerancia en la convivencia entre religiones y la importancia concedida a la religión como práctica espiritual[5]. Otro de los temas que provoca la aparición de Zoraida y el cautivo en la venta es, como ya se dijo anteriormente, la ruptura de convenciones tradicionales representadas a través de la asociación tradicional del binomio etnia/fe: "Por su silencio imaginaron que, sin duda alguna, debía de ser mora, y que no sabía hablar cristiano" (316). Dicha ecuación que identifica español y cristiano como una misma cosa anticipa también el que será uno de los temas principales en el relato del cautivo:

It is clear that Cervantes undermines the notion of a Spanish monopoly on Christian piety, as he ironically invokes the facile idiom equating speaking Castilian with being Christian. Through the linguistic conceit collapsing the notion of the Spanish language and Christianity upon each other, he calls attention at the level of discourse to his religious theme and to the reigning confusion of national and cultural identities with forms of spirituality. (Gerli: 43)

Como se verá más adelante, esta disociación provocada por la ruptura entre etnia y fe será un aspecto relevante en el relato del cautivo, ya que no todos los individuos que el cautivo encuentra a través de su viaje se corresponden con las características que tradicionalmente se asocian con una determinada religión. Ruy Pérez de Viedma presenta una disposición espacial distinta y alternativa a la que el públi-

---

[4] En este caso sería interesante añadir algunas palabras de Edward Said en torno a la figura del Otro y a los espacios de los que procede:

The geographic boundaries accompany the social, ethnic, and cultural ones in expected ways. Yet often the sense in which someone feels himself to be not-foreign is based on a very unrigorous idea of what is 'out there,' beyond one's own territory. All kinds of suppositions, associations, and fictions appear to crowd the unfamiliar space outside one's own. (54).

[5] La espiritualidad y la tolerancia coinciden con la paz y la justicia de la que habla don Quijote en su discurso de "Las Armas y las Letras" que se encuentra estratégicamente colocado entre la aparición de Zoraida y Ruy Pérez de Viedma en la venta y el inicio del relato pseudoautobiográfico propiamente dicho de este último. Al hablar don Quijote de la finalidad de las letras menciona la justicia distributiva. Inmediatamente después añade:

Fin por cierto generoso y alto y digno de grande alabanza, pero no de tanta como merece aquél a que las armas atienden, las cuales tienen por objeto y fin la paz, que es el mayor bien que los hombres pueden desear en esta vida [...]. Esta paz es el verdadero fin de la guerra, que lo mesmo es decir armas que guerra" (319).

Gerli añade a este respecto: "In fact, rather than constitute a digression, Don Quijote's discourse–called a 'preámbulo' by the narrator–serves as an introduction to the personalities, themes, and ideology of the Captive soldier's tale" (47).

co que le escucha tiene formada en su mente. Es decir, a lo largo de su relato, el cautivo demuestra a través de su experiencia que no todos los moros ni turcos son malos y perversos, ni todos los cristianos son piadosos y compasivos, presentando personajes muy ambiguos en los que las categorías fijas que los otros personajes presentes en la venta han querido imponer a Zoraida y el cautivo no existen[6]. Dicha ambigüedad se percibe entre otros en la figura del renegado. Prosiguiendo con su larga trayectoria y estancia en diferentes lugares, Pérez de Viedma es enviado de Lepanto a Constantinopla, donde sirve en las galeras turcas. El cautivo relata sus vivencias en el bando enemigo al mando de Uluj Alí, rey de Argel, más conocido como el Uchalí, jefe de la flota turca. Este personaje era en realidad un cristiano renegado que, tras su servicio en las galeras turcas como remero durante catorce años, decidió renegar de la religión cristiana para así poder vengarse de un turco que le golpeó mientras remaba. Lo curioso de la figura de este renegado, que asimismo considero de gran validez para mi análisis, es que dicho personaje era en realidad una persona de gran valor y extrema bondad a la que muchos admiraban. De esta manera, independientemente de la religión que tuviesen, los cautivos a su servicio eran tratados bien gracias a su buena condición: "Era calabrés de nación, y moralmente fue hombre de bien, y trataba con mucha humanidad a sus cautivos…" (332). A la muerte del Uchalí el cautivo entra al servicio de otro renegado, Azán Agá, con el que se traslada a Argel. La mayoría de los personajes en el recuento del cautivo fueron cristianos que por circunstancias muy similares a las de Pérez de Viedma se convirtieron al Islam. La figura del renegado es por tanto otro de los aspectos más importantes y destacados en el relato del cautivo que asimismo enlaza con la idea de la transculturación y los espacios liminales[7]. La misma situación de Zoraida es ambigua según sea observada desde una perspectiva u otra: "Zoraida,

---

[6] Parodi compara el discurso del cautivo con el de las crónicas enfatizando la división un tanto indefinida y vaga entre grupos:

> Como en las crónicas, la distinción entre buenos y malos, amigos y enemigos, es bastante difusa. Así, encontramos: renegados que traicionan en el rescate; cristianos que reniegan por valor; cristianos que se ponen en manos de moros y se disfrazan de ellos; cristianos que prometen regresar para rescatar a sus compatriotas y los traicionan. Estos casos particulares se enmarcan en una epopeya histórica donde la distribución de buenos y malos no es la esperada: ejemplo es la acusación por los dineros gastados en loor de Carlos V en la construcción de la Goleta y el fuerte, equiparable a la fastuosidad de los moros. Una liberalidad arbitraria, obra de cristianos no libres. (434)

[7] El concepto de transculturación es, según Mary Louise Pratt, un término acuñado por etnógrafos que asimismo es considerado un fenómeno de la "zona de contacto" en la que varias culturas confluyen:

> Ethnographers have used this term to describe how subordinated or marginal groups select and invent from materials transmitted to them by a dominant or metropolitan culture. While subjugated peoples cannot readily control what emanates from the dominant culture, they do determine to varying extents what they absorb into their own, and what they use it for (6).

desde el punto de vista cristiano, es una conversa, una oveja perdida que entra en su redil; desde el punto de vista musulmán, una renegada" (Morón Arroyo: 95). Una vez más el cautivo parece estar recordando a sus oyentes en la venta la imposibilidad de juzgar a una determinada persona por la etnia, la religión o la nacionalidad además de recordarles a su vez también la idea de que la esencia de una persona va más allá de todas esas categorías.

Pérez de Viedma inicia su relato pseudoautobiográfico con su lugar de nacimiento y la descripción de algunos de los aspectos más significativos de la vida de su padre. El hecho de que Ruy Pérez de Viedma sea originario de León me parece significativo por varias razones, siendo una de ellas la asociación con la Reconquista y por consiguiente la intolerancia y los conflictos en materia religiosa. El abandono de León por parte de Ruy Pérez de Viedma supone un abandono de los valores tradicionalmente asociados con Castilla la Vieja, así como de su relación con la España visigoda y la importancia concedida al cristiano viejo que, desde mi punto de vista, queda anulado en el espacio discursivo del cautivo tras la conversión de Zoraida al cristianismo y la consecuente aceptación del cautivo. León fue capital en su día de la España cristiana que, con origen en el foco asturiano constituido por el rey Pelayo, inició la Reconquista con la batalla de Covadonga. Nótese además que Ruy, el nombre del protagonista, recuerda en gran medida al nombre de Ruy Díaz de Vivar, el Cid Campeador, y todas las connotaciones que posee el nombre en relación con la lucha contra los moros, así como la importancia de la religión en el resto del relato del cautivo[8]. León es por lo tanto la ciudad de origen de Pérez de Viedma y los valores que la ciudad de León simboliza contrastan con la nueva ideología del cautivo. ¿No es acaso simbólico el hecho de que un personaje de la vieja Castilla, de la cuna e inicio de la Reconquista, sea a su vez el que acabe casándose ni más ni menos que con una cristiana nueva? La razón por la que Pérez de Viedma incluye dichos aspectos en su narración se debe a mi parecer al intento de establecer un mayor contraste entre el Ruy que narra, cuyo mapa cognitivo filtra el relato, y el Ruy que partió de León hace ya más de veinte años, lo que acentúa aún más el cambio de identidad del protagonista.

Otro de los momentos claves de la narración que igualmente enfatiza el cambio de identidad en Pérez de Viedma es su particular descripción de los eventos acaecidos en el golfo de Lepanto, donde la famosa batalla de 1571 tuvo lugar. El cautivo ofrece una versión de los hechos un tanto diferente si se la compara con la versión "oficial" del imperio español[9]. A partir de ese momento su vida no será la

---

[8] Mary Gaylord hace una interesante consideración con respecto a la relación entre el nombre de Rodrigo y la Reconquista:

If it is indeed an accident that three of the most celebrated Reconquest figures –the Visigoth Rodrigo, the Cid (Rodrigo or Ruy Díaz de Vivar), and Rodrigo de Narváez– all bear the same pre-Moorish, Visigothic name, the coincidence is certainly an uncanny one" (132).

[9] A este respecto Elliot destaca:

misma, sus mapas cognitivos se verán obligados al cambio y a la adaptación de espacios diferentes que provocarán un cambio en su percepción y en su particular manera de percibir la realidad y que de nuevo le harán distanciarse de las convenciones tradicionales: "Lepanto is both the geographic and psychological point of rupture which initiates the narrator's contemplation of the Other and which simultaneously legitimizes his ethnographic account" (Sieber: 118). Para el cautivo Lepanto significa algo muy distinto que para el resto de los soldados españoles vencedores en la famosa batalla contra el Gran Turco. Las diferentes matizaciones con las que ahora se habla de Lepanto vienen provocadas por el cambio de perspectiva que comienza a darse a partir de ese momento y que le hará observar la realidad desde ángulos desconocidos hasta entonces, desde el primer momento, como se verá a continuación.

Pérez de Viedma cuenta una versión de la batalla de Lepanto desde una perspectiva muy distinta a la que quizás ya conocían los que estaban en la venta, es decir, la versión tradicional extendida por el imperio español, una versión más optimista y triunfante que la que sin duda era ofrecida en esos momentos por el mismo cautivo que había participado en los hechos. Desde la perspectiva de un perdedor como es el cautivo, el turco es ahora el vencedor enfatizando una vez más el papel tan importante que la perspectiva desempeña en la relación de los hechos:

> Yo solo fui el desdichado; pues, en cambio de que pudiera esperar, si fuera en los romanos siglos, alguna naval corona, me vi aquella noche que siguió a tan famoso día con cadenas a los pies y esposas a las manos […] y así me hallé solo entre mis enemigos, a quien no pude resistir, por ser tantos; […] viene yo a quedar cautivo en su poder [el Uchalí], y solo fui el triste entre tantos alegres y el cautivo entre tantos libres. (327)

La perspectiva del que observa desempeña un papel muy importante en esta cita. La batalla de Lepanto para un español posee significados distintos cuando es vivida desde el otro lado, y el efecto provocado por el cambio de perspectiva se acentúa gracias a la aparición de términos opuestos que dependiendo del punto de vista que se tenga varían considerablemente. A partir del momento en el que el capitán se convierte en cautivo, no existen categorías fijas; constantemente se dan fluctuaciones que hacen difícil catalogar la ideología de Pérez de Viedma. Este,

---

The battle of Lepanto proved a curiously deceptive triumph, and the attempt to follow it up was peculiarly unsuccessful. Although Don Juan captured Tunis in 1573, it was lost again in the following year, and the Ottoman-Spanish struggle died away in stalemate. The reasons for the strange anti-climax of the post-Lepanto years are partly to be found in the very nature of the Spanish victory. […] but an attack on this scale was likely by its very nature to elicit from the Turks a response on similar scale. After Lepanto, the Ottoman Empire gradually mounted its counter-offensive, and this in turn demanded further large-scale preparations from Spain. (241-42)

soldado del lado triunfante de la batalla de Lepanto, hace ver al lector el cambio que produce el punto de observación de cualquier evento: lo familiar frente a lo desconocido, el capitán frente al cautivo remero, la alegría de los compatriotas frente a la tristeza del cautivo, la "naval corona" del triunfo frente a los grilletes, la autoridad y el poder que el ser capitán le otorgaba y que ahora no poseen ningún valor ni tampoco le sirven de ayuda al haberse convertido en tan breve espacio de tiempo en esclavo del enemigo. Él es ahora el triste entre tantos alegres y ése es un estigma imposible de olvidar que llevará consigo a lo largo de su vida tal y como señala en un momento dado de su relato: "...de todos los puntos sustanciales que en este suceso me acontecieron, ninguno se me ha ido de la memoria, ni aun se me irá en tanto que tuviere vida" (337).

El significado atribuido a espacios célebres por su importancia en la relación antagónica entre España y el Islam en el relato del cautivo cobran por lo tanto un matiz distinto al que tradicionalmente se les venía atribuyendo: "On a symbolic level, Ruy Pérez's journey replicates in reverse the history of Spanish experience with the Islamic order" (Sieber: 117). A través de espacios como el golfo de Lepanto, el puerto de Navarino o la fortaleza de la Goleta, Pérez de Viedma añade nuevos significados provocados por el cambio de perspectiva. Tras escapar de Argel, el grupo de cautivos y Zoraida llegaron a una cala situada junto al cabo de Cava Rumía que en el relato del cautivo es representado con un significado diferente al que generalmente se le atribuye. Al cabo de Cava Rumía Pérez de Viedma dedica gran parte de su atención en el relato y a mi parecer lo hace por el impacto que tiene en su vida y sus recuerdos. Este lugar está asociado con la leyenda de la Cava y su importancia en relación con la pérdida de España, el inicio del dominio árabe y el espíritu que predominó durante los siglos que duró la Reconquista. La tradición cuenta que por estar allí enterrada la Cava, es un lugar al que los moros consideran de mal agüero; sin embargo para el grupo del cautivo significó todo lo contrario y por ello es recordado por Pérez de Viedma de una manera diferente con connotaciones positivas: "y aun tienen que llegar allí a dar fondo cuando la necesidad les fuerza a ello, porque nunca le dan sin ella, porque para nosotros no fue abrigo de mala mujer, sino puerto seguro de nuestro remedio, según andaba alterada la mar" (350)[10]. Lo curioso es que para el cristiano español la figura de la Cava simboliza el inicio de la era musulmana en la península ibérica y por consiguiente también el fin de la España visigoda. Sin embargo, dicho lugar es recordado de una manera diferente por Pérez de Viedma: en primer lugar le añade una carga simbó-

---

[10] Gerli añade a la significación de la Cava Rumía las siguientes palabras:
Rather than depict the rape and plunder of a nation through the metaphor of sexual abuse and calamitous reprisal, the bloody myth of La Cava Rumía is intertextually denied; it is systematically erased and rewritten by Cervantes, to be supplanted by the Captive's tale, which holds forth the promise of a Christian Spain in interracial marriage–a symbol of unity, continence, family, and faith–new hope, peace, and resolution as its transcends cultural, geographical, and linguistic difference. (57).

lica diferente a la tradicional y en segundo lugar se relaciona con la ideología del cautivo que impregna la relación de sus hechos a través de la cartografía cognitiva. La leyenda del último rey godo, don Rodrigo, es igualmente importante para el relato del cautivo, ya que en el momento de la narración existe un malestar social provocado por la difícil convivencia con la comunidad morisca dentro del territorio español que impedía de alguna forma la idea de una vuelta al esplendor de la España visigoda anterior a la invasión árabe. La importancia que tenía la España visigoda y los mitos asociados tradicionalmente con ella también están estrechamente relacionados con la idea de la pureza de sangre, asociada con valores aristocráticos y que existía con absoluta totalidad previamente a la conquista musulmana en el 711. Existía la creencia extendida de que la reconquista no cesaría hasta que no fueran eliminados los árabes del territorio español. Dicha idea obsesionó con creces a Felipe III, a quien se le dio de sobrenombre Hermenegildo, por ser en su día el santo patrón de la Reconquista, y quien llevó a cabo la expulsión definitiva de los moriscos en 1609 del territorio español (Gerli: 45).

Continuando con la simbología escondida tras algunos de los espacios descritos por Ruy Pérez no puede olvidarse la ciudad de Argel, en donde Ruy se sumerge de lleno en la cultura del otro. La ciudad argelina, a la que se puede calificar de auténtica Babilonia, es el espacio que probablemente ejerce mayor influencia en la persona del cautivo por la convivencia con otros cautivos y renegados en los baños. Según Sieber el cautivo es en realidad traductor e intérprete del mundo del otro[11]. Constantemente se juega con significantes cambiantes, que enfatizan la confusión de signos producto de las distintas culturas captadas por la cartografía cognitiva. Ello sirve a su vez como paralelo a los múltiples y variados casos de ambigüedad que dominan en todo el relato, producto del juego provocado por la perspectiva que ya se mencionara con anterioridad. Ejemplo de la mezcla de espacios de diversa naturaleza es la existencia de una lengua bastante peculiar como es la utilizada por el padre de Zoraida para dirigirse al cautivo cuando lo ve por primera vez en el jardín de su casa. Se trata de una especie de lengua franca que el cautivo define de la siguiente manera: "Lengua que en toda la Berbería, y aun en Constantinopla, se habla entre cautivos y moros, que ni es morisca, ni castellana, ni de otra nación

---

[11] Con respecto a la significación de la ciudad de Argel en el discurso del cautivo Sieber señala:

> Algiers, it seems, is a place of infinite ambiguity where power and authority, speech and even identity can be freely exchanged in an economy of barter. Here Christians dress as Moors, renegades as Turks or Christian captives; and a Moor exhibits Christian symbols but speaks of "Alá." Language shifts fluidly from Castilian to Arabic to a lingua franca which is "una mezcla de todas las lenguas." Dishonesty is attributed to Moors, Turks, renegades and Christian captives alike. Here all appearances are deceptive; nothing is as it seems to be. The Captive describes his sojourn as a series of interlocking structures of translation and exchange which must be interpreted and made comprehensible for those who assemble to hear his tale. (121)

alguna, sino una mezcla de todas las lenguas, con la cual todos nos entendemos" (342). Esta lengua franca simboliza la adaptación de los mapas cognitivos del cautivo al espacio que le rodea y cómo dicho lenguaje es reflejo de los distintos espacios culturales conviviendo en un mismo lugar. Asimismo, tras esta lengua franca se filtra una nueva identidad que se corresponde al espacio cultural en el que el cautivo se mueve y que más tarde lleva a su relato.

El cautivo se erige como centro de su espacio textual, pero fuera de él es un personaje marginal, un exiliado, no pertenece a España porque no comparte la ideología dominante de su país después de su viaje y sus experiencias, pero en realidad está sujeto a la autoridad, procedente de espacios externos que ejercen control sobre él, sea su familia, la sociedad, la Iglesia o la sombra del tribunal de la Inquisición, que en ningún momento aceptaría el matrimonio con una conversa o su tolerancia hacia otras razas y religiones. Al mismo tiempo que su espacio discursivo es un espacio utópico en el que sólo ahí puede llevarse a cabo su unión con Zoraida, paradójicamente es también un espacio que determina la actitud comedida y estoica del cautivo, ya que tras él se esconde un cierto tono de tristeza que impregna su relato como consecuencia de la imposibilidad de ofrecer el resultado final de su situación actual. El cautivo parece estar diciendo a los presentes en la venta que todos son de alguna manera cautivos de sus circunstancias: creen tener la ilusión de ser libres cuando en realidad no lo son.

OBRAS CITADAS

Cervantes Saavedra, Miguel de: *El ingenioso hidalgo don Quijote de la Mancha.* Fajardo, Salvador / Parr, James (eds.) (1998). Asheville: Pegasus Press.
Elliot, John H. (1990): *Imperial Spain 1469-1716.* Londres: Penguin.
Gaylord, Mary (1992): "Spain's Renaissance Conquests and the Retroping of Identity". En: *Journal of Hispanic Philology*, 26, 2, pp. 125-36.
Gerli, Michael E. (1995): "Rewriting Myth and History. Discourses of Race, Marginality, and Resistance in the Captive's Tale (*Don Quijote I*, 37-42)". En: *Refiguring Authority*. Lexington: Kentucky UP, pp. 40-60.
Morón Arroyo, Ciriaco (1983): "La historia del Cautivo y el sentido del Quijote". En: *Iberoromania*, 18, pp. 91-105.
Parodi, Alicia (1991): "El episodio del cautivo, poética del Quijote: verosímiles transgredidos y diálogo para la construcción de una alegoría". En: *Actas del Segundo Coloquio Internacional de la Asociación de Cervantistas*. Barcelona: Anthropos, pp. 433-41.
Pratt, Mary Louise (1992): *Imperial Eyes: Travel Writing and Transculturation.* New York: Routledge.
Said, Edward W. (1991): *Orientalism.* New York: Penguin.
Sieber, Diane E. (1998): "Mapping Identity in the Captive's Tale: Cervantes and Ethnographic Narrative." En: *Cervantes*, 18, 1, pp. 115-33.

Spitzer, Leo (1987): "Linguistic Perspectivism in the *Don Quijote*". En: Bloom, Harold (ed.): *Cervantes*. New York: Chelsea House Publishers, pp. 9-35.

The Historical and Materialist Subtext
of the Battle of the Sheep

Chad M. Gasta

(Iowa State University)

In his perceptive work on the interrelationship between history and literature, Louis Montrose advocates a resituation of texts within their contexts which leads to "a reciprocal concern with the historicity of texts and the textuality of history" (20). For Montrose, aesthetic works can historicize the past and provide an understanding and explanation of times past, even though they cannot provide an objective portrayal of history (20). It is in this spirit that I would like to approach the Battle of the Sheep in *Don Quijote*. To resituate this well-known episode within its socio-historical context is to make possible a more profound understanding of the various contemporary economic issues that inform its plot. In the Battle of the Sheep, Don Quijote mistakes two opposing flocks of sheep for two great armies preparing for ferocious battle. Always interested in showing his heroic virtues, the knight sallies out to fight the infidel, Muslim squadron. Once recontextualized, however, the "great" battle is really indicative of socio-economic issues related to agrarian policy and reform which were chief concerns during Cervantes' lifetime. Briefly stated, the fact that a memorable episode in *Don Quijote* features sheep and shepherds brings to mind political, legal and economic battles between a prosperous wool industry and a decaying farming sector in Golden Age Spain. It is my contention that the Battle of the Sheep references these agro-economic problems and places the two most important industries of the day–sheepherding and farming–in direct conflict with one another. This struggle is further highlighted when Don Quijote slaughters the sheep, thus symbolically defending the farming industry and, by relation, making a declaration about the declining state of agriculture in the peninsula.

The adventure begins when Don Quijote and Sancho have left the Inn where Sancho was unceremoniously tossed in a blanket after his master refused to pay the bill. In the distance Don Quijote sees two clouds of dust approaching each other that he immediately declares to be enemy armies preparing to engage in battle: "¿Ves aquella polvareda que allí se levanta, Sancho? Pues toda es cuajada de un copiosísimo ejército que de diversas e innumerables gentes por allí viene marchando."[1] For Murillo Don Quijote's sighting of the dust clouds serves as a visual marker, an "all-powerful and decisive" visual stimulus for adventure that subsequently leads him to form inaccurate conclusions about what is really happening (59). But, Sancho is skeptical and notes that the two "armies" are really only ewes and rams which have happened along the same trail at the same time. Don Quijote

---

[1] All citations from Cervantes' *El ingenioso hidalgo Don Quijote de la Mancha* are from the edition Fajardo and Parr.

attempts to convince his doubting squire by naming an entire list of combatants, their armor, their origins, and how they came to do battle on this day:

> Y has de saber, Sancho, que este que viene por nuestra frente le conduce y guía el grande emperador Alifanfarón, señor de la grande isla Trapobana; este otro que a mis espaldas marcha es el de su enemigo, el rey de los ga-ramantas, Pentapolín del Arremangado Brazo, porque siempre entra en las batallas con el brazo derecho desnudo.

The knight then explains the specifics as to why these two great armies are prepar-ing for battle: it seems the pagan emperor Alifanfarón wishes to fight the Christian king Pentapolín, whose daughter Alifanfarón wishes to marry. Despite Sancho's pleading that they are only sheep, Don Quijote charges onto the battlefield favoring the Christian side, and crying "¿Adónde estás, soberbio Alifanfarón? Vente a mí; que un caballero solo soy, que desea, de solo a solo, probar tus fuerzas y quitarte la vida, en pena de la que das al valeroso Pentapolín Garamanta." The rest of the epi-sode ends as so many others have: Don Quijote is defeated, this time at the hands of angry shepherds who have pelted him with stones. Torrente Ballester points out that if Alifanfarón was a man of normal size and height and on horseback, how is it that Don Quijote, who is also on horseback and should carry his lance parallel with the ground, happens to kill sheep that are much smaller and, obviously, lower to the land. According to Torrente Ballester both Cervantes and Don Quijote are pro-fessional soldiers who should know how to use a lance in any given situation; if Don Quijote goes after Alifanfarón but his lance finds sheep, "es porque ve ovejas y no soldados" (124-25).

Could it be that Don Quijote's slaughter of the sheep may really just be an at-tack on sheep, and not armies, as Torrente Ballester maintains? Murillo calls atten-tion to the fact that "Only the windmill episode has impressed itself on the univer-sal imagination with greater force and permanence than the episode of Quixote's attack on the sheepflocks..." (58). Despite Murillos' insistence on the indelibleness of the Battle of the Sheep, surprisingly little has been written about this memorable episode. Critics have treated the battle as a parody of classical literature or as a parody of military tactics and war. Some years ago Krappe suggested the entire episode might be derived from a tragedy by Sophocles depicting the story of Ajax who went crazy and killed an entire flock of sheep. Selig, however, cautions against fixing the episode on any one particular subtext since Apuleius' *Golden Ass* also may have contributed to the story (285). There is, however, little doubt that Cervantes drew on many traditions and sources for the episode, just as he did throughout *Don Quijote*. In Selig's words, "the madness of Ajax may be just one more reference or 'source' which may possibly, among many other 'sources' and references, resonate in this textually and artistically brilliant and exuberant epi-sode" (286). Indeed, for McGaha, Don Quijote's depiction of the armies is very much in line with how Cervantes makes use of constant references "–blatant or oblique, serious or playful–to other texts" (154) and it is a part of how the author "renders his novel's meaning ultimately undecidable" because he neutralizes how words represent reality (152). I would like to suggest another subtext, namely that socio-economic issues may have played an important role for the conception and development of the Battle of the Sheep. References to ancient agrarian and locations herding peoples as well as geographical formations that served the wool trade in the peninsula are fundamental to our understanding of the entire episode. This idea is echoed by Tirado, who mentions in passing that the Battle of the Sheep may index the problematic agricultural situation of the period (43).

In early modern Spain, agricultural problems were primarily related to the continuous struggle between farmers and sheep herders for land. Ever since the thirteenth century, a major economic activity in the peninsula was the rearing of merino sheep for the export of their wool, a breed from North Africa introduced by the Moors in Andalucía around 1300. Spanish merino sheep were remarkable for the fineness of their wool, the thickness of their fleeces, and for retaining their wool longer. Where land was unfertile or there was more farmland than necessary, herding supplemented the incomes of local farmers. The subsequent profitable wool trade resulted in a boom in herding. However, as the number of people grew within the peninsula, so did a need for greater agricultural production. What hindered crop production most was the frequent demand for more grazing lands. As a result, there were constant legal disputes as farmers argued that transhumant migratory flocks destroyed local agricultural lands as they crisscrossed the peninsula in search of better weather and more pasture lands. Sheepherders responded to these complaints by forming the Consejo de la Mesta, a powerful guild designed to defend their rights to land use, and to strengthen their position in the world wool trade. The Mesta acquired incomparable political, legal, and economic advantages over farmers, and was effective at putting large tracts of lands to use for grazing at the expense of agricultural production.

The negative effects caused by the dominance of the wool trade in the peninsula were numerous: a shortage of agricultural lands coupled with frequent drought meant that Spain would suffer major food shortages. Moreover, laborers abandoned the land to search for work within swelling urban populations. As Díez Borque points out, it was well known that there was a smaller chance of suffering from hunger in the cities than in the countryside (314). Indeed, between 1530 and 1610 the peninsula was gradually transformed into a land of deserted villages. Government officials eventually became concerned about the exodus from farming communities and the crown passed several laws in 1603 to curb the authority of the Mesta at the same time as world demand for Spanish wool declined. And vocal opposition to the Mesta came from "arbitristas," social-minded writers who generally supported agricultural reforms. It was already too late, however, for advocates to change a worsening situation. Throughout Spain, the second half of the sixteenth century was a period in which local food production was proving increasingly inadequate for a still-growing urban population (Elliot: 290).

It is this subtext that we must keep in mind as we examine the Battle of the Sheep. The episode, wrought with political and economic commentary, moves beyond mere aesthetics, forming part of the debate of the epoch. In *The Political Unconscious* Frederic Jameson writes that aesthetic works that reference previous historical accounts can be studied as a symbolic reconstruction of those previous historical events, what he calls "(...) the rewriting of the literary text in such a way that the latter may itself be seen as the rewriting or restructuration of a prior historical or ideological subtext, it being always understood that the 'subtext' is not immediately present as such" (81). It seems to me that the poor state of agriculture in Spain brought on by the unfair legal, economic and political advantages afforded the sheepherders is the "prior historical or ideological subtext" that underwrites the entire Battle of the Sheep.

Close textual analysis reveals that Don Quijote's description of the participants in the pending battle also point to this socio-economic subtext. The two military squadrons–one Christian, the other Muslim–are both backed by troops of twelve Christian or Islamic nations involved in the rearing of sheep. In the list of invented names and contrived descriptions there is a plethora of elements and imagery that bring to mind the commodification of the wool trade in the peninsula. In many ways the places mentioned reflect Cervantes' formidable geographical and historical knowledge since most refer to important Middle Eastern or African locations that are directly related to the economic activity of raising sheep. For example, concerning the Islamic army Don Quijote mentions the following Byzantine tributaries found in Classical literatures around which the sheep trade was often centered: the Janto, a river in Troy celebrated by Homer and Virgil (Rodríguez Marín: 40), the Thermodon, a minor river in Asia Minor (now part of Turkey), and the Pactolus, a tributary of the ancient Hermes river in Turkey which, according to legend, had sands of gold because King Midas was said to have bathed in it (Mancing: 537). Don Quijote also lists peoples of "diversas naciones" from North Africa and the Middle East, some of which were known to be shepherds, others who were nomads: the Masilios from African Numidia; Persians from modern-day Iran; the Parthans and Medes (Persian tribes famous for archery) (Rodríguez Marín: 127); Arabs of "mudables casas," or nomads such as the Scythians and the Ethiopians who were some of the earliest domesticators of sheep (6000 B.C.). Since time immemorial, these peoples made their living through herding. Raising sheep was not just an important economic industry, it was *the* economic industry. In short, herding was their major source of income, and sheep acted as currency. This was no different than in early modern Spain where the material significance of wool was the life blood of more than a few landholders, nobles or the crown.

Don Quijote's description of the Christian squadron seems to concentrate most on soldiers who hail from important rivers valleys that also were known to be important points for watering transhumant flocks during their frequent moves along the "cañadas," established routes which ran across the peninsula. Specifically, Don Quijote mentions: the people of the Guadalquivir area, here understood as the "olivífero Betis," and who likely are the inhabitants of Seville; the people from the "rico y dorado" Tajo valley from Toledo to Lisbon, so named because the Tajo was believed to enjoy special virtues (Rodríguez Marín: 43); the populace of the Genil river which flowed through Granada and the south of Spain and empties into the Guadalquivir; the descendents of the "tartesios," who lived along the Guadalquivir; the people of the famous "campos elíseos" (the valley of Jérez de la Frontera) through which ran the Guadalete river; the Basques, "los de hierro vestidos," known for the quantity of iron fields in the region and their talents as iron artisans; the inhabitants of the Pisuerga, a river running through Valladolid and emptying into the Duero; the shepherds of the Guadiana river valley whose herds "apacientan en las estendidas dehesas;" as well as the people of the Pyrenees and Apennine mountains, also fertile grounds for shepherding. These references indicate that sheepherding not only played an important role in the livelihood of many laborers, but also it was an important enough profession to highlight its significance in *Don Quijote*.

The Battle of the Sheep, like other episodes in *Don Quijote*, symbolically reference political, economic, religious or social subtexts, and I think this indicates a political unconscious at work. Maravall, for example, has pointed out that "the nucleus of Don Quixote's world of villagers, shepherds, and knights is thoroughly political. It opposes the political forms that the social and economic transformations of the time bring with them (...)" (157). If this is true, then Don Quijote's slaughter of the sheep symbolizes a resistance to change, a rejection of the modern state, and an opposition to new political structures that have "destroyed religion, peace, happiness, and justice among people" (Maravall: 158-59). If the state has always upheld the wool trade at the expense of agriculture industry, then by slaughtering the sheep Don Quijote is symbolically resisting the crown and its economic or political policies. In this way, returning once again to Jameson, the knight's actions can be studied as symbolic resolutions to real-life political or economic problems, what Jameson might call "imaginary or formal solution(s) to unresolvable social contradictions" (79).

In *Cervantes and the Material World* Carroll Johnson shows that there is a whole influx of socio-economic issues in Cervantes' society that are reflected in his literary works. While we tend to skip over, ignore or simply miss references to the economic conditions of the time, Johnson has demonstrated that allusions to materialist practices form a substantial part of Cervantes' work. For Johnson the commodification, commerce and exchange of capital often served as driving forces behind such noteworthy writings as *Rinconete y Cortadillo*, or the Captive's Tale and the Story of Ricote in *Don Quijote*. Adding to that list, we also might point to the episode of the "batanes" (I, 20), the famous episode of the windmills (I, 8), or when Don Quijote and Sancho are run over by a herd of pigs (II, 68) as excellent examples of how capitalist practices in industry, commerce and trade play significant roles in the socio-economic subtext. In turn these episodes give us a seldom-viewed glimpse into the political makeup of early modern Spain, and delineate the importance of economic matters in Cervantes' writings. Indeed, if we are to understand the Battle of the Sheep as a reflection of early modern society, politics and economics, it seems impossible for Cervantes not to make references to the sheep trade considering the importance of the wool industry during this period in Spain. We see, for example, his real and philosophical interest in pastoral life through Don Quijote's time with the shepherds before Grisóstomo's funeral (I, 13), in his conversations with the goat herders (I, 12), in his desire to become a shepherd toward the end of his life, taking the name "el pastor Quijótiz" (II, 57), and in various references to shepherds and their rustic way of life. These pastoral experiences highlight a preoccupation with the state of agriculture and sheepherding in the peninsula.

As we study *Don Quijote* we should always keep in mind what happened just before this episode, and what will come next. Just before the Battle of the Sheep Sancho is tossed about in a blanket–probably made of wool–because Don Quijote has sworn off money as a means of exchange and hence refuses to pay the bill for his stay at the Inn. Perhaps this incident is related to the state of the economy and how the wool trade has taken over as the main source of revenue and the principal means of payment. What is interesting, however, is that after Don Quijote has been beaten by the shepherds and lies broken on the ground, he takes a shot of his *bálsamo*, vomits all over Sancho, and then there is a conversation between the two about how hungry they are. Is this too a reference to the overall agrarian situation and how poor farming production had led to famine? What is clear to me is that, borrowing Jameson's terms, there is a political unconscious in operation in this episode which is bound up in a not-always-visible socio-economic, historical and materialist subtext involving the wool trade and a decaying agricultural sector. Don Quijote's slaughter of the sheep may attempt to symbolically resolve what kings and government officials were unable to do for nearly 200 years: lessen the grip of the wool trade and grant farming a more equitable footing.

WORKS CITED

Cervantes, Miguel de: *El ingenioso hidalgo Don Quijote de la Mancha*. Rodríguez Marín, Francisco (ed.) (1957). Tomo 2. Madrid: Ediciones Atlas.
— *El ingenioso hidalgo Don Quijote de la Mancha*. Fajardo, Salvador / Parr, James A. (eds.) (1998). Asheville, NC: Pegasus Press.
Díez Borque, José María (1976): *Sociología de la comedia española del siglo XVII*. Madrid: Cátedra.
Elliot, John H. (1964): *Imperial Spain: 1469-1716*. New York: St. Martin's Press.
Jameson, Frederic (1981): *The Political Unconscious: Narrative as a Socially Symbolic Act*. Ithaca: Cornell UP.
Johnson, Carrol (2000): *Cervantes and the Material World*. Urbana: U of Illinois P.
Krappe, A. H. (1929): "La fuente clásica de Miguel de Cervantes, *Don Quijote*, Primera Parte, Capítulo XVIII." In: *Romanic Review*, 30, pp. 42-3.

Mancing, Howard (2004): *The Cervantes Encyclopedia*. 2 vols. Westport, CT: Greenwood Press.

Maravall, José Antonio (1991): *Utopia and Counterutopia in the Quixote*. Trans.: Felkel, Robert W. Detroit: Wayne State UP.

McGaha, Michael (1991): "Intertextuality as a Guide to the Interpretation of the Battle of the Sheep (*Don Quixote* I, 18)." In: Parr, James A.: *On Cervantes: Essays for L. A. Murillo*. Newark, DE: Juan de la Cuesta.

Montrose, Louis (1989): "Professing the Renaissance." In: Veeser, H. Aram (ed.): *The New Historicism*. New York: Routlege, pp. 15-36.

Murillo, L.A. (1988): *A Critical Introduction to Don Quixote*. New York: Peter Lang.

Selig, Karl-Ludwig (1983): "Apuleius and Cervantes: Don Quixote (I, XVIII)." In: Mermann, Karl / Briesemeister, Dietrich: *Aureum Saeculum Hispanum: Beitrage zu Texten des Siglo de Oro*. Wiesbaden: Steiner, pp. 285-87.

Tirado, Pilar del Carmen (1999): "War Games: Cervantes's Battle of the Sheep." In: Kleist, Jurgen / Butterfield, Bruce A. (eds.): *War and Its Uses: Conflict and Creativity*. New York: Peter Lang, pp. 37-46.

Torrente Ballester, Gonzalo (1975): *El Quijote como juego*. Madrid: Ediciones Guadarrama.

En otra fuente del XVI hallamos el diálogo entre un pastor y la pastora, la cual, por haber nacido libre, le rechaza en estos términos:

> –Zagala, ¿por qué me dejas,
> pues no te lo merecí?
> –Poco me afligen tus quejas,
> pastor, que libre nací.
> –No te muestres tan esquiva,
> zagala, con quien te quiere.
> –Libre soy, que no cautiva:
> muera de amor quien quisiere.
>
> …Yo no sé quien te trocó
> y te dio tal crueldad.
> –Nadie, zagal, sino yo,
> por gozar de libertad.
>   (NH B 2486, 261)

Mientras él la acusa de ser esquiva, ella le replica que es libre y no cautiva. Él le ofrece la alegría, pero ella dice que el amor sólo trae dolores. En otra fuente conocemos a la mujer que no quiere amar ni ser amada, porque ha sido despreciada y herida por haber amado: "A nadie quiero querer / ni quiero querida ser" (MN 3902, 55). Ese miedo a los efectos del amor nos trae a la memoria a Gelasia, otra pastora de La Galatea, quizás el prototipo de Marcela. Mientras Gelasia rechaza el amor por miedo, Marcela y Preciosa (*La gitanilla*) lo rechazan por tener otro destino: la libertad y el desamor (Piluso: 17). Volvamos a las palabras de Marcela sobre la libertad y el derecho de escoger su propio destino, donde apreciamos cierto eco de textos anteriores: "¿[P]or qué queréis que rinda mi voluntad?" (130-31). "Yo nací libre, y para poder vivir libre escogí la soledad de los campos" (131) y "tengo libre condición y no gusto de sujetarme; ni quiero ni aborrezco a nadie"(132).

Los testimonios que he espigado de diversas fuentes aledañas al personaje Marcela enriquecen el panorama contextual de la época, y al ampliar las diversas modulaciones en que se expresan las opiniones de diferentes mujeres sobre el amor, el matrimonio y la libertad femenina, comprendemos hoy que no son tan únicas ni raras como pensaban mis estudiantes. Hay una larga y rica tradición de mujeres independientes, de mujeres que "tenían voz propia y se hacían oír" (Sánchez Sánchez: 36). Vigil, al estudiar los libros y tratados sobre el comportamiento de la mujer del siglo XVI, ha demostrado que seguramente existían divergencias "entre las ideologías destinadas a regular la vida de las mujeres y las actuaciones de ellas en la realidad" (3). Así, aunque los tratadistas y religiosos como Vicente Mexía, Alonso de Andrade, fray Luis de León y Juan de la Mora decían que las mujeres "deben ser calladas" (18-21) o como comentaba Antonio de Guevara en su *Reloj de príncipes*: "la mujer hasta verse casada de lo muy profundo del corazón sospira" (en Vigil: 78), es muy probable, opino, que no se callara ni suspirara tanto, a juzgar por los numerosos ejemplos que tenemos de lo contrario. Los autores anónimos de las composiciones líricas, con Cervantes, y los personajes femeninos que en ellas aparecen: "seek to redefine the repressive ideologies that are imposed on them" (Nadeau: 20). Marcela y sus contemporáneas se rebelaban contra las normas injustas de la sociedad: el amor ratificado por los matrimonios obligados y, en consecuencia, supresores de la libertad femenina. Sin embargo, las voces de mujer que *salen* de los manuscritos nunca llegan a los extremos de Marcela, que abandona su pueblo para convertirse en pastora. Mientras Marcela expresaba su punto de vista por medio de un largo monólogo en la primera parte del Quijote, las mujeres de la tradición poética participaban en diálogos dinámicos antes y después de la publicación de esta obra maestra, anticipando y quizás inspirando las teorías cervantinas. Mientras Marcela prefiere la soledad y el campo, otras mujeres, haciendo gala de su libertad, juegan alegres con sus encantos personales como instrumento para captar la atención de los hombres que las rodean:

> Soy morena y agraciada,
> tengo gracias más de mil,
> llámanme Gila Giralda,
> hija de Giraldo Gil.
> Dende la que menos vale
> a la más alta zagala,
> en gentileza y en gala
> no se ha visto quién me iguale.
> (NH B 2486, 62)

Mientras Marcela se recluye en la profundidad del bosque, otras mujeres más atrevidas que ella se sublevan contra las normas y viven como quieren, pase lo que pase:

> Castigado me ha mi madre
> porque al Amor hablé;
> no le diré que se vaya,
> mas antes le llamaré…

> …El corazón femenil
> de la hembra enamorada,
> cuando está determinada
> mucho es más que varonil…
> (MN 17.689, 18v)

Y otras manifiestan claramente su actitud desenfadada ante una relación amorosa real, muy distante de la difusa y casta, hasta cierto punto, de la acarreada por la tradición amatoria cortesana:

> Hola, hola,
> que no tengo de dormir sola.
> Hala, hala,
> sino bien acompañada.
>
> No soy fea ni malata
> para no querer amores;
> hermosa como unas flores,
> bonita como una plata...
> (MN 17.689, 35)

Sirvan estas breves notas a la aportación de la enorme cantidad de textos referidos al *Quijote* para ampliar el estudio de los temas de la libertad femenina en la lírica del Siglo de Oro, tan entroncada con la novela y el teatro, labor que queda todavía por hacer en toda su amplitud.

OBRAS CITADAS

Bernard, Lori A. (2002): "Cancionero toledano: Manuscrito 17.689 de la Biblioteca Nacional de Madrid". Davis: U of California Diss.

DiFranco, Ralph / Labrador Herraiz, José J. / Zorita, C. Ángel (eds.) (1989): *Cartapacio de Francisco Morán de la Estrella*. Madrid: Patrimonio Nacional.

Cervantes, Miguel de: *Don Quijote de la Mancha*. Riquer, Martín de (ed.) (1955). Barcelona: Editorial Juventud.

El Saffar, Ruth Anthony (1993): "In Marcela's Case." In: El Saffar, Ruth Anthony / Armas Wilson, Diana de (eds.): *Quixotic Desire. Psychoanalytic Perspectives on Cervantes*. Ithaca: Cornell UP, pp. 157-78.

Frenk Alatorre, Margit (2003): *Nuevo corpus de la antigua lírica popular hispánica, siglos XV al XVII*. México: UNAM.

Frenk Alatorre, Margit / Labrador Herraiz, José J. / López Bueno, Begoña / DiFranco, Ralph A. (eds.) (1996): *Cancionero sevillano de Nueva York*. Sevilla: Universidad de Sevilla.

Hart, Thomas R. (ed.) (1962): *Gil Vicente: Obras dramáticas castellanas*. Madrid: Espasa-Calpe.

Hernández-Pecoraro, Rosilie (1997): "The Absence of the Absence of Women: Cervantes's Don Quixote and the Explosion of the Pastoral Tradition." In: *Bulletin of the Cervantes Society of America*, 18, 1, pp. 24-45.

Labrador Herraiz, José J. / DiFranco, Ralph A. (eds.) (1989): *Cancionero de poesías varias: manuscrito 3902 de la Biblioteca Nacional de Madrid*. Cleveland: Cancioneros Castellanos.

— (1989): *Cancionero de poesías varias: manuscrito 2803 de la Biblioteca Real de Madrid*. Madrid: Patrimonio Nacional.

— (2001): "Continuidad de la poesía del XV en cancioneros del XVI". En: Serrano Reyes, Jesús Luis / Fernández Jiménez, Juan (eds.): *Juan Alfonso de Baena y su cancionero. Actas del I Congreso Internacional sobre el Cancionero de Baena, Baena, del 16 al 20 de febrero de 1999*. Baena: Ayuntamiento de Baena, pp. 213-58.

— (2004): "Adiós a Petrarca. Antología. Textos eróticos de fray Melchor de la Serna". En: *Canente*, 2, pp. 1-90.

Labrador Herraiz, José J. / DiFranco, Ralph A. / Bernard, Lori A. (2001): *Poesía de Fray Melchor de la Serna y de otros poetas de la Biblioteca Nacional de Madrid. Códice 22.028 de la Biblioteca Nacional de Madrid*. Málaga: Analecta Malacitana, Anejo XXXIV.

McKendrick, Melveena (1983): "Women Against Wedlock: The Reluctant Brides of GoldenAge Drama". En: Miller, Beth (ed.): *Women in Hispanic Literature: Icons and Fallen Idols*. Berkeley: U of California P, pp. 115-46.

Nadeau, Carolyn A. (2002): *Women of the prologue: Imitation, Myth and Magic in "Don Quixote" I*. Lewisburg: Bucknell UP.

Piluso, Robert V. (1967): *Amor, matrimonio y honra en Cervantes*. New York: Las Américas.

Rodríguez-Moñino, Antonio (ed.) (1970): *Silva de romances (Zaragoza, 1550-1551)*. Zaragoza: n. p.

— (1997): *Nuevo diccionario bibliográfico de pliegos sueltos poéticos (Siglo XVI)*. Ed. correg. y actual.: Askins, Arthur L.-F. / Infantes, Víctor. Madrid: Castalia.

Sánchez Sánchez, Teresa (1996): *La mujer sin identidad: un ciclo vital de sumisión femenina durante el Renacimiento*. Salamanca: Amarú Ediciones.

Trachman, Sadie E. (1932): *Cervantes' Women of Literary Tradition*. New York: Instituto de las Españas en Estados Unidos.

Trinker, Martha K. de (1938): *Las mujeres en el "Don Quijote" de Cervantes comparadas con las mujeres en los dramas de Shakespeare*. México: Editorial Cultura.

Vigil, Mariló (1994): *La vida de las mujeres en los siglos XVI y XVII*. México: Siglo Veintiuno.

Dulcinea y el Nuevo Mundo en el *Quijote*

José R. Ballesteros
(St. Mary's College of Maryland)

Varios autores del Renacimiento y Barroco español incluyen en sus obras ficticias situaciones de contacto entre el imperio español y el Nuevo Mundo que la crítica académica ha ido descubriendo para los lectores del canon áureo. Dentro de la obra cervantina esta faceta ha sido explorada desde el inicio del siglo XX desembocando en la obra imprescindible de Diana de Armas Wilson: *Cervantes, the Novel and the New World*. El estudio de De Armas Wilson subraya los momentos en que la obras de Cervantes imaginativamente se ponen en contacto con la parte americana, contextualizándolos tanto dentro de la historia literaria como dentro de varios discursos historiográficos del Siglo de Oro español. El análisis de temática indiana que sigue queda infinitamente agradecido a dicha obra y pretende simplemente aclarar algunas conexiones temáticas dentro del territorio conquistado por De Armas Wilson.

Para contextualizar una de las tendencias cervantinas al caracterizar el lado indiano quisiera primero revisar su tratamiento en una obra donde el tema es más obvio, para luego pasar a estudiarlo dentro del *Quijote*. Mis propios estudios transatlánticos sobre la *Novela ejemplar* "El celoso extremeño" han subrayado que la temática indiana en Cervantes incorpora una sistemática marginalización de personajes cuyo contacto con el Nuevo Mundo viene acompañado de un cúmulo de males sociales ligados al comportamiento femenino. El mundo de la sexualidad femenina en "El celoso extremeño" es encerrado y organizado al gusto del paranoico personaje principal. La riqueza acumulada por el indiano Carrizales le permite casarse con Leonora, después de fabricar su aparato de control. En la casa todas las ventanas miran hacia el cielo y, por órdenes del indiano, se prohíbe cualquier contacto con el mundo exterior. Carrizales puebla la casa con un eunuco, dos esclavas africanas y cuatro blancas, y una dueña. Finalmente, el narrador describe la situación de Leonora y los otros seres femeninos en la casa diciendo: "No se vio monasterio tan cerrado, ni monjas más recogidas, ni manzanas de oro tan guardadas" (106).

En la novela, Cervantes coordina a varios personajes representativos del contexto histórico y social del autor. El ámbito ficticio donde sucede la historia tiene su base en las realidades sociales de la España del siglo XVII y la fortaleza que crea Carrizales refleja el discurso patriarcal reinante. Mary Elizabeth Perry señala que durante el periodo en cuestión "women were told to stay in the natural confinement of convent, home or brothel. Such enclosure protected men, as well. The wandering woman, after all, brought with her the broken sword of male dishonor" (178).

La variedad racial de los encerrados, el poder de Carrizales y la temática de la represión femenina, apuntan –como ha demostrado William Clamurro– hacia la realidad histórica de Sevilla durante el Siglo de Oro. Además, la misma posición imperial de España crea una atmósfera en la que lo femenino, visto como peligroso y antagónico, se entremezcla con diferentes "otredades" para el desarrollo de un discurso que demuestra los estrechos lazos entre "lo femenino" y "lo colonial". James D. Fernández, tomando en cuenta la posición imperial y transatlántica de Sevilla en el siglo XVII y su relación con la representación del sexo femenino, indica que la novela:

> a tale about the difficult tasks of governing and educating "delicate creatures," fittingly takes place in Seville. Cervantes's isolation of a Spanish wife and a racially heterogeneous group of servants in a tale about the complexities of freedom and subjection, about the vagaries of domination and resistance, suggests that the colonial experience influenced and informed domestic social relations and vice versa. (978)

En "El celoso extremeño", a pesar de todas las restricciones físicas e ideológicas en su contra, las mujeres se rebelan. En este espacio liminal, la sexualidad de las habitantes de la casa se desborda y terminan ellas, metafóricamente, devorando a su objeto de deseo: el joven Loaysa. El virote entra en la casa de Carrizales, quien se encuentra dormido por un somnífero que Leonora le ha frotado en las sienes, y la dueña, Marialonso, le pasa una vela por el cuerpo para poder apreciar mejor sus atributos. Cervantes resume los deseos de las mujeres diciendo que, al verlo, "ésta alababa la boca, aquélla los pies, y todas juntas hicieron de él una menuda anatomía y pepitoria" (125).

En esta cita, no sólo queda afeminado y marginado el cuerpo del personaje al situarse en un *locus* de objeto poético que le pertenece tradicionalmente a la mujer (Fernández: 974), sino que incluso acaba siendo figurativamente "devorado" por las mujeres. En la obra, el suntuoso Loaysa funciona como objeto de deseo para el apetito sexual femenino. La casa, construida a placer de su amo, es capaz de devorar hombres. Loaysa no queda ni con la fuerza necesaria para aprovecharse de la joven Leonora y, ridiculizado, huye a las Indias. Cervantes demuestra que tanto el acoso de Loaysa hacia las mujeres como el artificio creado por Carrizales, representante de discursos patriarcales/imperiales de reclusión y control, se debilitan y derrumban frente al deseo y sexualidad femeninos.

La feminización y erotización de estos personajes refleja prácticas intelectuales y sociales de un periodo histórico en cuyo discurso dominante la mujer y su sexualidad constituyen una fuente de males y peligros para el orden social y moral. En el texto, aunque estos seres constantemente son marginados para dejar constancia de su inferioridad social, su participación logra mostrar las debilidades de los discursos represivos protagonizados por Carrizales. Para lidiar con temas que abarcan la sexualidad femenina y el tema del Nuevo Mundo en las letras peninsulares, hay que recordar la manera en que la historiografía colonial abarca estos temas. Los grabados de mayor circulación en Europa y la historiografía más popular en la Península –como "La carta de Colón a Santángel" publicada en 1493, la *Historia Na-*

tural de las Indias de Gonzalo Fernández de Oviedo, de 1535, y la *Historia General de las Indias* de López de Gómara, de 1552–, permitían a los lectores de Occidente la imaginaria elaboración de un mundo caracterizado tanto por su habilidad de producir riqueza y placer como por su peligrosidad. En estos textos los habitantes indígenas que pueblan estos mundos son presentados como seres desnudos, hermosos, sensuales y dadivosos en extremo por un lado; y como seres feroces, idólatras, antropófagos, sodomitas e infecciosos por el otro. Para esta última característica sólo basta recordar que Oviedo, uno de los cronistas más leídos por los contemporáneos de Cervantes, es quien inicia la historia de los hombres de Colón como importadores de la sífilis a la Península y al resto de Europa.

Este tipo de marginación existente en la historiografía de la época, basada en códigos eróticos y bárbaros –tan bien expuesta por críticas como Margarita Zamora, por ejemplo–, es subrayado en las representaciones alegóricas de América o las Indias como una mujer. Una revisión de textos que representan el contacto con las Indias como un suceso basado en la relación entre género masculino y femenino expone los temores derivados de la campaña imperial misma. Tanto en los grabados como en la historiografía sobre el Nuevo Mundo, la representación de imágenes de descubrimiento y conquista, como ejemplo del poder imperial y superioridad europeos, recalcan no solo el hecho de que lo hermoso, lo peligroso, lo que debe ser dominado, se representa como femenino, sino que también descubre la ansiedad causada por esta otredad afeminada. Por ejemplo en el famoso grabado de América de Stradamus, tan bien elaborado por Rabasa, la vulnerabilidad, la pasividad o quizá entrega de América hacia el hombre de occidente se ve yuxtapuesta por la imagen de fondo de un par de indígenas asando la pierna de una víctima.

La caracterización de las Indias como un lugar donde el beneficio y la peligrosidad se entrelazan está presente en "El Celoso Extremeño". Además, el ambiente está ensalzado por la existencia de una feminidad incontrolable al caracterizar Cervantes a las Indias como: "refugio y amparo de los desesperados de España, iglesia de los alzados, salvoconducto de los homicidas, pala y cubierta de los jugadores a quien llaman ciertos los peritos en el arte, añagaza general de mujeres libres, engaño común de muchos y remedio particular de pocos" (99).

Aquí, como en la historiografía, las Indias representan un espacio marginal, peligroso y perverso donde se reúnen los seres que se ganan su título con la ilegalidad e inmoralidad de sus actividades. Las Indias, caracterizadas a través de las personalidades anteriores y por medio del desarrollo de los personajes en "El celoso extremeño", remedian y engañan, excitan y castigan.

Es por la relación mujer/imperio anterior que me parece importante señalar que en la segunda parte del *El Quijote* el personaje de Dulcinea está constantemente relacionado con temas del Nuevo Mundo. Su contacto con el lado indiano problematiza aún más su idealización discursiva por parte de don Quijote. Por ello, la percepción de las Indias como un lugar marginal placentero y nocivo no sólo expone las fisuras del discurso petrarquista que utiliza el hidalgo para describir a su querida (Rabin), sino que también caracteriza la búsqueda de don Quijote a Dulcinea como una campaña imperial. El contacto discursivo entre Dulcinea y las Indias, además de las aventuras perjudiciales para don Quijote narradas con tintes de discurso imperial, subrayan nuevamente el interés de Cervantes en la relación imperio/mujer.

El discurso americano surge en la segunda parte del Quijote por primera vez en el capítulo 8, que cuenta "Lo que le sucedió a don Quijote yendo ver a su señora Dulcinea del Toboso". En este, el hidalgo inventa un encantamiento de Dulcinea basado en el testimonio de Sancho, quien dice que la ha visto trabajando detrás de unas bardas de corral. Luego de comparar a Dulcinea con las "ninfas del Tajo" de Garcilaso, don Quijote culpa de su encantamiento a la envidia que algún encantador le pueda tener. Según don Quijote esta envidia se debe a las falsedades encontradas en la "historia que dicen anda impresa de mis hazañas" (2.8.603). Además, don Quijote pasa a describir al autor de este otro *Quijote* como "divirtiéndose, a contar otras acciones fuera de lo que requiere la continuación de una verdadera historia" (2.8.603). Una vez criticada la veracidad de esa otra historia, la conversación entre él y Sancho pasa al tema de grandes hechos históricos y la importancia de la fama como motivo de ellos. Los ejemplos de estas hazañas terminan al notar don Quijote: "¿Quién [sino la fama], barrenó los navíos y dejó en seco y aislados los valerosos españoles guiados por el cortesísimo Cortés en el Nuevo Mundo?" (2.8.604).

La veracidad histórica vuelve a enmarcar la siguiente mención de lo indiano en relación al personaje de Dulcinea. El capítulo 10, famoso por el encuentro entre don Quijote y las tres labradoras, percibidas como Dulcinea y sus doncellas, arranca con un comentario del narrador sobre su temor a no ser creído al decir:

> Llegando el autor de esta grande historia a contar lo que en este capítulo cuenta, dice que quisiera pasarle en silencio, temeroso de que no había de ser creído, porque las locuras de don Quijote llegaron aquí al término y raya de las mayores que pueden imaginarse y aun pasaron dos tiros de ballesta más allá de las mayores. Finalmente, aunque con miedo y recelo, las escribió de la misma manera que él las hizo, sin añadir ni quitar a la historia un átomo de la verdad, sin dársele nada por las objeciones que podían ponerle de mentiroso; y tuvo razón, porque la verdad adelgaza y no quiebra, y siempre anda sobre la mentira, como el aceite sobre el agua. (2.10.614)

Claro que este comentario sobre la veracidad es inmediatamente ironizado por Cervantes al confesar el narrador la ambigüedad, incluso en los hechos más sencillos como cuando dice: "don Quijote se emboscó en la floresta, encina o selva junto al gran Toboso" (2.10.215).

Iniciada la acción del capítulo, al ver a las tres labradoras, para engañar a don Quijote utilizando una invención, Sancho describe sus partes como "ascuas de oro", "perlas", "diamantes" y "rubíes" (2.10.618); sin embargo, el protagonista solo ve a la aldeana Dulcinea como "carirredonda" y "chata" (2.10.619). La falta de correspondencia entre la descripción y la realidad de estos seres se extiende al comparar el salto que da la Dulcinea aldeana para volver a montar a su pollina luego de caerse con un brinco del "más diestro cordobés o mexicano" (2.10.621). La comparación de Dulcinea con el indiano se subraya al final del capítulo cuando don Quijote recalca su resentimiento sobre el encantamiento de Dulcinea al notar su mal aliento. Don Quijote nota esta imperfección al intentar ayudarla a subir a su borrica. Como se sabe, la mujer rechaza su ayuda y salta diestramente para montarse encima de la burra, señalando lo fuera de lugar que se encuentra la cortesía del hidalgo hacia una aldeana.

El engaño de Sancho sobre la identidad de Dulcinea sirve de trasfondo para otra aventura que caracteriza a Dulcinea como entrelazada con temas indianos: la Cueva de Montesinos. Dentro de este ejemplo existe un énfasis en la relación entre hombres y mujeres al iniciar el capítulo 22, que introduce la aventura de la cueva, con la celebración de la boda entre Quiteria y Basilio. Además, inmediatamente después, surge un diálogo entre Sancho y don Quijote sobre lo bueno y lo malo de la mujer en el matrimonio. Al dejar al nuevo matrimonio, camino a la cueva don Quijote y el humanista encargado de guiarlo charlan sobre los intereses académicos del docto. Entre sus proyectos se encuentra la revisión de algunos textos clásicos que no incluyen toda la información necesaria desde una perspectiva más contemporánea. Uno de los adelantos que desea incluir el humanista es un ungüento para la sífilis ("morbo gálico" (2.22.718)).

A las discusiones sobre el hombre y la mujer en el matrimonio y a esta última referencia hacia un tema indiano podemos sumar una caracterización de la cueva misma como un sitio liminal. De Armas Wilson ya ha desarrollado una comparación entre la Cueva de Montesinos y las minas del Perú notando que Cervantes relaciona las actividades cavernícolas de don Quijote con la familia Fúcar, cuyo imperio de explotación se extendía hasta el mismo Potosí (88-95). Esto sucede dentro de la obra al narrar don Quijote su experiencia dentro de la cueva, cuya aventura dedica a Dulcinea. Don Quijote cuenta que vio que una de las doncellas de Dulcinea vino a él y le pidió dinero para su ama. El caballero, incapaz de subvenir a las necesidades económicas de la soñada doncella, trueca su falta de dinero por varios discursos de descubrimiento y comercio imperial. En uno de ellos surge la misma referencia a los Fúcar:

> Decid, amiga mía, a vuesa señora que a mí me pesa en el alma de sus trabajos, y que quisiera ser un Fúcar para remediarlos, y que le hago saber que yo no puedo ni debo tener salud careciendo de su agradable vista y discreta conversación, y que le suplico cuan encarecidamente puedo sea servida su merced de dejarse ver y tratar deste su cautivo servidor y asendereado caballero. (2.23.732)

Otro ejemplo es cuando don Quijote promete convertirse en descubridor ultramarino manifestando: "así le haré yo de no sosegar y de andar las siete partidas del mundo, con más puntualidad que las anduvo el infante don Pedro de Portugal, hasta desencantarla" (2.23.733). En ese mismo momento, al parecer el salto mexicano de Dulcinea sobre su bestia sigue atormentando al hidalgo al notar que la doncella, "en lugar de hacerme reverencia, hizo una cabriola, que se levantó dos varas de medir en el aire" (2.23.733).

La relación entre Dulcinea y el contacto con otros mundos surge de nuevo en el Quijote en el capítulo 58 al compararse el protagonista con los Santos católicos diciendo que:

> pelearon a lo divino y yo soy pecador y peleo a lo humano. Ellos conquistaron el cielo a fuerza de brazos porque el cielo padece fuerza, y yo hasta agora no sé lo que conquisto a fuerza de mis trabajos, pero si mi Dulcinea del Toboso saliese de los que padece mejorándose mi ventura y adobándoseme el juicio, podría ser que encaminase mis pasos por mejor camino del que llevo. (2.58.987)

Al fracasar don Quijote en su intento de desencantar a Dulcinea, la carga se sitúa, digamos, un poquito más abajo de las espaldas de Sancho. Durante las conversaciones entre los protagonistas sobre el sacrifico flagelatorio del escudero, el Nuevo Mundo vuelve a surgir. Al quejarse Sancho de su doloroso destino dice: "vienen a pedirme que me azote de mi voluntad, estando ella tan ajena dello como de volverme cacique" (2.35.827). Y cuando don Quijote cree que Sancho cumplirá con su penitencia alaba a su acompañante diciéndole: "las minas de Potosí fueran poco para pagarte" (2.70.1084).

Tanto estos ejemplos como los anteriormente discutidos sitúan al encuentro entre don Quijote y Dulcinea desencantada dentro del contexto imperial español. En este, el discurso de riqueza y barbarie se juntan para ejemplificar el intento fallido de don Quijote de conquistador de su Dulcinea. La idealización de esta empresa por parte de don Quijote señala lo anticuado de su cosmovisión ante las realidades peninsulares que se tratan en la segunda parte de la novela. Este uso de discursos que reflejan las campañas imperiales peninsulares, no solo margina a los personajes que toman el lugar de esta parte del mundo por conquistar, sino que a la vez resalta el recelo y el sufrimiento causados por esta otredad, femenina en el caso de Dulcinea, hacia los conquistadores.

En el momento histórico en el que se escriben ambos textos cervantinos el descubrimiento y conquista de América ya son parte de la historia de España. Sin embargo, debido a los problemas económicos de la España del siglo XVII, los efectos negativos del descubrimiento y colonización para el imperio son debatidos por muchos de los intelectuales de la época. Como han señalado Lía Schwartz Lerner y Elvira Vilches en sus trabajos sobre la literatura con temática indiana del Siglo de Oro, en los inicios del siglo XVII la crisis económica española da lugar a varios discursos donde el contacto con las Indias es visto como culpable de una crisis moral, social y económica. Vilches establece una relación entre el discurso de la decadencia económica de España y la manifestación de este fenómeno por los contemporáneos del decaimiento imperial como un "afeminamiento" social que sufre la Península (166-67). Durante este decaimiento, las actitudes peninsulares hacia la expansión imperial crean interesantes objeciones. Existen momentos en que España es vista por sus mismos ciudadanos como un lugar caótico, debido a las crisis anteriores, comparable a las Indias. Un lema que resume estos discursos surge del contador de Felipe II, Luis Ortiz, quien escribe que "España es las Indias de los extranjeros" (cit. Vilches: 162). Este sentimiento se hace evidente en el Quijote en otro capítulo que lidia con la realidad imperial de España: cuando Ricote dice a Sancho que los moriscos tienen a España "como sus Indias y por certísima y conocida ganancia" (2.54.965).

Esta inversión –notando la caracterización de las Indias como un lugar feminizado– demuestra que en el siglo en que escribe Cervantes, la ansiedad masculina debida al contacto con la periferia imperial va dirigida discursivamente hacia el centro del imperio mismo. Es decir, que surge, conscientemente o no, una conexión entre la expansión imperial, incluyendo el contacto indiano, y la mujer peninsular vista como peligrosa. La misma caracterización de la feminidad como antagónica se manifiesta al situarla discursivamente al margen imperial. Cervantes se sirve de estos territorios temáticos para exponer que las ansiedades hacia la conquista y explotación de América informan el deseo de reprimir lo femenino localmente. Queda marcada entonces la importancia de interpretar la caracterización de Dulcinea dentro de un contexto que incorpore la expansión imperial y sus efectos dentro de la Península.

Para concluir, en los textos analizados, Cervantes vincula lo femenino con las Indias, una tierra que representa históricamente riqueza, peligro, caos y necesidad de control. En "El celoso extremeño" y El Quijote los mismos temores hacia lo desconocido, peligroso y dañino que acompañan al discurso historiográfico representativo del contacto con las Indias, son representados ridículamente por el patriarca Carrizales y el conquistador frustrado don Quijote. Su desengaño representa el cuestionamiento de varios discursos imperiales de control. Desde esta perspectiva Cervantes parece reformular, de una manera crítica, las opiniones patriarcales de pensadores contemporáneos del autor. Uno de ellos sería el cronista Gonzalo Fernández de Oviedo, quien desde la Península exclama lo siguiente en su Sumario de la natural historia de Las Indias al caracterizar a las mujeres de Tierra Firme y España diciendo: "Llaman a la mujer ira en la provincia de Cueva, y al hombre chui. Este vocablo ira, dado allí a la mujer, paréceme que no le es muy desconveniente a la mujer, ni fuera de propósito de ellas acullá ni algunas acá" (10.123)

"Yo nací libre...": expresiones de la libertad femenina en algunos manuscritos del siglo XVI y en el *Quijote*

Lori A. Bernard

(University of Arkansas)

Cuando mis alumnos llegan a conocer a la pastora Marcela en el entierro de Grisóstomo, reaccionan siempre con sorpresa al constatar que Marcela es distinta de lo que imaginaban, pues pensaban que su comportamiento era malo, pero resulta que no es así. Quizás por haber confiado en las palabras de Grisóstomo y de sus amigos, se sorprenden al saber que la "relación" que existía entre ellos no era tal como la había pintado Grisóstomo. La segunda reacción también es de incredulidad, porque no están acostumbrados a leer ideas "tan modernas" y "feministas" puestas en boca de una mujer de hace cuatrocientos años.

Cada vez que escucho esos comentarios pienso que no son tan raras esas mujeres ni sus ideas, sino que, simplemente, nuestros estudiantes no han tenido acceso a la lectura de una diversidad de textos en los que aparecen mujeres cuyas voces no se conformaban con la tónica general de su época. Las ideas a las que me refiero se expresan en los ricos textos líricos contenidos en los todavía inexplorados –ni en su totalidad ni en su profundidad– cancioneros del Siglo de Oro. Acaso convenga encuadrar este acervo poético desde una de las perspectivas que nos brinda el examen de la figura de la mujer en los textos en prosa más canónicos que estudiamos en nuestras clases. Nos ofrecen una representación a menudo enmarcada en estereotipos: mujeres bellas y fieles como Oriana, alcahuetas codiciosas como Celestina, "salvajes" como las serranas de *El Libro de Buen Amor* o mujeres que sólo tienen voz cuando están sometidas al aislamiento, como Galatea. Otras veces, nuestros alumnos tienen la oportunidad de leer unos tratados sobre el comportamiento de las mujeres, desde fray Martín de Córdoba a fray Luis de León, y empiezan a pensar en el por qué de tantos libros doctrinales para regular el comportamiento de las mujeres. ¿Acaso eran por naturaleza indómitas e inmorales?

Para que nuestros alumnos puedan conocer la amplia y rica presencia de voces femeninas durante la Edad de Oro es imprescindible que consideren otros textos, en especial muchas composiciones líricas que gozaron de enorme difusión y otras que, por el contrario, son exclusivas de un manuscrito o de un impreso. Con este fin, he escogido una breve selección de poemas encontrados en manuscritos datados con anterioridad a la publicación de la primera parte del Quijote, textos que debería conocer Cervantes bien de forma directa o simplemente por formar parte del entorno cultural en los años en que le tocó vivir. Con ellos intento ilustrar cómo la lírica de la época presentaba unos aspectos de la libertad femenina en consonancia con las ideas de Marcela, por ejemplo, sobre el amor, el matrimonio o la libertad, y abundar en que no son tan singulares como parecerían a primera vista.

Este ensayo se fundamenta en algunos manuscritos de poesías varias, aunque complemento los testimonios con algunos ejemplos encontrados en fuentes impresas. Los textos que utilizo, en su mayoría, son anónimos, copiados durante el siglo XVI, y se encuentran en manuscritos hoy custodiados en las bibliotecas Nacional (MN) y de Palacio de Madrid (MP) y en The Hispanic Society of America en Nueva York (NH B). Algunas de las fuentes de las que me he servido para este trabajo han sido editadas por investigadores como José J. Labrador y su equipo de Cleveland, mientras otras permanecen todavía inéditas.

Al estudiar las composiciones poéticas de varios manuscritos hallamos un colorido abanico de mujeres: desde las hermosas e inalcanzables del amor cortés, las sumisas que mueren por tener amores, las desdichadas que hacen reproches a los hombres, hasta las que prefieren la libertad y la soledad, todo eso sin olvidarnos de la sin fortuna "bella malmaridada" (véase el estudio de José J. Labrador Herraiz y Ralph A. DiFranco "Continuidad de la poesía del XV en cancioneros del XVI"). En esos textos pululan damas encopetadas, labradoras, mozas, pastoras, prostitutas y señoras. La voz femenina suena a veces en monólogo (como el de Marcela), pero se oye con más frecuencia y resuena con más fuerza dentro de la fórmula de los diálogos poéticos, los cuales agregan un carácter dramático a la interacción entre los personajes, ya sean éstos la criada o la madre, el hombre amado o, por el contrario, viéndose éste despreciado. Quiero limitarme ahora a cuatro categorías de mujeres: 1) la que rechaza el amor obligatorio –el hombre le ama por ser bella y pide correspondencia–; 2) la que se opone al matrimonio; 3) la que prefiere vivir libre; y 4) la independiente y juguetona que expresa sin cortapisas sus deseos y opiniones.

Infinitos son los ejemplos del amor que entra por los ojos, los casos en que el hombre se enamora de la mujer por su belleza física. En los textos más antiguos de la poesía del amor cortés nunca llegamos a conocer a esas mujeres ideales, perfectas, angélicas, porque no tienen voz; sólo las imaginamos a través de las palabras del enamorado. Incluso en la novela pastoril, Galatea "is never permitted to present her case or argue reasons for denying her suitor's requests" (Hernández-Pecoraro: 29). En varios de los textos que vienen a continuación veremos que la mujer es amada por ser bella; ésta, en vez de considerarse muy afortunada porque un hombre la ha hecho objeto de su amor, pregunta por qué debe amarle, ¿simplemente porque, al mirarla, se quedó prendado y ahora piensa que ella debe corresponderle? Ante esa convención de la doctrina amorosa, ciertas damas reaccionan con una clara negativa. Tenemos un ejemplo en el ms. MP 531, con el elogio de un amante que convierte en una diosa a su bella dama:

> Amante: Ardo de amor y contemplar no osa
> mi vista de tu rostro la pintura.
> Más es tu ser que ser de criatura.
> Dime, Ana divina, si eres diosa.
> Dama: Humana soy, pastor, aunque hermosa.
> No te deslumbres tanto en mi figura
> que donde puso Dios tal hermosura

puede poner Amor fuerza amorosa.
(MP 531, 18v)

Los ardores del amante quedan sofocados por las palabras de la divina Ana, que declara su propia dualidad real: es, en primer lugar, humana, y, en segundo lugar, una pastora como tantas otras. En el siguiente ejemplo, el hombre está seguro de que la mujer realmente le ama, a pesar de que ella lo niegue a cada instante, y al final se defiende, cuestionando la obligación de querer a quien le ama:

-Señora, estemos a cuenta.
¿Cuánto ha ya que no nos vemos,
si es verdad que nos queremos?
-No es razón que se consienta
más, señor,
cuando nunca os tuve amor.
-Sí, me amáis;
y aunque siempre lo negáis,
vos me queréis bien a mí,
desde el día que yo os vi
hasta la ora en que estáis.

[...] Cuando, señora, os miré,
y que os miraba miraste,
en mis entrañas quedaste,
mi alma con vos se fue...

[...] Luego, a cuantos me miraren,
que puede mirarme alguien,
¿téngolos de querer bien,
si de mí se enamoraren?
(MN 17.689, 56)

El desprecio de la dama hacia su zagal no puede ser más definitivo que el que encontramos en este breve diálogo, en el cual, a sabiendas de que nunca encontrará la reciprocidad amorosa, sigue insistiendo "como loco con su tema":

-Ya no quiero que me quieras;
muda, zagal, tu querer.
-Pues yo te pienso querer,
zagala, aunque no me quieras.
-Tu fuego jamás me quema,
ni yo entiendo remediarte.
-Yo diré sin olvidarte:

cada loco con su tema.
–¿Pues qué pretendes hacer
do ningún remedio esperas?
–Siempre porfiar querer,
zagala, aunque no me quieras.
(MP 531, 63v)

Hemos visto aspectos de una tradición poética en la cual hay mujeres que se niegan a tener una correspondencia amorosa, simplemente porque un hombre se enamoró por su belleza. Las negativas a la correspondencia amorosa anteriores nos llevan a las palabras de Marcela y Grisóstomo. Conocemos a Marcela primero a través de las palabras del cabrero que le cuenta la historia a Don Quijote: "cuando llegó a edad de catorce o quince años, nadie la miraba que no bendecía a Dios, que tan hermosa la había criado, y los más quedaban enamorados y perdidos por ella" (113).

El cabrero sigue criticando a Marcela por haberse hecho pastora, por ser esquiva, por no querer a los que la quieren. Más tarde, en el entierro de Grisóstomo, escuchamos las palabras del difunto atacándola por varias razones, para terminar acusándola de haberle matado con su desprecio. Concluye con las palabras de Ambrosio ante la llegada de Marcela: "¿Vienes a ver, por ventura, ¡oh fiero basilisco destas montañas!, si con tu presencia vierten sangre las heridas deste miserable a quien tu crueldad quitó la vida?" (129-30).

Tenemos que esperar casi veinte páginas –desde la primera mención de Marcela hasta su aparición en el entierro– para conocer su punto de vista. Marcela, como otras pastoras literarias, es bella, virtuosa, discreta (Trachman: 54, 60), prefiere vivir con sus animales y sus compañeras. Sin embargo, Marcela no es pastora típica como lo son Diana o Galatea. Sabemos, a través de su monólogo, que se ha escapado de su vida acomodada para "vivir en perpetua soledad" (131), como una "protesta contra el encerramiento de las doncellas bien nacidas, contra los hombres que la persiguen y contra las trabas del matrimonio, y protesta vehemente contra la idea de que una muchacha tiene que amar, sólo por ser solicitada" (Trinker: 55). Recordamos lo que dijo Marcela: "[N]o alcanzo que, por razón de ser amado, esté obligado lo que es amado por hermosa a amar a quien le ama" (130). También comenta que "por el amor que me mostráis, decís, y aun queréis, que esté yo obligada a amaros" (130). Mientras que los autores anónimos de las composiciones líricas utilizaban diálogos dinámicos para presentar las dos caras de la moneda –no sólo el pensamiento del hombre, sino también la opinión de la mujer–, Cervantes emplea la forma tradicional del monólogo, asegurándose así de que nos formamos una opinión de Marcela basada en las palabras negativas de Grisóstomo y sus amigos. A pesar de que el formato sea distinto de los ejemplos encontrados en los manuscritos, hay cierto parentesco de ideas. Marcela, como las mujeres de los manuscritos anteriormente mencionados, no entiende la lógica masculina: ellas quieren amar (o no amar) a su gusto, no por obligación, a un hombre encantado de su belleza.

Si pasamos del mundo poético en que se trata la relación amorosa al mundo real en que viven un hombre y una mujer, la situación se consuma en el matrimonio, ordenamiento civil y religioso impuesto en la mayoría de los casos a los contrayentes. Esta condición social reducía a las mujeres a una situación servil, a la cual los poetas ponen voz de protesta, como se puede ver en una larga lista de ejemplos. Tomemos uno, el de la sibila Casandra, quien se niega a casarse porque piensa que "para la mujer, el matrimonio no puede ser otra cosa que una forma de esclavitud" (Hart: xxvii-xxviii): "Dicen que me case yo: ¡no quiero marido, no!" (*Auto de la sibila Casandra*, vv. 212-213).

En otras ocasiones escuchamos la voz de la soltera que defiende su libertad a costa de perder la seguridad que le puede prestar estar casada. Con esa renuncia explora también la forma de salir del camino trillado del matrimonio como sumisión, para buscar otras vías que ya en el Renacimiento se abrían en los modos de vida de las solteras. Ni barraganas a la puerta de la venta a la que se dirigía don Quijote en busca de aventuras ("Estaban acaso a la puerta dos mujeres mozas, destas que llaman de partido...", 43), ni monjas en clausura ni casadas obedientes: "Si el marido ha de mandarme, no quiero, no quiero, no, casarme" (MN 22.028, 307).

El Saffar y Nadeau han hablado de Marcela como una mujer amada que no ama, que rechaza las vías tradicionales (El Saffar: 157). El Saffar ha visto en el soliloquio de Marcela un rechazo de la sociedad al rechazar el matrimonio (159), mientras que Nadeau opina que "Marcela's speech act, her defense of her liberty occurs because she has chosen to remove herself from her original context, the village, and live among shepherdesses in the mountains" (23). Desde mi punto de vista, no creo que las palabras de Marcela puedan interpretarse como un rechazo completo de la sociedad, sino más bien como un rechazo a ciertos modos de vida de la sociedad, es decir, como escribe Nadeau, "a sublime defense on the freedom of women, a voice that heralded a revision of the roles of women..." (9). Marcela es el ejemplo de una mujer que sí existía en aquel entonces, pero que no lograba entrar en las páginas del canon literario; una mujer que quiere ser parte de la sociedad, pero, a la vez, que puede decidir por sí misma. Nos hace pensar que si ella pudiera haber vivido a su manera, ¿habría salido de su pueblo? Al estudiar las palabras de Marcela, y las de otras mujeres de su época, nos damos cuenta de que: "...las mujeres eran más conscientes, más lúcidas, más doctas y menos sumisas de lo que el canon cristiano requería para ellas y para un matrimonio ordenado y feliz" (Sánchez Sánchez: 35). Es aquí, en este grupo, donde no debemos olvidarnos de mencionar a la mujer esquiva de la comedia española: mujeres que según los textos eran distantes, elusivas, desdeñosas, frías, enemigas del amor y del matrimonio (McKendrick: 115). Sin embargo, al contrario que en la obra de Cervantes y de los versos que acabamos de leer, esas mujeres sí siguen las normas sociales porque todas, al final, se casan (McKendrick: 117-18).

En aquel entonces, como la mujer no podía elegir quedarse soltera, muchas sí se casaban. Cierto que existían matrimonios felices, aunque encontramos con mucha frecuencia en la lírica el lamento de las malcasadas, esposas a las que les ha ido mal su experiencia conyugal, se arrepienten de su decisión y añoran la vida de soltera: "Soy casada y vivo en pena: ¡ojalá fuera soltera!" (Mateo Flecha el Viejo: *La caza*; ms. M 588/2, Tiple, 49v). Esta desdicha, el desamor en el matrimonio, tiene una raíz en la práctica injusta de un matrimonio apañado por los padres o familiares. Otra casada nos dejó testimonio de su amarga situación: "Desde niña me casaron / por amores que no amé: / mal casadita me llamaré" (*Segunda parte de la Silva de varios romances*, 177v).

De interés son los poemas que proclaman los derechos de las malcasadas a dejar a su marido, que encontramos en varios pliegos sueltos: "¡Mi señora, si se usase / que quien tiene mal marido / que lo dejase!" (*Coplas nueuamente hechas...*). Más progresista aún es la actitud de ciertas mujeres que se atreven a compensar su desdichado matrimonio con el amor de un amante furtivo:

> En malos infiernos arda
> el que os me dio por marido...
> ...Quiero usar nuevo primor
> y dar remedio a mi vida
> y tomar un servidor
> que visite mi manida.
> (MN 17.689, 24)

> Una ley bien ordenada
> nos han dado por abrigo:
> que cualquiera malcasada
> pueda tener un amigo.
> (MN 17.689, 40v)

Con el tema del rechazo del amor y del matrimonio, como si fuera la otra cara de la moneda, tenemos el tema de la libertad femenina tratado en la tradición de la antigua lírica popular. Bien temprano en el XVI, ya encontramos un testimonio del caso en pliegos sueltos compilados hacia 1520: "No quiero ser casada, / sino libre y enamorada" (*Chistes de mucha maneras nueuamente compuestos...*). Esta letrilla que descubre el deseo de no casarse porque no quiere ser cautiva, prisionera ni casada con un marido molesto, fue copiada y glosada en el manuscrito 17.689 de la Biblioteca Nacional de Madrid:

> Esta es mi condición,
> procurar conversación,
> pues que da consolación,
> otra vida no me agrada.

Buena cosa es la libertad,
conservarla es la verdad,
vivir a mi voluntad
vale más que ser forzada.
(MN 17.689, 19v)

Del mismo manuscrito sale la voz de la mujer que advierte a su madre:

Ser quiero, madre,
señora de mí;
no quiero ver
mal gozo de mí.
(MN 17.689, 46)

El tema de la libertad aparece también en unas elaboradas octavas del último tercio del "Sueño de la viuda de Aragón", un contexto altamente curioso pues se da en uno de los pocos poemas de tema lésbico que hallamos en el XVI, compuesto además, para aumentar la singularidad de la pieza, por un fraile benedictino (véase José J. Labrador Herraiz y Ralph A. DiFranco, "Adiós a Petrarca. Antología. Textos eróticos de fray Melchor de la Serna"). Una de las criadas, Teodora, precisamente a la que le había nacido el órgano sexual masculino, comenta:

La gloria del amor, señora, es cosa
que sin la libertad vale nonada,
porque quiere de amor la amada Diosa
que de dos solamente sea gozada.
(MP 2803, 127, vv. 313-316)

Clara y explícita es la reacción de la moza ventanera a la que se la da un rosario de consejos para que sea una chica formalita. La joven no se hace esperar y así increpa a su mentor justo invirtiendo los términos:

Que yo quiero a las ventanas
estarme todas las noches,
y gozar mi libertad,
y que en bien la suya goce.
Y recibir mil billetes,
oír letras y canciones,
dormir cuando me parezca,
comer cuando se me antoje.
(*Vaticana*, Patetta: 840, 33)

OBRAS CITADAS

Ballesteros, José R. (2003): "El imperio desde el centro: representaciones indianas sexualizadas en 'El celoso extremeño' de Miguel de Cervantes". En: Caudet, Francisco / Wilks, Kerry (eds.): *Estas primicias del ingenio: jóvenes cervantistas en Chicago*. Madrid: Editorial Castalia, pp. 15-33.

Cervantes, Miguel de: "El celoso extremeño". *Novelas ejemplares II*. (Ed. 1995). Madrid: Cátedra.

— *Don Quijote de la Mancha. Edición del IV centenario*. (2004). *Real Academia Española*. Madrid: Alfaguara.

Clamurro, William (1997): *Beneath the Fiction: The Contrary Worlds of Cervantes's Novelas Ejemplares*. En: Cervantes and His Time. 7. New York: Peter Lang.

Fernández, James D. (1994): "The Bonds of Patrimony: Cervantes and the New World". En: *PMLA*, 109, 5, pp. 969-81.

López de Gómara, Francisco (1922): *Historia General de las Indias*. Madrid: Calpe.

Fernández de Oviedo, Gonzalo: *Sumario de la natural historia de Indias*. Ballesteros, Manuel (ed.) (1986). Madrid: Historia 16.

Perry, Mary E. (1990): *Gender and Disorder in Early Modern Seville*. Princeton: Princeton UP.

Rabasa, José (1993): *Inventing America: Spanish Historiography and the Formation of Eurocentricity*. Norman: U of Oklahoma P.

Rabin, Lisa (1994): "The Reluctant Companion of Empire: Petrarch and Dulcinea in *Don Quijote de la Mancha*". En: *Cervantes*, 9, 2, pp. 81-91.

Scwhartz Lerner, Lía (1992): "El motivo de la 'auri sacres fames' en la sátira y en la literatura moral del siglo XVII". En: Reichenberger, Kurt (ed.): *Las Indias (América) en la literatura del Siglo de Oro*. Navarra: Kassel, pp. 52-67.

Vilches, Elvira (1998): *La economía de la maravilla: ficciones y valores transatlánticos durante los siglos XVI y XVII*. Ithaca, NY: Cornell University Diss.

Vives, Juan Luis: *De institutione feminae christianae*. Introducción, traducción y notas: Beltrán Serra, Joaquín (1994). Valencia: Ajuntament.

Zamora, Margarita (1993): *Reading Columbus*. Berkeley: U of California P.

Ways of Remembering: Cervantes and the Historians, *Don Quijote*, Part I

Nina Davis

(Washington University)

During this four-hundredth anniversary year, the gatherings of diverse communities of readers of Cervantes's *Don Quijote*, Part I, testify to its enduring importance in our cultural imaginaries. As popular tributes and commemorative scholarly publications show, the *Quijote* speaks to the vital interests of communities of readers in very different ways. For those of us who are scholars, reading Cervantes's work is both a shared pleasure and an archeological pursuit; its relationship to literary forms and traditions, as well as to theories, ideas, and discourses, form the basis of many of our relationships. On the other hand, according to this year's media interviews, most readers treasure Cervantes's work for its memorable duo and the representation of their every-day experience.

Differences in popular and academic reception aside, it is clear that modern and post-modern perceptions of *Don Quijote*, Part I, have not been informed by the cultural concerns that shaped the reading practices of Cervantes's public. Referring to a commonplace in nineteenth- and twentieth-century reception of the author's work, B. W. Ife argues that "reputation has transformed the historical Cervantes into a universal genre, independent of time or place; yet the very work which made his name, *Don Quijote*, is not only profoundly steeped in the social and economic reality of Hapsburg Spain, but has anachronism as its central theme" (Ife: 11). Cervantes's fiction responds with often biting inventiveness to the realities of his material present. At the same time, the *Quijote*, beginning with Part One, evinces a pervasive preoccupation with the way that experiences of the past are recorded for the public and later evaluated and acted upon, by authorities, communities, and individuals.

This is not a surprising concern for an author who returned from years of captivity in North Africa, potentially suspect of apostasy if not of double espionage, and facing the need to account for his own recent past. While the testimony of the historical account, *Información de Argel*, appears intended to defend his actions before examiners or a possible tribunal prior to his repatriation to Spain, this account was read by relatively few and fell into obscurity, as did many other contestatory narratives of life-changing experiences by common subjects in imperial Spain, as we now know (Garcés: 189-90, 208). The need to communicate in more significant form for posterity years lost to captivity and to redeem that loss before his contemporaries appears most certainly to have fueled composition of the short narrative that Murillo has designated the "Ur-text" of the *Quijote*, Part I, the "Captive's Tale."

Critics generally agree that historical details from Cervantes' life underlie composition of that interpolated tale, where they are recast as exemplary in a discursive

hybrid that draws on ballad, romance, and redemption tale; this segment of Part I
has been the object of lengthy study. However, for most, the question of how the
Quijote represents recollection of the past stops there; it is, after all, a novel whose
main character tries to reenact some wildly fanciful works of fiction, accepting as
real their most inverisimilar details. Nevertheless, I suggest that Cervantes's concern with ways of remembering and the communication to the public of individual
as well as collective histories is systemic in Part I, extending far beyond the inter-
polation of a partially autobiographical narrative that revises his own story. Part I
unfolds through reference to multiple histories and accounts of the protagonist's
deeds. This character's actions are recalled in a narrative that presents itself as a
composite of two primary texts, by the alleged *morisco* historian, Cide Hamete,
and a second nameless author; in turn, this quasi-historiographic compilation, the
narrator alleges, incorporates brief variant segments from other historical accounts
registered in the archives of La Mancha. In addition, within the story of Don Quijote, the successful transmission or loss of letters, writs, bills of payment, and other
written communications intended to record what the protagonist has done and to
govern or authorize future actions by or affecting him shapes the plot in notable
ways: Sancho is driven to supplement a forgotten love letter with his own oral invention of Dulcinea, which supplants his master's prior narrative; the public writ
that the Santa Hermandad carries seeking the crazed *hidalgo* for crimes as a "sal-
teador de caminos" appears to motivate counsel by Sancho that drives Don Quijote
into seclusion in the *sierra* and to self-reinvention as another Orlando furioso; and
the narrative of Part I threatens to come to a halt while Sancho returns to society
with his master's authorization of payment, which provides transportation and the
cash necessary for the material continuation of their narrative.

This web of references to textuality regarding the errant protagonist, however,
is merely one of the ways in which the past is attested and enters public knowledge
in the representational network of the *Quijote*. Cervantes articulates in *Don Quijote*, Part One, a drive that Chartier has referred to as "the will to know and to create memory" (foreward to Bouza: ix), by creating a textual world whose social
entities express knowledge and disseminate it through the active, simultaneous
circulation of texts, images, and orality, reflecting what Fernando Bouza argues, in
Communication, Knowledge, and Memory in Early Modern Spain, was actual practice in sixteenth- and seventeenth-century Spain.

As testimonial oral recollection and communication through verbal imagery by
characters in the *Quijote* are the subject of a companion study, I have chosen to
limit the focus of this paper to textuality, specifically the production of written historiography, both because the book presents itself as a history of its protagonist and
because reference to historians and regional archives is highlighted from the
work's outset. Part I is, first and foremost, the story of a reader who has trouble
distinguishing which textual narratives of the past are true and mistakenly models
his actions in the present on the examples he reads. Through the invention of a nar-

rative about this reader, the *Quijote* is, then, also a work that problematizes the fashioning and reception of texts that record history.

In Cervantes's Part I, poetic narratives of the past deeds of epic and chivalric heroes spur the unknown protagonist, desirous of generating accounts that will ensure for him, as well, some measure of fame for posterity, to commit acts that endanger almost all with whom he has contact. In his anachronistic and literal reading of texts that fabricate cultural exemplars from a bygone era, Don Quijote finds justification for acts of violence and predation. Others–family, friends, and authorities–identify the texts in which he strives to found his subjectivity as rhetorically seductive but pernicious fictions of no relevance to the present, and they respond by attempting to contain behavior deemed contemporaneously to be mad and illegal for its harmful social effects. In his address to the Cervantes Society at the 2004 MLA meetings, "*Don Quijote* as Fugitive from Justice: Closure in Part One," Roberto González Echevarría argued that the 1605 narrative, in fact, is structured by the criminal acts that result from Don Quijote's misreading of epic models, from property damage to assault and battery, and by their effects upon his victims, as well as his pursuit by the law, in the form of the Santa Hermandad, that seeks to contain him and by victims seeking reparations. The critic refers to the groundwork of Spanish legal and social historians to show that the mad *hidalgo*'s predation upon his countrymen, uncontrolled by central authorities, would have brought to the minds of Cervantes's public major social ills of the period as well as the political and legal discourses of a burgeoning textual society that sought to document, categorize, and control them. According to González Echevarría, the protagonist is not constructed simply as an act of literary parody, but rather to articulate a specific response to documented material practices of Cervantes' historical present.

The ambitious, self-fashioning errancy of the protagonist is, from the opening page, reflected in and made by Cervantes to generate not one but multiple historical accounts that chronicle the social and legal effects of Don Quijote's anachronistic imitation. Cide Hamete and the second author even go so far as to advance explanations for the causes of his misapprehension of textual examples, parodying a development relatively new to historiographic method in early modernity. The authority of referred historical texts, by Cide Hamete, a second author, and ostensibly legion "otros autores" whose versions constitute the historical annals of La Mancha, is questioned: they circulate untraceable to their authors; they are represented as troubled by textual corruptions and ambiguities; and many are only indirectly attested (*Don Quijote*, I: 82; this and subsequent references are taken from Murillo's edition).

Focus on the insufficiency of these alleged public records has led literary critics to discount Cervantes's repeated references to the writings of historians as part of a narrative strategy that confirms the irony and metafictive nature of his work. Anthony Close asserts in his most recent book that these "patently false" histories of Don Quijote are intended to serve the aesthetic function of provoking laughter within the Aristophanic comic poetics that, he argues, is more likely than Aristotelian poetics to have shaped composition of Cervantes's narrative. According to this critic, the *Quijote*'s representation of a cast that consists principally of Don Quijote and other "low or middling characters, outside the scope of public affairs," whose speech and actions are continually inappropriate to their context, gives the work a comic punch that comes less from don Quijote's grotesque parody of serious literary genres than it does from the breaches of decorum attributed to the work's many documenters of history, in focusing biographical narratives on the minutiae of experience of an unknown subject in the first place (Close: 135). Close refers to Spanish theories of historiography contemporaneous with Cervantes, to argue that the micro-focus on common, often trivial, detail and portrayal of actions, even conversations (not to mention bodily functions) of social subjects too insignificant for public record by these narrators of history would have impressed his readers as degrading parody of a discourse intended to be both "grandiose" and "edifying" in its select, rhetorical representation of the truth of past events, in particular the actions of principal persons, thus intensifying the comic effect of an already funny work (135).

In drawing this contrast between contemporary theory of historiography and Cervantes' parody of actual practice in narrating the activities of don Quijote, Close points to the author's deliberate degrading of the material and style required by a dominant genre of historical writing, "lives" or chronicles of rulers and major political figures, the obvious sequels for many historians to princes' guides or manuals of advice written to the same public figures during their lives. Renaissance print culture and the reign of Charles V gave dramatic rise to this particular form of historiography, which records selected military and political deeds with rhetorical images and classical and/or biblical analogies to represent the monarch's life in epic terms. In marked contrast to other ways of recording historical lives, which often served regulatory functions in imperial Spain, prescribing if not endangering the lives of their subjects before the Inquisition, this genre is by design pedagogical and propagandistic, intending to ennoble and legitimate principal subjects, by representing them as exemplars whose cultural genealogy is already authorized. What Close overlooks in his assumption that Don Quijote's life is merely an extended joke in a comic aesthetic, however, is that its narrative focuses upon what for contemporary historians was a pressing problem–how to document the truth of the past when traditional requirements of decorum and political censorship disallowed all material not deemed ennobling. As John Urry argues in "How societies remember the past," "there are forms of institutional commemoration in societies which can silence alternative memories of the past... . Indeed forgetting is as socially structured as is the process of remembering" (Urry: 50). While the marginal historians of Cervantes's novel may appear ridiculous for their breaches of tradition, the point of reference in the many parodic lapses into the realm of the quotidian and of deformative analogy in the protagonist's personal history may be, in fact, the inability of imperial historians to provide the public with accounts that have a credible truth value, in their focus on the grandiose and mythological comparison. Perhaps Cervantes seeks not to ridicule the already obvious, that is, the fictitious nature of books of chivalry, but rather to expose the invented heroism of historical narratives, for the false exemplarity they provide to an unwitting public. Francisco Márquez Villanueva suggests that the invention of a *morisco*, Cide Hamete, as the work's primary historiographer facilitates in the novel the convergence of distinct intentions. In addition to its obvious parody of chivalric fictions, the account of Don Quijote, according to this critic, also obliquely addresses the highly political *morisco* question and ridicules its treatment in what may well have been a contemporary disinformation campaign in the wake of the civil wars of Granada, effectively voicing "la burla y denuncia de la oleada de falsificaciones histórico-religiosas que desde Granada se corría por los reinos españoles" (Márquez Villanueva: 248-49).

While subject matter and decorum of style for epic biographies were traditionally determined by what could be called a "poetics of historiography" grounded in Aristotelian theory, contemporary treatises by royal historians themselves show a growing preoccupation with the reconciliation of such representation with historical truth. These texts formulated methodologies that would assure the grounding of their writings in verifiable evidence or, at least, reliable secondary documents. Luis Cabrera de Córdoba's *De historia: para entenderla y escribirla* (published 1611) joins other treatises from the early seventeenth century in defining the elements of historical method necessary for verification of what actually happened: fidelity to material evidence, use of eyewitness of accounts, and suitable explanation of causes. In his *Discurso* IV, "De las partes y difinición de la historia," Cabrera argues that, for most contemporaries, "history" must be based on a narrative by either an eye witness or one who conveys the testimony of those who were present: "mas Estrabón, a quien siguen algunos antiguos, ... y muchos modernos, tiene que la historia ha de narrar las cosas que vió o oyó a los que fueron presentes, porque el vocablo griego quiere dezir también, ver, conocer, y oyr preguntando" (Cabrera de Córdoba: 23) He distinguishes "modern" historiography from the propagandistic recourse to figural embellishments seen in the work of Guevara and other chroniclers of Charles V, by limiting the historian's utterances to denotative signification only, asserting that the concealment by figurative language of "dotrina" is the work of poetics, that is, fiction: "En el dezir del histórico, no ay otro sentido que lo que suenan las palabras, mas el poeta sí, ocultando debaxo del velo de sus ficciones y misteriosas fábulas, alguna doctrina o heroica virtud" (27). For Cabrera, the Castilian *romance* exemplifies a textual repository of poetic truth concerning the historical past, intended to interpellate social action rather than provide accurate record: "Salustio, en los fragmentos, dize que les cantauan a los españoles sus hazañas en verso, para llenarlos de espíritu para pelear y vencer a sus enemigos..." (*Discurso* XXVIII, 156) In *Discurso* XV, "Como ha de estudiar y saber la historia," Cabrera cautions historians not to accept at face value the alleged greatness of events, but particularly when working with textual records to consult multiple sources in order to understand the causes of such events: "Tenga atención en la lección, no suspenso ni atónito con la nouedad y grandeza de los sucessos, passando de vn escritor en otro y de un argumento en otro, insistiendo, inquiriendo las causas..." (58, also discussed by Sieber: 213). Paez de Castro anticipates Cabrera's preoccupation with method and the study of causation, in his sixteenth-century treatise *Método para escribir la historia* (cited in Montero Díaz: xxiii), a text possibly presented to Charles V as a *memorial*. Documentation, according to Paez, should be based primarily on the oral testimony of those who were present, but he also defends the comparative use of textual documents considered to have been verified by those present at an earlier date. These oral and textual sources include, more specifically, the *relaciones* of old people, who, presumably, have witnessed and can recall the causes and consequences of specific events; the writing on public monuments such as tombstones; the archives of notarized State lawsuits; the testaments of kings and other principal persons; and local or municipal archives that record the privileges, rights, and ordinances of the community. Although the early imperial treatises of two other participants in this debate, Luis Vives and Sebastián Fox Morcillo, read as apologies for the historiographic imitation of epic poetics and pointedly exclude realistic, mundane detail, they nevertheless also insist on the truthfulness of the history (Montero Díaz: xxii; I have not been able to obtain these texts). The latter emphasizes the historian's need of integrity, to maintain objectivity and to narrate from a position of disinterest: "porque si ha de narrar sin engaño ni pretexto, no callará ante entusiasmo o parcialidad, nada dirá inspirado por el odio, nada escribirá por ambición o avaricia, por soborno o adulación" (34, cited in Montero Díaz: xxviii).

Fox Morcillo's allusion to interests that threatened to silence the accurate recording of history highlights what proved to be a primary problem for theorists in both centuries, who were in most cases active producers of royal histories themselves. Harry Sieber notes that numerous historians composed theoretical treatises of the type I have mentioned, as commentaries that previewed their own forthcoming histories, whereas publication of the latter works was often delayed or shelved, either by officials or as an act of self-censorship. Clearly, in defining historical method, theory sought to defend practices of writing history predicated on new tactics in the representation of political leadership and the social elites which met censorial opposition. While their treatises saw the light of day, the companion histories, in many cases, were not allowed to inform public memory. Sieber cites Pedro de Valencia's explanation in 1608 of reactions facing the historian: "haciéndose su deber partidario de historiador se han de ofender personas de calidad y sus hijos y familias, y se ha de informar [a] la nación española de injusticias, avaricias y crueldades que gustarían mucho de saber los extranjeros, herejes y enemigos de esta Monarquía" (Sieber: 208). Cabrera himself was unable to publish the first part of his history of Philip II, on the reign through 1583, until 1619, well after his theoretical treatise appeared in 1611. Authorization by Philip III for publication of the second part of the same history required revision and "enmiendas" in his treatment of the Antonio Pérez affair which the author refused to undertake. As a result, this text was not made public to contemporaries and only published in 1876 (Sieber: 209). Given the State control of public records, particularly the histories of great men that sought to document the truth rather than to inspire in the public epic memories, historiographers appear to have faced two options: invention or silence.

Cervantes' *Don Quijote,* Part I elaborates a response to the problem by representing multiple ways of remembering. His protagonist's attempts to create evidence for the narrative through which he will be remembered as a great man, by parodically emulating anachronistic analogies of heroes in epic poetics, is given a cause: madness induced by reading texts that create such figures. Far from having a positive exemplarity upon the represented reader, these narratives authorize imitative behavior that proves dangerous to society, is, in fact, often contrary to the law. The represented historiographers of this character break with tradition in representing his anti-heroism, but their methods, nevertheless, trace the attempt to produce a truthful account of what happened. The narrative of Don Quijote is a composite of multiple versions, shaped by the narrator, multiple author-historians, and dialogue between characters, each account offering specific and largely discontinuous details from different moments in time and space. The frame narrative of Cide Hamete and the unnamed second author is indeed unreliable, precisely because it features the oral accounts and diverse perspectives of many and differing individuals of what Don Quijote did and what happened to him, and because it references multiple archived records. In Cervantes's Part I, Don Quijote's is not an exalted history imparted to the public for purposes of ideological control, or "pedagogy." Quite the opposite of the invented histories of great and grave personages that the character parodies, this quasi-historiographic narrative takes shape as the collective attestation of a life that reflects a community, that is all the more memorable and truthful for the plurality of perspectives with which its account is formed. *Don Quijote,* Part I betrays the authority of official historiography both by representing the invented nature of the enterprise itself and by voicing other compelling ways that the public remembers and communicates the stories of its past.

WORKS CITED

Bouza Álvarez, Fernando J. (2004): *Communication, Knowledge, and Memory in Early Modern Spain.* Trans.: López, Sonia / Agnew, Michael. Philadelphia: U of Pennsylvania P.

Cabrera de Córdoba, Luis (1611): *De historia para entenderla y escribirla.* Montero Díaz, Santiago (ed.) (1948). Biblioteca española de escritores políticos. Madrid: Instituto de Estudios Políticos.

Cervantes Saavedra, Miguel de: *El ingenioso hidalgo don Quijote de la Mancha.* Murillo, Luis Andrés (ed.) (1982). 3rd ed. 2 vols. Madrid: Castalia.

Chartier, Roger (2004): Foreward: *Communication, Knowledge, and Memory in Early Modern Spain,* by Fernando J. Bouza Álvarez. Philadelphia: U of Pennsylvania P.

Close, Anthony J. (2000): *Cervantes and the Comic Mind of his Age*. Oxford, New York: Oxford UP.

Garcés, Maria Antonia (2002): *Cervantes in Algiers: A Captive's Tale*. Nashville, TN: Vanderbilt UP.

González Echevarría, Roberto (2004): "*Don Quijote* as Fugitive from Justice: Closure in Part One." Meeting of the Cervantes Society of America, MLA Annual Convention. Philadelphia, PA (28 Dec 2004).

Ife, B. W. (2002): "The Historical and Social Context." In: Cascardi, Anthony J.: *The Cambridge Companion to Cervantes*. Cambridge: Cambridge UP, pp. 11-31.

Márquez Villanueva, Francisco (1973): *Fuentes literarias cervantinas*. Madrid: Gredos.

Murillo, Luis Andrés (1981): "El Ur-Quijote: Nueva hipótesis." In: *Cervantes*, 1, pp. 43-50.

Sieber, Harry (1999): "Teoría y práctica del discurso historiográfico: *Felipe II, Rey de España* (historia escrita por Luis Cabrera de Córdoba)." In: *Edad de Oro*, XVIII, pp. 207-14.

Urry, John (1996): "How Societies Remember the Past." In: Macdonald, Sharon / Fyfe, Gordon (eds.): *Theorizing Museums*. Oxford and Cambridge, MA: Blackwell Publishers, pp. 45-65.

Time in *Don Quijote*:
from Narrative Pause to Human Morality

William H. Clamurro

(Emporia State University)

The question of time in *Don Quijote* has been approached in several ways, although the bibliography on this particular element of the book is not especially large (see the Works Cited). Some readers have considered Cervantes' own concept of time, insofar as it can be inferred from the text, as both an abstraction and a moral problem, which is to say, the prudent use of one's time in the course of a life (Orringer, Eisenberg). Another, and highly significant, examination of Quixotic time–L. A. Murillo's well-known study (*The Golden Dial*)–considers the implicit passage of time within the narrative itself and how this phenomenon affects structure and reveals deeper meaning: when do certain events happen?, how do they interrelate?, what do the anomalies of sequence in the series and in the forward movement of the episodes imply about Cervantes' consciously deliberate or unconscious sense of the time-world through which his deranged old *hidalgo* moves and out of which he finally dies? In this present and necessarily brief commentary, I would like to focus on certain implications of narrative time in the *Quijote*, in part as the experience of the reader in Cervantes' games and disjunctions of textual play and interruption, and also as an intimation, within a purely "fictional" realm, about time that nonetheless draws us into the reality of the protagonist's demise and thus evokes a shared sense of our own human mortality.

The problem of temporal logic and coherence within the book first called itself to my attention when I was rereading certain passages of Part II. In chapter 61 of Part II the text notes that don Quijote and Sancho, approaching Barcelona, "Llegaron a su playa la víspera de San Juan en la noche" (II, 490).[1] Although some have suggested that this San Juan reference applies to the feast of the martyrdom of Saint John (celebrated in late August), many critics (including Murillo) have argued that the date in question is more probably the well-knows "noche de San Juan," which takes place in June–the festive "midsummer's night" of license and revelry that is celebrated with such enthusiasm in the Catalan region of Spain. Either date would bring its own subtle symbolic charge: the solemnity of San Juan's martyrdom and thus an intimation of death, or the tendency toward celebration and mockery of the midsummer night festivities. But given what happens in the text (the mockery of don Quijote upon his arrival in Barcelona), I find the June date more convincing.

In any case, a student in my *Don Quijote* seminar a couple of years ago pointed out that in previous chapters–specifically those key passages that deal with the long

---

[1] All quotations from the text are taken from J. J. Allen's edition, listed in Works Cited and are identified by volume and page number.

and complex visit, or entrapment, of don Quijote and Sancho in the palace of the Duke and Duchess–there are a couple of specific calendar dates given, both of which indicate a time that is later than the likely "noche de San Juan" date. The first reference is found in chapter 36 and is Sancho's letter to his wife. It is dated "veinte de julio 1614"; the second is the Duke's letter to Sancho (when the latter is serenely discharging his duties as governor of the "ínsula") in chapter 47, whose date is given as the "16 de agosto." Assuming the June date for the "víspera de San Juan," we have the slightly unreal and disconcerting implication of a leap backwards, of a restarting of the action within the narrative, and thus of an anachronistic, "circular" movement of time. This in turn suggests the concept that all of don Quijote's adventures play themselves out in a kind of perpetual summer, something that the reader has already intuited in the reading of Part I. The notion of the constantly renewing, estival temporal world of don Quijote's knightly adventures, as well as the related sense of the dominance of a mythic rather than an "historic" time, accords with Murillo's essential reading of time in the *Quijote* (see *The Golden Dial*). This suspension of the expected rules and norms of calendric and human time does indeed seem to prevail throughout Part I of the book and it continues in much of Part II. Something else is, simultaneously, going on in Part II, however. The games and confusions of calendar time and of the more subjective time flow of human experience, with its interruptions and leaps, its changes of pace, are still present in Part II. But a new sense of time and of time's passage, less the natural and expected product of literary play–the digressions of plot or the stories-within-stories that arise in much of Part I–and more the weighty sentiment or perception of time as one's inexorable human destiny, comes to color the experience of Part II. By that I mean don Quijote's experience, of course, but also that of the reader.

   The play of ambiguous, witty anachronism in *Don Quijote* begins in Part I with the very first and deliberately evasive words of the opening chapter. As we will remember, the chapter opens with a subtle obfuscation of place that is both specific ("la Mancha") and also elliptical ("un lugar ... de cuyo nombre no quiero acordarme"). This same elusive play–between the specific and the ambiguous– occurs with reference to the setting of time. The whole phrase brings together these two aspects, place and time: "En un lugar de la Mancha, de cuyo nombre no quiero acordarme, *no ha mucho tiempo* que vivía un hidalgo ..." (I, 83; the emphasis is mine). While the text's elision of a precise naming of place is, we might assume, a mere narrative convenience (to enrich for the reader of Cervantes' own epoch the possibilities of imagining), the temporal fixing of this narrative in the very near present ("no ha mucho tiempo") is absolutely essential to the part of don Quijote's madness that touches upon anachronism. The especially absurd aspect, and thus the force, of don Quijote's derangement requires that his new identity not only be based upon literary and totally improbable models, but also that his values, appearance, language, and behavior all be patently anachronistic: he dresses, speaks, and acts in ways that may or may not ever have been in practice, but that nonetheless are immediately seen as out of place by most of those whom he encounters. Thus it is crucial that the narrative should locate this character and his bizarre exploits in a near-immediate present.

The book begins with this fairly simple comic premise, and the first few chapters play with and upon the potential of ludic clash and "misunderstanding" made possible by inescapably visible, notable appearances and behaviors that are emphatically out of their hypothetical, implicit time. Soon, however, Cervantes' game with fictional, or more properly "narrative," time takes a significant and richly complicating turn. I refer of course to the famous battle between don Quijote and the *vizcaíno* in chapter 8. The comic and sudden breaking off of the action at the end of the chapter provides a teasing, suspenseful device with which Cervantes can end his mini-Part I (within the larger "Part I" of the entire 1605 *Quijote*). But it also introduces a new and more complex set of both narrative sources (principally, the emergence and the many subsequent interventions of Cide Hamete in chapter 9) and of temporal levels. The concluding passages of chapter 8 already play with this new aspect of clashing narrative time dimensions: this is to say, an action that is very much happening in a narrative present, one not far removed from the present moment of the reader, but that is also recorded (or so the shadowy narrator of this passage hopes) and stored away in the dusty recesses of la Mancha's archives, thus playfully suggesting a legendary antiquity that is appropriate to the generic conventions of the satirized chivalric novel.

The break between chapters 8 and 9, along with the shift of narrative authority and the subtle, new characterization of narrators (and readers), reminds us that the flow or breaks of time, the coherence or incoherence of time within one narrative plane or between seemingly disjunctive and unrelated narrative levels, all have to do with a "chronology" determined by the nature and the aleatory necessities of telling, of fiction itself. As we will recall, the opening of chapter 9 provides both a pause and a transition. The "narrator" of the final passages of chapter 8 (was "he" the narrator or narrative "source" of all that came before? Or was he merely the "editor" of the text or documents who was suggested in the personification of the writer from the Prologue?[2]) now becomes the frustrated and curious "reader" of a text that has inopportunely broken off in the midst of a most exciting adventure. His frustration and curiosity–and thus our own–are assuaged and redeemed, however, by the fortunate discovery in the marketplace of Toledo of the musty old manuscripts, written in Arabic. This, in turn, introduces the curious and deceptively elusive presence and "authority" of the supposed *historiador arábigo*, Cide Hamete. An immense amount of critical and scholarly ink has been spilled in the attempt to define Cide Hamete's role as original author, either of a prior text upon which the book we're reading is based, or as the author of the very lines (merely translated into Spanish) that we are now reading, and so on. At present, I lack both

---

[2] See J. Parr, *An Anatomy of Subversive Discourse*, in particular "Narrative Voices" (3-19) and "Levels and Transgressions" (55-67); see also C. Segre (165-70), and N. Ly (80).

the time and the courage to make any comments on these questions. Instead I would only point out that Cide Hamete's entry into the narrative and the implications of his role all contribute to the illusion of a time long past that plays with a witty incoherence, juxtaposed as it is against the assertion and the clear mimetic presentation of a much more contemporaneous historical moment. Thus with chapter 9 we have a new and slightly enlarged game of temporal interplay and irony: the "story" of our deranged knight now has to be both near-contemporary to the imagined readers of the text, one of whom is the frustrated then relieved speaker-narrator of the end of chapter 8 and chapter 9, and *also* this story has to be ancient, archived and hidden away in the libraries of La Mancha.

Certain other key passages in the later chapters of Part I bring into focus the familiar sense of time's subjectivity as the experience of a reader, or for that matter of anyone pausing to shift his or her attention from one plane to another. Such suspensions of the routine forward motion of one's experienced time include sleep, diversion, spectatorship, or the illusions of one's vital experience and pace of attention. In this instance I am referring to the two inserted narratives–each one quite different in narrative form and thematic purpose from the other–of the "Novela del curioso impertinente" and the Captive's Tale. In the first case Cervantes presents us (the text's external readers) with a narrative pause and digression that is also a miniature "mise en abyme" as we are rendered part of the small audience at Juan Palomeque's inn (or do we become less the priest's patient listeners and more the priest himself, the person reading "out loud" the very words that we usually read silently?). Here we as readers participate to a certain extent in a digression that represents the pause in our own subjective sense of existential time, a break made possible by the power of fiction and the act of reading. Of course this is partly what we have been experiencing heretofore, in our reading of the narrative mainly as observers of don Quijote and Sancho, as well as of those other characters a bit removed from the immediate sphere of don Quijote's actions. But in the case of the "Curioso impertinente" we are acutely aware of the distinction imposed by the fact that the principal actor (don Quijote) is not only absent from the scene, or "experience," of the reading of this *novela*, but that he is also caught up in his own narrative digression or delusion. He is asleep elsewhere in the inn, feverishly dreaming. The complexity and epistemological subtlety of Cervantes' manipulation of distinct and juxtaposed time planes are underscored and dramatized by the interruption of the reading of the "novela del curioso impertinente" when Sancho Panza suddenly bursts in to report the heroic battle of don Quijote and the evil giants–which are in fact the *cueros de vino* in the attic of the inn. Don Quijote's absurd and violently destructive actions are, of course, the result of a dream, an hallucination quite plausibly advanced by both don Quijote's now-familiar madness and also by the supposed mission–to defeat and destroy the evil giant Pandafilando and so on–that he has been enjoined to undertake by the Princess Micomicona (Dorotea). This comic-violent interruption in part "breaks the spell" of the highly improbable (if not absurd, though in another way), melodramatic, and quintessentially literary "historia" of the "Curioso impertinente." But in so doing, the brief break-age dramatizes to us the power and possibilities of narrative art as a means of intel-lectual escape and thus of the redemptive or justifying capacity of art. This kind of brief spiritual detour is deeply if unconsciously gratifying, given what we know of the realities of time's passage outside of the comforting confines of literature.

The rather different imaginative pause that we external readers, as well as the textual listeners within the story, experience as we take in the Captive's Tale is yet another beguiling and gratifying affirmation of the power of narrative. Unfortu-nately the present time constraints don't allow me to pursue the special details of this story. But suffice it to say that the Captive's story, along with the "novela" (and for that matter the several other inserted narratives–the Grisóstomo and Marcela episode, the dovetailing narratives of Cardenio and Dorotea, and so on), in its own way represents the ability of art to suspend time, to ameliorate (if not fully free us of) the burdens and the more grim intimations that time's passage, coldly and objectively recognized, ultimately manifests.

While these effects of escape and digression through a mainly fictional, narra-tive time are also found in the 1615 Part II of the novel, something very different seems to arise as well. As I noted toward the beginning of my remarks, in Part II we find at least two specific calendrical references. In fact, we find a few other key references to concrete historical, external moments. The encounter with the exile-returning-in-disguise, Ricote, clearly and poignantly acknowledges the expulsion of the *moriscos* that took place starting in 1609. Yet another level, or phenomenon, of the intrusion of exterior historical (chronological but also more personal, hu-man) time is reflected in Cervantes' angry prologue and in the later chapters that confront the issue of the spurious 1614 continuation of the *Quijote* written by the pseudonymous Avellaneda. Quite apart from the manifestations of a certain wounded pride on the part of the real, historical man and writer Cervantes, Avella-neda's implicit meddling and the challenges posed by his book come to be a reso-nating part of the deeper sentimental theme of human limitation and impending demise that infuse not just the action but the tone of Cervantes' Part II.

As Henry Sullivan (*Grotesque Purgatory*) and others have noted, Cervantes' 1615 continuation of *Don Quijote* might well be considered less a sequel than a nearly independent fictional construct. Different in many ways, at least two notable distinctions (in relation to Part I) are apparent. First, the *Quijote* of 1615 is focused from the very first chapters as being "aware" of its own (1605) Part I. The opening of Part II, with don Quijote recuperating in his bed from the rigors of the final epi-sodes of Part I, works a game of time-passage ambiguity similar to what we found at the start of Part I and also in the crucial break and transition found in the chapter 8 to 9 interruption and continuation. Here we have the delightfully absurd premise that, in the supposedly brief "time" between don Quijote's arrival at home and the present moment of his conversations with Sancho, Sansón Carrasco, and the others, the entirety of their adventures as well as their innermost thoughts has been written down and published and that it now circulates about the land, conferring fame upon

don Quijote and Sancho as well as eliciting an understandable astonishment
–especially from Sancho. The interior "game" of two kinds and levels of time being telescoped within the text is, however, also related to the exterior reality and
weight (the *pathos*, if you will) of ten years having passed, in the life of Cervantes
himself and in the world outside the text, since the publication of Part I.

But perhaps the most interesting and, for the present purposes, meaningful aspect of time as treated or dramatized in Part II, is found in the curious sense of un-
equal quantities of time elapsed and of the larger sense of time's stagnation during
the episodes at the palace of the Duke and Duchess. In addition to the elaborate,
highly theatrical, and remarkably cruel tricks and pageants of mockery perpetrated
upon don Quijote and Sancho, the sojourn with these idle and corrupt aristocrats
and their retinue is notable for its sense of a certain entrapment not only in a bizarre and suffocating place, but also for the sense of time's passage both slowing
down and also sliding into a strange ambiguity of the amounts of time that pass.
Specifically, in the stretch of the book when Sancho goes off to govern Barataria
and don Quijote is left alone (at the mercy, we might say, of his malevolent hosts),
different and confusing amounts of time elapsed are offered by the text.[3] The
equally but differently melancholy entrapments of the two–don Quijote's in the
palace with the ongoing mockeries of his noble hosts and Sancho's ironically wise
but cruelly truncated governorship in the village or *ínsula* of Barataria–end with
parallel liberations; as we recall ,the theme of "libertad" is memorably articulated
in don Quijote's famous passage in chapter 58 of Part II. The two men continue
their adventures, off to Barcelona and so on, but the stay at the palace has left its
mark as much upon the two characters as upon the tone of the narrative as a
whole–and perhaps upon us as readers. Don Quijote the fictional character has
been caught up in a brief suspension of human time, static in the impotence of a
man nearing the end of his life and at the mercy of others. Likewise, Sancho's
"time" at Barataria is for him a coming to terms with the reality of his own identity, and thus with his own temporal limitations within a possible human life span.
In this way, the departure from the clutches of the Duke and Duchess is both a lib-
eration or escape but also a resignation, a going back, eventually, into the world of
"home" that is also life's end point.

Much more could be said, I'm sure, about the implications and games of time

---

[3] While don Quijote is alone in the palace of the Duke and Duchess and Sancho is at his
governorship in Barataria, the lengths of time, the number of days indicated, reveal a notable ambiguity; at the end of chapter 46 and after the battle with the cats, the text notes
that the recuperation of don Quijote "le costó *cinco días* de encerramiento y de cama" (II,
370); but later (chapter 47) it is indicated that the poor *hidalgo* "no sanó en *ocho días*" (II,
380) and then it is stated that "*Seis días* estuvo sin salir en público" (II, 381); later still, after all this, there was to be a space of six days ("plazo de allí a *seis días*") before Quijote's
duel with the son of the wealthy farmer (II, 419). But during all this time, some 13 or 14
days for don Quijote, the total period for Sancho seems to add up to only seven days (of
the ten expected for his trial governorship) in Barataria.

in *Don Quijote*. But I hope that my cautious argument about the distinctions of the nature of time in Part II, as opposed to that in most of Part I, adequately makes the point that, at the outset and within the more ludic texture of the 1605 *Quijote*–the games of flow and suspension, forward motion and sudden stasis, interruption and digression–Cervantes' play with time relates to the comforting possibilities and pleasures of narrative art. In contrast, the tone and underlying themes of Part II bring into focus the reality of time, both inside the text and (with its clear, obvious allusions to the historical and personal burdens of elapsed time) and outside of it, in Cervantes' own world. The fictional games of the first part do continue in Part II, of course. But more significantly, the text presents time not just as aesthetic escape but also as the intimation of existential limitation and human finality, that of don Quijote, but also our own..

WORKS CITED

Cervantes, Miguel de: *Don Quijote*. Allen, John J. (ed.) (1977). Madrid: Cátedra.

Earle, Peter G. (2003): "In and out of Time (Cervantes, Dostoevsky, Borges)." In: *Hispanic Review*, 71, 1, pp. 1-13.

Eisenberg, Daniel (1989): "La teoría cervantina del tiempo." In: *Actas del IX Congreso de la AIH*. Frankfurt: Vervuert, pp. 433-39.

Ly, Nadine (1989): "L'effet de temps ou la construction temporelle du *Quichotte*." In: Étienvre, Jean-Pierre (ed.): *Le temps de récit*. Madrid: Casa de Velázquez, pp. 67-81.

Molho, Maurice (1989): "Utopie et uchronie: sur la première phrase du *Don Quichotte*." In: Étienvre, Jean-Pierre (ed.): *Le temps de récit*. Madrid: Casa de Velázquez, pp. 83-91.

Murillo, Luis Andrés (1975): *The Golden Dial: Temporal Configuration in* Don Quijote. Oxford: The Dolphin Book Co.

Orringer, Nelson (1994): "*Don Quixote* and the Dial of Living: A Critique of Time Consumed." In: *Indiana Journal of Hispanic Literatures*, 2, 2, pp. 105-30.

Parr, James A. (1988): Don Quixote: *An Anatomy of Subversive Discourse*. Newark, DE: Juan de la Cuesta.

Pérez de Tudela, Jorge (1996): "Tiempo del *Quijote*, tiempo de Cervantes, tiempo del lector." In: *Edad de Oro*, 15, pp. 111-24.

Segre, Cesare (1979): *Structures and Time: Narration, Poetry, Models*. Trans.: Meddemmen, John. Chicago & London: U of Chicago P.

Sieber, Harry (1971): "Literary Time in the 'Cueva de Montesinos'." In: *MLN*, 86, 2, pp. 268-73.

Sullivan, Henry (1996): *Grotesque Purgatory: A Study of Cervantes's* Don Quixote, *Part II*. University Park: The Pennsylvania State UP.

Liminality and Communitas in the *Quijote* and the *Novelas Ejemplares*

Darcy Donahue
(Miami University)

Contemporary cultural theories have enabled us to read Cervantes in ways which elucidate his aesthetic and ideological complexity and contribute to new understandings of the relationship between the writer, his culture, and his texts. The construction and representation of identities, a principal focus of contemporary theory, was also a central concern of Cervantes. Both at the level of reader/author/text and fictional characters within the text, Cervantes explores the instability of predefined status and role. In so doing, he interrogates many of the cultural stereotypes of early modern Spanish society and counterposes alternatives. Not the least of these alternatives is a vision of culture in which the border or threshold is an essential component.

Cultural anthropologist Victor Turner, borrowing from Arnold Van Gennep's *Rites of Passage,* theorized the threshold as liminality in his work on social drama.[1] In Turner's analysis liminality (derived from *limen* or the Latin for threshold), is a "moment of suspension of normal rules and roles, a crossing of boundaries and violating of norms, which enables us to understand those norms, and move on either to incorporate them or reject them" (Bynum: 106). At both the individual and collective levels liminality is often a period of transition between one status or condition and another, a period of marginality or ambiguity. "Liminal entities are neither here nor there; they are betwixt and between the positions assigned and arrayed by law, custom, convention, and ceremonial" (Turner: "Liminality and Communitas", 79). This condition of betweenness is potentially liberating and creative. Not only can it free one from the confines of a designated role, it can also contain the seeds of the future. According to Turner, such situations are "a kind of institutional capsule or pocket, which contains the germ of future social developments, or social change" (*From Ritual to Theatre*, 45).

Liminality is closely related to what Turner calls "communitas," or a state of community, which is in patent opposition to the mode of hierarchical structure engendered by established social organization and stratification, "an unstructured or rudimentarily structured and relatively undifferentiated comitatus, community or even communion of equal individuals who submit together to the general authority of the ritual elders" ("Liminality and Communitas", 80). Unlike more revolutionary activity, communitas does not require the destruction or collapse of the existing social organization, but takes place only within such a context and despite its he-

---

[1] For the most complete statement of his view of social dramas, see *Dramas, Fields, and Metaphors: Symbolic Action in Human Society*. For a more condensed version, see "Social Dramas and Stories About Them" (137-64).

gemony. Although it may occur within the context of ritual practices, this "undifferentiated comitatus" is spontaneous because its composition and effects are not
predictable nor perceived to be easily incorporated into social organization. "According to Turner, communitas is a prototype of human interplay that is obscured
by normal social structures but reasserts itself during a liminal event" (Spariosu:
69). Together liminality and communitas constitute "anti-structure," which maintains an antithetical position with regard to traditional structure, the other half of
the dialectic. Anti-structure, albeit temporary, effects a suspension of the dominance of structure.

More recently, postcolonial theorists such as Homi Bhabha have given Turner's
concept of liminality a more concretely political application in the deconstruction
of traditional categories of identity such as gender, nationality, race, and sexuality.
According to Bhabha,

> what is theoretically innovative, and politically crucial, is the need to think
> beyond narratives of originary and initial subjectivities and to focus on
> those moments or processes that are produced in the articulation of cultural
> differences. These 'in-between' spaces provide the terrain for elaborating
> strategies of selfhood—singular or communal—that initiate new signs of iden-
> tity, and innovative sites of collaboration, and contestation, in the act of de-
> fining the idea of society itself (12).

In short, liminality involves a hybridization, which defies the idea of the unitary
subject and creates the transgeographical, transcultural, and transgendered.

I would argue that both Turner's concept of the threshold as process, and
Bhabha's postcolonial perspective are applicable to Cervantes's vision of socially
constructed identities as sites of cultural anxiety and potential transformation. Indeed, throughout Cervantes's work we find characters and situations who appear to
embody the "anti-structure" of liminality and communitas. The *Quijote* itself might
be considered a study of "betweenness" and its creative potential. Although the
novel's situations and characters are necessarily conditioned by the parody of chivalric romance, which is the narrator's stated purpose, they also reflect the transition, multiplicity, and mutability, which inhere in the liminal, according to Turner.

In Alonso Quejana, Quesada, or Quijada, Cervantes has created a quintessential
liminar (the term used by Turner), an elderly member of a social status "whose
reason for being has disappeared, that finds itself in a kind of limbo waiting for
new institutions and new social structures to develop where there will be a place
and a role for them".

(Johnson: *Cervantes and the Material World* 4). Seen from this perspective, the
entire work might be viewed as the efforts of an individual on the threshold between social acceptability and material distress to create a sort of communitas by
reinventing a Golden Age of chivalry. The fact that such a society ("all was peace
then, all amity, all concord") never existed except in the minds of novelists and

philosophers places don Quijote in yet another indeterminate zone, between material and imagined existence.[2]

Just as don Quijote's self-fashioned identity is both real and imagined, the spaces, which the squire and the increasingly liminal Sancho occupy, again imposed by the chivalric pattern of mobility, are both geographical and imaginary. In fact, the most important territory they traverse is that of the imagination, not only their own, but also that of their readers, a border zone if ever there was one. All fictional characters do this to some degree, but the Knight of the Sad Countenance and his rustic sidekick, in remodeling themselves on a fiction, move along the very tenuous distinction between the fictively real and the fictively fantastic, carrying their readers with them and obliging them to walk the same tightrope. Within the fictional world don Quijote is the subject of Cide Hamete Benengeli, a narrator who is by cultural definition, unreliable, and in the real world of Cervantes and his readers he is the subject of a false sequel, which also becomes part of the real sequel, Part II. His intermediate position between literary "reality" and "fiction" intensifies in Part II as he seeks to alienate himself from Avellaneda's apocryphal work, as well as from aspects of Hamete Benengeli's "truthful" account of his deeds. Don Quijote, for whom reading and living have become indistinguishable, enables the reader to enter the nebulous zone of lived fantasy, if only vicariously. In this shared psychic space of their imaginings of an imaginer, the readers become a community of sorts, separated in real space, but united in their negotiation between physical experience and fiction, and between fiction within fiction.

Within the novel, threshold zones abound. The road, as some critics have observed, is an intermediate area between starting point and a finality of sorts. It is a place of encounter between characters of the most varied backgrounds and intentions, and the ever fluctuating "home" of the knight errant, and thus, don Quijote. The road, the inns, the mountains, the sea, and the fictive Insula Barataria are all spaces of betweenness, locales that temporarily disrupt the established order.[3] Precisely because they are literally crossroads, these liminal spaces provide occasions of transgression and even inversion of established patterns of conduct and categories of identity, best exemplified by the action which occurs in the Sierra Morena

---

[2] According to José Antonio Maravall, the widespread utopian ideal of the Golden Age in early modern Europe is class-related:

> The Golden Age will continue to be a valid paradigm in European utopianism with its orientation to the future, but it was not valid in the hands of stagnant feudal remnants seeking refuge in the antiquated heroic customs of a bygone epoch that they thought could be reintroduced in a new Golden Age. (*Utopia and Counterutopia in the Quixote* 132)

For a discussion of the conflict between don Quijote's desire to restore the harmonic Golden Age and the concrete circumstances of his social milieu, see Gilbert-Santamaria 165-72.

[3] In *Otra manera de leer el Quijote* (63-69), Agustín Redondo discusses the significance of La Mancha and its economy as the setting for the *Quijote*.

and Sancho's administration on Barataria. This is all certainly carnavalesque in the Bakhtinian sense as Augustín Redondo and others have observed (Redondo: 192-98), but such carnavalesque inversions are also examples of Turner's communitas, which results from the momentary privileging of alterity, and the undermining of socially constructed identities, which emerges in such situations. The fact that such communitas is short-lived does not obviate the evident contrast between Sancho's just rule and the inequities and corruption of the existing real system. In this sense, Sancho and his administration, on the threshold between imagined authority and real powerlessness, represent the anti-structure mentioned previously. And anti-structure, as Turner presents it, is a kind of critique, which all established order inevitably produces as a byproduct of its own structural deficiencies.

These deficiencies are evident in the fluctuation across and between seemingly rigid boundaries of dress, language, and behavior. In the final analysis, however, all of the fluidity, the "passing" between one identity and another, and the anti-structure, which it implies, are at the service of the parodic intent of the *Quijote.* Because the novel depends upon the reader's entrance into Don Quijote's chivalric fantasy, and because that fantasy produces highly comic situations, it is possible to read all of the inversions and liminality as part of the literary humor, rather than serious social commentary. With few exceptions identities are adopted and shed as part of the staging or ludic performance of chivalry. While satire is certainly present, it is inseparable from the seemingly larger project of parody. Thus, it might be said that the primary effect of the liminal is literary rather than social critique, difficult though it may be to separate the two.

The *Novelas ejemplares*, possibly written between the first and second parts of the *Quijote*, contain many of the same elements of liminality as the Quijote, but are more sharply focused on the concrete social and political circumstances of early seventeenth century Spain. In most cases the characters and situations are determined by those circumstances, rather than purely by literary genre. This difference in emphasis may well be due to a broader readership, which, like more modern readers, wished to see contemporary realities reflected in fictional texts, or as Donald Gilbert-Santamaria refers to it in *Writers on the Market,* "an emerging class of cultural consumers whose material preoccupations cannot be separated from its literary interests" (173).

While Gilbert-Santamaria reads these material preoccupations as primarily economic, they could certainly also include social relations and identities. If, in the Prologue to Part One of the *Quijote*, the narrator situates the readers in their homes and invites them to evaluate the novel, in the Prologue to the *Novelas ejemplares*, he actually places them together at an imaginary gaming table, which he designates as the Spanish republic, in other words their own political reality. Within this ludic space of the billiards table with "its seemingly random permutations and combinations" (Fuchs: ix), the reader/players are also interpreters/ co-authors who will determine whatever lesson or exemplarity the texts might have. Furthermore, by placing this table in the middle of the republic and offering something for everyone,

Cervantes offers an inclusive, egalitarian reading experience aimed at a broad public, not one whose understanding or enjoyment will depend upon familiarity with a specific literary genre. In this sense, it could be said that he creates a literary communitas, in which all readers participate equally and will enjoy the reading experience according to their individual capacities.

The novels themselves offer diverse examples of liminality, suggesting that the unitary religious, gender, racial, and ethnic identities, which official doctrines put forth, were at least as invented as those of fictional characters. By placing the action within the context of contemporary Spain, a situation of evident cultural and economic transition, as Maravall and others have shown,[4] Cervantes exposes the problems of what Barbara Fuchs has called "a collective identity based on exclusion and difference" (3). Fuchs has convincingly studied transvestism in Cervantes's works as a means of interrogating credenda concerning gender and ethnicity. The passing from one identity to another seemingly antithetical one reveals the permeability of the cultural border between Christian and converso, Christian and Morisco, and even male and female. In his repeated use of masquerade and disguise Cervantes avails himself of exterior signs of difference such as clothing, names, and language as evidence of the fundamental instability of the culturally defined subject.

In *La española inglesa*, until recently considered one of the most idealistic works in the collection, multiple characters cross multiple boundaries–geographic, cultural, and linguistic. The novel's female protagonist, whose cultural hybridity is signaled in her name Isabela and her perfect bilingualism, best represents the transnationalism of the work. Her presentation at Elizabeth Tudor's court is a ceremony of initiation into English aristocratic culture after her secluded childhood in the home of Clotaldo, the English recusant who had abducted her from Spain. The court is presided over by a queen who understands Spanish and, unlike historical accounts of her appears receptive to the religious, national, and linguistic difference, which Isabela seems to embody in her Spanish gown.[5] The obvious identification between the two women reiterates Isabela's crossculturalism, and signals the possibility of transcending territorial allegiances. Neither totally Spanish nor totally English, Isabela is a liminar who functions equally well in both cultures. Rather than an opposition, the duality of the novel's title seems to signal an equation, as Carroll Johnson has suggested (*Cervantes and the Material World*, 175).

Just as Isabela mediates between the two nation-states, her male counterpart and eventual husband, Ricaredo, negotiates English Catholicism. While serving as

---

[4] See Maravall's chapter "La crisis económica de los siglos XVI y XVII interpretada por los escritores de la época," in *Estudios de historia del pensamiento español* (153-96) and Redondo (57-59).

[5] For an overview of Spanish-English relations, including critical opinions regarding the historical inaccuracy of Cervantes's representation of Elizabeth Tudor, see Johnson (*Cervantes and the Material World*, 153-93).

a privateer for Elizabeth, he defeats Turkish ships (his own ship is flying Spanish flags as a disguise) and decides to free the Catholic galley slaves despite their enemy status as Spaniards. In showing compassion toward the Spaniards, he manages to benefit his fellow Catholics without compromising his English patriotism, suggesting, in direct opposition to the Spanish model, that religious and national allegiance are separable. Ricaredo emerges as a cultural liminar who transgresses stereotypical notions of masculinity and femininity just as he defies the ideology of the religiously defined nation. Clothing serves to reiterate Ricaredo's seemingly contradictory allegiances and roles. As Fuchs remarks, "As though to underscore the apparent irreconciliability of his identity, Ricaredo returns to London as a kind of emblem of contradiction. His ship is decorated with conflicting banners; his own cosmopolitan attire includes Milanese armor and Swiss breeches" (109). Both he and Isabela represent alternatives to the religious nationalism, which was the historical reality of Spain and England.

If Isabela reconciles the cultural differences of nationality, other women in the *Novelas* also occupy seemingly contradictory subject positions. In *El celoso extremeño,* Leonora literally crosses the threshold of Felipe Carrizales's palatial residence into a new life as child-bride. In her hermetic existence as the wife of Carrizales, the elderly *indiano* who is also a marginal figure, Leonora is initiated into married life, but remains nevertheless girlish or innocent in her behavior and is described as making dolls and other childish things with her maids. As the narrator informs us, her experience of married life is that of a novice with no previous experience who gradually adapts to the strangeness of a new existence, which to her is neither "appetizing nor unappetizing".

(*Exemplary Stories*, 155). Under the tutelage of the aggressive *dueña* Marialonso, and in the communitas of the largely female servants' quarters, the young wife experiences the temptation of sexual attraction when the *virote* Loaysa gains entrance to the Carrizales home, which is certainly a liminal space, seemingly closed off from all contact with the outer world by its owner's mandate, yet surrounded by a neighborhood of *gente de barrio*. In the middle ground between innocence and the eroticism, which Loaysa embodies, Leonora's acquiescence in Marialonso's plan seems to signal her final seduction. At the novel's conclusion, however, her situation remains somewhat unreadable. Although the narrator informs us that she has successfully resisted Loaysa, he also describes them as "recent adulterers." No longer innocent in the moral sense, she remains technically virtuous, a sort of borderline adulterer. Now free to marry Loaysa, the young widow nevertheless rejects him for what Turner would call the institutionalized liminality of monastic life in a convent described as "one of the most secluded in the city." Leonora's position between innocence and infidelity interrogates ideology concerning matrimony and marital relations at a time when marriage and the family had become an important bulwark of social order.[6]

In *La fuerza de la sangre* gender relations and class difference come under scrutiny. Leocadia, the victim of rape by the licentious and aristocratic Rodolfo, bears him a son, Luis, as a result of this violent sexual initiation. She resides in utter seclusion in the house of her parents for four years between honor and dishonor. In essence, Leocadia is a victim of the power differential between her own social class, that of *hidalgo*, and Rodolfo's higher status until Dona Estefanía, Rodolfo's mother, intervenes. Acting to right her son's violent act, Estefania engineers a marriage between him and Leocadia. Leocadia is presented to Rodolfo in another scene of initiation, this time into his social class as his wife, and once again clothing plays a principal role as class marker. From the liminality of isolation and sexual disgrace, she re-enters the community as a properly married woman. Yet despite her hard won propriety, her marriage reiterates Leocadia's ambiguous situation. Having broken the silence of female shame by naming her violator, is Leocadia now reincorporated into the patriarchal order through this marriage to an unrepentant Rodolfo? Is she again a victim of that order or as Marcia Welles argues, a woman who has gained control over her life through bonding with another woman? (47). The answer to these questions depends, in part, on the reader's gender, social class, and conformity with the laws governing the redress of sexual violence, but in foregrounding female solidarity, a type of anti-structure, in which both women transgress norms of class and gender, the novel poses alternatives to the prescribed feminine role of passivity and silence.

Another novel, which scrutinizes the issue of social mobility and marriage, is *El casamiento engañoso*, a tale of mutual deception and gold-digging by two impostors. The story itself is narrated by one of the impostors, Ensign Campuzano, who is undergoing treatment for syphilis contracted during his short-lived marriage. Both he and Estefania, his female counterpart and wife are confidence artists whose marriage results from their self-refashioning as members of a higher social status. Both have availed themselves of clothing, and jewels to create their falsely affluent identities. In so doing, they have converted themselves into commodities available for consumption. As tricksters who transform themselves into a social other and temporarily pass, they reveal the ease with which it is possible to erase visible class distinctions in an increasingly materialistic culture. Indeed, in such a

---

[6] Dopico Black, studies the preoccupation with marriage, and particularly with married women in the conduct literature and drama of early modern Spain in *Perfect Wives, Other Women*. Her analysis focuses on the "body and soul of the married woman as a site subject to the scrutiny of remarkable array of gazes..." (xiii). See, in particular, Chapter 1. Various critics have commented upon Cervantes's preoccupation with marriage. With regard to the *Novelas ejemplares*, Theresa Sears has focused on marriage as narrative device and social ideology in *A Marriage of Convenience*.

culture, liminality, or ambiguity of status, becomes almost a norm through the manipulation of external markers of difference.[7]

In addition to his role as confidence artist, Campuzano is a soldier-poet, another example of the arms-letters combination, which reflects Cervantes's own identity. In the institutionalized liminality of the Hospital of the Resurrection in Valladolid, the self-confessed liar and writer-artist overhears a conversation in which two of the most threshold figures in the collection, the talking dogs Cipión and Berganza discuss the art of narrative and comment upon Spanish culture.

In fact, the social critique strongly suggested in other novels is sharply focused in *El coloquio de los perros,* the final novel in the collection. In this case, it is filtered through the voices of protagonists whose identity as talking dogs is the product of a probable dream/hallucination of Campuzano. They speak from the border zone of his imagination, perhaps subconscious. The dogs themselves repeatedly express amazement at their ability to both speak and reason. Furthermore, their canine identity is the result of a spell by another character on the margins of social structure, Camacha, the witch. Their supposed transition from humans to dogs, to dogs temporarily endowed with the human characteristic of rational discourse, mark both Cipión and Berganza as unreliable narrator/commentators, yet their position on the border of the human and the animal seems to signify the inseparability of the two, and actually reinforces some of the critique they have made. If dogs are capable of loyalty, and humility, and as Berganza remarks, a certain level of intelligence, then humans are also very capable of the irrationality, violence, and unrestrained appetites often associated with animal behavior: "La base para la identificación del hombre con el perro es que aquel, aunque posee raciocinio y el habla, se comporta a menudo animalmente...." (Rodríguez-Luis: 51). Indeed, Berganza's experience with various masters provides unequivocal evidence of such conduct among humans.

Moreover, the two dogs, through Camacha's prophecy[8] and their position as lantern-bearers for the begging brothers at the hospital are associated with the poor, whose lives might be compared to that of a dog. As Johnson has stated, "The power structure has a voice... Indeed, the possession of a voice is what defines the power structure as such" ("Of Witches and Bitches", 23). If this is the case, then Berganza's and Cipión's speech may represent the temporary inclusion in the larger power structure of the voiceless, those who have been marginalized by existing

---

[7] Carmen Bernis comments on the manipulation of clothing as a form of social disguise and mobility in *El traje y los tipos sociales en el Quijote.*

[8] Camacha's prophecy is as follows:

> They will resume their proper guise
> When they observe with their own eyes
> The arrogant laid low,
> The meek raised to the skies,
> By a hand empower'd to do so. (*Exemplary Stories* 285)

socio-economic institutions. These humble poor mentioned in the prophecy and possibly represented by the dog/men can be considered in their innocent marginality a kind of anti-structure to the existing corruption, greed, and lawlessness, which Berganza's picaresque story depicts.

In the final analysis, despite what most critics have seen as its dark vision of Spanish culture, the *Coloquio de los perros* elucidates many of the previous *Novelas* through its reiteration of the reader/player as co-author and its use of hybridity and indeterminacy as elements of cultural analysis and critique. The collection as a whole focuses upon some of the critical issues of social identity raised in the *Quijote*. Liminality and communitas are clearly contextual and depend upon specificities of time, place, and power relations. In general, identities predicated upon monolithic categories of difference are untenable, and the liminal or indefinable is an ever present possibility in a culture based upon them. Regardless of when they were written, both individually and collectively these works might be considered a kind of middle ground or bridge between Part I and Part II of the Quijote. By creating characters who cross divisions of class, ethnicity, gender, and even species, Cervantes provides a gaming table with a broad array of *trucos* or devices for a community of readers who were doubtless entertained as well as challenged to consider the crucial problems of the republic which these short works raise.

WORKS CITED

Bhabha, Homi (2004): *The Location of Culture*. London: Routledge.

Bernis, Carmen (2001): *El traje y los tipos sociales en el Quijote*. Madrid: El Viso.

Bynum, Catherine Walker (1984): "Women's Stories, Women's Symbols: A Critique of Victor Turner's Theory of Liminality." In: Moore, Robert / Reynolds, Frank (eds.): *Anthropology and the Study of Religion*. Chicago: Society for the Scientific Study of Religion, pp. 105-25.

Cervantes Saavedra, Miguel de: *Novelas ejemplares*. Avalle-Arce, Juan Bautista (ed.) (1982). 3 vols. Madrid: Castalia.

— *Exemplary Stories*. (Ed. 1998). Trans.: Lipson, Lesley. Oxford: Oxford UP.

Dopico Black, Georgina (2001): *Perfect Wives, Other Women*. Durham, N.C.: Duke UP.

Fuchs, Barbara (2003): *Passing for Spain. Cervantes and the Fictions of Identity*. Chicago: U of Illinois P.

Gilbert-Santamaria, Donald (2005): *Writers on the Market. Consuming Literature in Early Seventeenth-Century Spain*. Lewisburg, PA: Bucknell UP.

Johnson, Carroll (1991): "Of Witches and Bitches: Gender, Marginality and Discourse in *El casamiento engañoso* y *Coloquio de los perros*." In: *Cervantes*, 11, 2, pp. 7-25.

— (2000): *Cervantes and the Material World*. Chicago: U of Illinois P.

Maravall, José Antonio (1984): *Estudios de historia del pensamiento español*. Madrid: Cultura Hispánica.

— (1991): *Utopia and Counterutopia in the Quixote*. Detroit: Wayne State UP.

Redondo, Agustín (1998): *Otra manera de leer el Quijote: Historia, tradiciones culturales y literatura*. Madrid: Castalia.

Rodríguez-Luis, Julio (1997): "Autorrepresentación en Cervantes y el sentido del *Coloquio de los perros*." In: *Cervantes*, 17, 2, pp. 25-58.

Sears, Theresa Ann (1993): *A Marriage of Convenience. Ideal and Ideology in the Novelas ejemplares*. New York: Peter Lang.

Spariosu, Mihai (1997): *The Wreath of Wild Olive. Play, Liminality and the Study of Literature*. Albany: State U of New York P.

Turner, Victor (2004): "Liminality and Communitas." In: Bial, Henry (ed.): *The Performance Studies Reader*. London: Routledge, pp. 79-87.

— (1974): *Dramas, Fields and Metaphors: Symbolic Action in Human Society*. Ithaca: Cornell UP.

— (1982): *From Ritual to Theatre: The Human Seriousness of Play*. New York: Performing Arts Journal Publications.

— (1981): "Social Dramas and Stories About Them." In: Mitchell, W. J. T. (ed.): *On Narrative*. Chicago: U of Chicago P, pp. 137-64.

Welles, Marcia (2000). *Persephone's Girdle*. Nashville: Vanderbilt UP.

The End: Death and Literary Afterlife in *Don Quixote*
William Worden
(University of Alabama)

"The End." I begin my title with "The End"; I begin my talk with "The End." "The End" of what? The end of a text, the end of the act of writing, the end of life itself. These will be the topics of this presentation. Not only does Cervantes include and comment on numerous literary forms throughout both parts of *Don Quixote*, his novel also reveals a keen interest in literary conclusions. In the pages that follow I will discuss three separate issues dealing with endings. How do texts included in *Don Quixote* or mentioned in it come to an end? How do the writers in the novel finish (or fail to finish) what they are writing? And finally, after the death of the author, what is the end, what I term the literary afterlife, of the works that have been written? In his novel Cervantes gives us a series of lessons regarding the enduring power of literature when compared with the brevity of life. "*Ars longa, vita brevis*," as the Romans used to say. Life is short but art lives long. Long enough, in some special cases, to achieve an enduring afterlife. Cervantes knows what the Romans knew, and in *Don Quixote* he offers us his own nuanced reading of their wisdom.

Of course, our very gathering here is testament to the celebrated literary afterlife of *Don Quixote* itself. This talk will end and this conference will end, but in some sense the text written by Miguel de Cervantes four hundred years ago, the work that we celebrate during our three days here at The College of Wooster, does not and will not end. Clearly there is a conclusion to the first part of the novel, just as there is to the second part. Yet *Don Quixote* itself never really reaches an ending point because readers refuse to stop reading what Cervantes wrote, each successive generation interpreting the work anew and endowing its pages with yet another layer of significance. Now it is time to proceed with a discussion of literary endings in *Don Quixote*. I will focus on several writers in both the 1605 novel and its 1615 continuation, all of whom allow Cervantes to comment on the complex and intriguing relationships that exist between literature and death. We will see the ways in which the novel brings into focus the many points of contact between the conclusion of a text and the end of life, as well as the lasting (or not so lasting) bond that forms between a literary work and its readers.

Where to begin? At the end of course. The end of life has a very natural association with the written word in the form of a final will and testament. So let's begin our discussion in Chapter 12 of the first part of the novel with the last wishes of "aquel famoso pastor estudiante llamado Grisóstomo" (I, 12; 128). While alive Grisóstomo had written in a variety of genres. In addition to composing religious verse and sacramental plays for Corpus Christi, late in his brief life he turned his literary efforts toward writing poetry about the beautiful Marcela. We learn about Grisóstomo's death the night of Don Quixote's speech on the Golden Age, from a goatherd who explains that the unfortunate student shepherd died that very morning. The text of the novel calls attention to the intersection of literature and death, explaining that the deceased has left his final wishes in writing. A goatherd explains that Grisóstomo "mandó en su testamento que le enterrasen en el campo, como si fuera moro [...] Y también mandó otras cosas, tales, que los abades del pueblo dicen que no se han de cumplir ni es bien que se cumplan, porque parecen de gentiles" (I, 12; 128). The words left behind, the intentions of Grisóstomo, are at odds with the will of those charged with carrying out his wishes. Put another way, Grisóstomo's final will and testament brings to the surface the potential for disagreement between the author of a work and its subsequent readers, creating, in this case, an unresolved tension between what has been written and what is to be done. Though Grisóstomo's writing makes clear his desires, readers of the text (in this case the local priests) question whether or not those wishes should be obeyed.

Not only was the deceased a prolific writer, Cervantes highlights the relationship between Grisóstomo and the written word at the moment in which Don Quixote and Sancho first see the student shepherd's body. The text explains: "Alrededor dél tenía en las mesmas andas algunos libros y muchos papeles, abiertos y cerrados" (I, 13; 143). As during his life, even after his death Grisóstomo is a figure surrounded by writing. At the graveside Ambrosio, who had accompanied his friend in living the life of a shepherd, explains to Don Quixote that he would show him Grisóstomo's "papeles [...] si él no me hubiera mandado que los entregara al fuego en habiendo entregado su cuerpo a la tierra" (I, 13; 145).

What is to become of the writings? Two possible outcomes are clearly presented. The now deceased writer wanted his work to be destroyed, and his wishes are defended by Ambrosio who maintains "que se ha de cumplir todo, sin faltar nada, como lo dejó mandado Grisóstomo" (I, 12; 128). Potential readers, on the other hand, are eager to find out what is in the texts left behind. Vivaldo represents this group and supports his argument with the example of Augustus, who faced a similar situation when Virgil died. Virgil, of course, had ordered that *The Aeneid* be destroyed upon his death. Regarding Grisóstomo's last wishes, Vivaldo argues: "no es justo ni acertado que se cumpla la voluntad de quien lo que ordena va fuera de todo razonable discurso. Y no le tuviera bueno Augusto César si consintiera que se pusiera en ejecución lo que el divino Mantuano dejó en su testamento mandado" (I, 13; 145). Virgil's wishes are not carried out; Augustus insists that *The Aeneid* be published. Grisóstomo's wishes are not carried out either; though Ambrosio does manage to destroy many of his writings, Vivaldo makes public *Canción desesperada* by reading it aloud while Grisóstomo's grave is being dug. Lesson Number One from Cervantes: When a text has been completed, the reader is more powerful than the writer. A reader can, and often will, disregard authorial intentions.

A second character who allows us a glimpse at literary endings, though in a different light, introduces himself to Don Quixote as a writer by saying: "sepa que yo soy Ginés de Pasamonte, cuya vida está escrita por estos pulgares" (I, 22; 242). Of the quality of the work that he has produced, the galley slave has no doubt; he claims quite simply: "Es tan bueno [...] que mal año para *Lazarillo de Tormes* y para todos cuantos de aquel género se han escrito o escribieren" (I, 22; 243). Here Cervantes presents us with a boastful author, convinced of the value of his work, and ready to criticize the writings of others. But there is more, or perhaps less, to the writings than meets, or does not meet, the eye. In response to the question of whether his book is finished, Ginés de Pasamonte replies "¿Cómo puede estar acabado [...] si aún no está acabada mi vida?" (I, 22; 243). He then follows up this rhetorical question with an opinion regarding his upcoming stay in "las galeras," explaining "no me pesa mucho de ir a ellas, porque allí tendré lugar de acabar mi libro" (I, 22; 243). The galley slave seems unaware of the contradictory nature of his statements. He cannot finish his autobiography while alive, yet maintains that he is looking forward to finishing it in the galleys. Moreover, offering his own opinion of the work, he unflinchingly predicts a magnificent literary afterlife for his autobiographical project.

I read Ginés de Pasamonte as a kind of anti-Grisóstomo. While the deceased student shepherd finished what he wrote and had no desire to make his work public, Ginés de Pasamonte is very much alive, has not finished what he is writing, and sings the praises of his work to passersby. The galley slave reappears in the second part of the novel as Maese Pedro, a theatrical impresario. There is no evidence, however, that he has finished his unfinishable life's story or that it has ever made anyone forget *Lazarillo de Tormes*. Lesson Number Two from Cervantes: When a text has not been completed, no matter the author's own opinion of the work, a writer has no right to expect it to attain a literary afterlife.

A third character in the first part of the novel who presents a notable case of literary ending is Anselmo, one of "los dos amigos" of the *Novela del curioso impertinente*. Of interest here is not his life, but his death, which occurs soon after he learns that his wife has run off with his best friend. Anselmo responds to the news by falling ill and, knowing that he is about to die, asking for pen and paper, "y, así, ordenó de dejar noticia de la causa de su estraña muerte" (I, 35; 422). As he struggles to express himself in print, he achieves what may have been the goal of Ginés de Pasamonte: he dies while writing, an act whose results are described in three different ways in the text.

First, the narration explains of Anselmo: "comenzando a escribir, antes que acabase de poner todo lo que quería, le faltó el aliento y dejó la vida en las manos del dolor que le causó su curiosidad impertinente" (I, 35; 422). Next, the text explains the result of his death; the master of the house finds Anselmo "tendido boca abajo, la mitad del cuerpo en la cama y la otra mitad sobre el bufete, sobre el cual estaba con el papel escrito y abierto, y él tenía aún la pluma en la mano" (I, 35; 422). Lastly, the text refers to the final words written by the dying man. In his last moments Anselmo writes, "*Un necio e impertinente deseo me quitó la vida,*" and continues later writing "*pues yo fui el fabricador de mi deshonra, no hay para qué....*" At this point his narration is suspended (as the ellipsis used by Cervantes makes clear), but the text continues with the following words: "Hasta aquí escribió

Anselmo, por donde se echó de ver que en aquel punto, sin poder acabar la razón, se le acabó la vida" (I, 35; 422).

What is Cervantes telling us here? Before suggesting a particular lesson I would like to note several connections between this episode and other moments in the work. Here we have a dead body next to some writing; we have seen this before in the case of Grisóstomo and will see it again in the last chapter with the death of Don Quixote, who dictates, rather than writes, his last will and testament, yet nevertheless produces a written text as he is dying. Anselmo's desire to get words on paper in his final moments will be repeated by Don Quixote before his death and, in fact, even by Cervantes in his last days. The text describing Anselmo's body reminds us of the prologuist of the first part, who, when unsure of what to write, describes himself "con el papel delante, la pluma en la oreja, el codo en el bufete y la mano en la mejilla" (10-11). Though Anselmo has died, at least he died writing, with "la pluma en la mano." With a similar use of language to describe the two writers, Cervantes seems to be arguing that that the pen wields much more power in the hand (of the furiously writing Anselmo) than behind the ear (as in the case of the despairing prologuist with writer's block).

There is much we can conclude from the death of Anselmo. I think perhaps the most important aspect of the episode concerns the layering of narrative levels on display. There is Anselmo's writing, which ends with his death. Yet the end of *his* text is not the end of *the* text; the story continues with the conclusion of the *Novela del curioso impertinente*. When the priest finishes reading the "novela," there is more text which ends with the final words of the first part of the novel. The text has not reached an ending point yet; the 1615 novel continues the narration while commenting extensively on the first part. Cervantes's text eventually does reach an ending, just as Anselmo's did, but there is still more to be written, including the vast corpus of literary criticism that the novel has generated as well as the observations on *Don Quixote* that we make now and will publish soon, four hundred years after the publication of the novel. Lesson Number Three from Cervantes: When a text has been completed, it still has not been completed. There is always more text.

The 1615 novel complements the lessons from the first part of the work while focusing less on the act of writing and more on the possibility of literary works achieving an afterlife. In response to Avellaneda's publication of a spurious sequel to the original novel, Cervantes chooses not to engage in *ad hominem* attack in the prologue of his own second part, explaining of his literary rival: "castíguele su pecado, con su pan se lo coma y allá se lo haya" (617). Though he does not insult Avellaneda here, Cervantes does indeed engage in a kind of *ad librum* attack on the false *Quixote* throughout his own continuation. In fact, on three separate occasions in the 1615 novel Cervantes makes clear that his rival's literary creation lacks artistic merit and is destined to achieve an infamous, rather than glorious, literary afterlife.

Knight and squire first become aware of the existence of the false *Quixote* in Chapter 59 when they arrive at an inn and hear two gentlemen, Don Juan and Don

Jerónimo, discussing the book. When Don Juan suggests to his companion that they continue reading Avellaneda's work, Don Jerónimo replies: "¿Para qué quiere vuestra merced, señor don Juan, que leamos estos disparates, si el que hubiere leído la primera parte de la historia de don Quijote de la Mancha no es posible que pueda tener gusto en leer esta segunda?" (II, 59; 1111). The two books, then, appear destined to attain widely divergent literary afterlives. Cervantes's original novel was so enjoyable that the men bought a continuation of it; after reading a portion of Avellaneda's version, however, Don Jerónimo deems it not even worth finishing.

When Sancho later affirms for the two gentlemen that he and his master are the real Sancho Panza and the real Don Quixote, Don Juan readily agrees, and adds in a reproach to Avellaneda and any other writer who might attempt to steal Cervantes's characters: "si fuera posible, se había de mandar que ninguno fuera osado a tratar de las cosas del gran don Quijote, si no fuese Cide Hamete Benengeli, su primer autor" (II, 59; 1114). The notion that Cervantes alone should be able to write about the knight and squire is later reinforced at the work's conclusion, when Cide Hamete's pen proclaims; "Para mí sola nació don Quijote, y yo para él" (II, 74; 1223). Only the work's original author, Cervantes reminds us again, is worthy of chronicling the knight's adventures.

In Chapter 72 Cervantes again imagines a disreputable literary afterlife for the false *Quixote*, this time not simply because of reader opinions, but by turning the tables on Avellaneda and including one of his rival's characters in his own second part: Don Álvaro Tarfe. When Don Álvaro meets Don Quixote and Sancho in Cervantes's work, he is justifiably unsure of what is happening. He claims to be acquainted with knight and squire from having met them in Avellaneda's work, but now encounters a Don Quixote and a Sancho quite different from the two men he thought he knew. Like Don Juan and Don Jerónimo in the earlier episode, Don Álvaro soon acknowledges that Cervantes's characters are indeed the real knight and squire. Moreover, with reference to Avellaneda's version of events, he affirms: "no he visto lo que he visto, ni ha pasado por mí lo que ha pasado" (II, 72, 1207). Only Cervantes's writing, it would seem, has the essence of truth.

The most vitriolic attack on Avellaneda's work occurs in Chapter 70 when Sancho asks Altisidora, supposedly back from the dead, "¿Qué hay en el infierno?" (II, 70; 1194). The maiden explains that she arrived at the gate of Hell "adonde estaban jugando hasta una docena de diablos a la pelota" and adds of the devils that "lo que más me admiró fue que les servían, en lugar de pelotas, libros" (II, 70; 1194). During this infernal game a book is ripped apart. When asked which one it is, one of the devils replies: "Esta es la *Segunda parte de la historia de don Quijote de la Mancha*, no compuesta por Cide Hamete, su primer autor, sino por un aragonés, que él dice ser natural de Tordesillas" (II, 70; 1195). At this point another devil asks for it to be taken away, adding that he could not write a worse book if he tried. Don Quixote himself then discusses the prospects of a literary afterlife for Avellaneda's sequel, explaining: "no soy aquel de quien esa historia trata. Si ella fuere buena, fiel y verdadera, tendrá siglos de vida; pero si fuere mala, de su parto a la sepultura no será muy largo el camino" (II, 70; 1195). Lesson Number Four from Cervantes: When a bad book has been completed, it deserves the infamous literary afterlife it achieves.

We end our discussion of characters who are also writers in the way we began –discussing a final will and testament. The title of the last chapter of the second part of the novel offers yet another textual example highlighting the relationship between the written word and death; it reads: "De cómo don Quijote cayó malo y del testamento que hizo y su muerte" (II, 74; 1215). Like Grisóstomo, Alonso Quijano makes out a will before he dies, dictating his final wishes to a notary who records the words. The country gentleman, having renounced his identity as a knight errant and reclaimed for himself the name of Alonso Quijano, explains to his friends (who are encouraging him to sally forth yet again, this time as a shepherd): "Yo, señores, siento que me voy muriendo a toda priesa: déjense burlas aparte y tráiganme un confesor que me confiese y un escribano que haga mi testamento" (II, 74; 1218).

The impetus to write while in the last stages of life, true in the case of Anselmo and in the case of Don Quixote, is also true for Cervantes himself. In the dedication to *Persiles y Sigismunda* Cervantes writes three days before his death to the Conde de Lemos:

> Puesto ya el pie en el estribo,
> con las ansias de la muerte,
> gran señor, ésta te escribo.

Ayer me dieron la estremaunción y hoy escribo ésta; el tiempo es breve, las ansias crecen, las esperanzas menguan y, con todo esto, llevo la vida sobre el deseo que tengo de vivir. (116-17)

He concludes the prologue to this work, published and ultimately available to readers only after his death, writing: "Adiós, gracias; adiós, donaires; adiós, regocijados amigos, que yo me voy muriendo y deseando veros presto contentos en la otra vida" (123). Cervantes, aware that he is dying, chooses to spend his final days the way that he has spent much of his life: writing. Like his author, Don Quixote also wishes to get words on paper as long as he is alive. Lesson Number Five from Cervantes: Whether a text has been completed or not, keep writing.

So what have we learned from Cervantes about writing and about life? First of all, and this is so often the case with *Don Quixote*, we have confirmed that his novel offers a seemingly endless supply of intriguing interpretive possibilities. I have commented on just a few moments in the novel that touch on the points of contact between writing and death, but there are certainly others worthy of analysis. To consider just one final example, let's return for a moment to Grisóstomo, and do a quick reading of a few verses of his *Canción desesperada*. In the poem the student shepherd proclaims: "En todo hay cierta, inevitable muerte; / mas yo, ¡milagro nunca visto!, vivo / celoso, ausente, desdeñado y cierto / de las sospechas que me tienen muerto" (I, 14; 148). With regard to this last verse and "las sospechas que me tienen muerto," Grisóstomo has proven himself doubly accurate, presenting what might be termed a once and future truth. Figurative death–the desperation that he felt while writing the poem–has become literal death when Grisóstomo's work is read aloud by Vivaldo. The poem, then, furnishes us with a posthumous example of what Don Quixote later explains to the Caballero del Verde Gabán: even after death, when all that lives on of Grisóstomo is his soul, it would seem that "la pluma es lengua del alma" (II, 16; 759).

As I approach the unavoidable ending of my own text, I am pleased to have avoided the fates of several of the writers that I have been discussing. I did not die in the act of writing my presentation: I am not Anselmo. My text is here and so am I: I am not Grisóstomo. Finally, I am here and so is my text: I am not Ginés de Pasamonte. (I did imagine what I might have said to our Conference Director, John Gabriele, if I had arrived without my text. I planned to tell him that that though I did not have my presentation with me and would not actually be able to deliver it, when completed it would surely be "mal año para las otras ponencias y para todas cuantas de aquel género se han escrito o escribieren").

It is entirely possible that a hundred years from now The College of Wooster will once again choose to celebrate the work of Cervantes, this time with a conference titled "1605-2105: *Don Quixote* Across the Centuries." We will not be here in Wooster to participate, but perhaps a professor on the faculty, one with a good knowledge of departmental tradition, will remember that a hundred years ago the college had celebrated the four hundredth anniversary of the publication of *Don Quixote*. This professor will think to put out a copy of the proceedings of our conference, making available for this future generation our own interpretations of Cervantes's most celebrated work. The participants in this future event, none of whom have been born yet, will in turn add their thoughts on *Don Quixote* to those that we express in our days here in Wooster. What we write may or may not be read with interest a hundred years from now; what Cervantes wrote most certainly will. His work will still be read, his ideas will still be discussed, and his book will still have readers discovering him for the first time or rediscovering him year after year. *Don Quixote* never really does end; Cervantes has created a work with a glorious and enduring literary afterlife. Four hundred years so far, more to come. *Ars longa, vita brevis*. The End.

WORKS CITED

Cervantes, Miguel de: *Don Quijote de la Mancha*. Rico, Francisco (ed.) (1998). Barcelona: Instituto Cervantes/Crítica.
— *Los trabajos de Persiles y Sigismunda*. Romero Muñoz, Carlos (ed.) (2002). Madrid: Cátedra.